5年

実力アップ 白地図ノート

JN099512

教科書ワーク 112ページのプラスワークも見てみましょう。

自分だけの地図を作って 社会の力をのばす！調べ学習にも！

年　　組	名前

※地図の縮尺は異なっている場合があります。また、一部の離島を省略している場合があります。

「白地図ノート」はとりはずして使用できます。

●勉強した日　　月　　日

1 世界のようす

使い方のヒント

大陸と海洋の名前を調べて書こう。大陸ごとに好きな色でぬりわけるとわかりやすくなるよ。

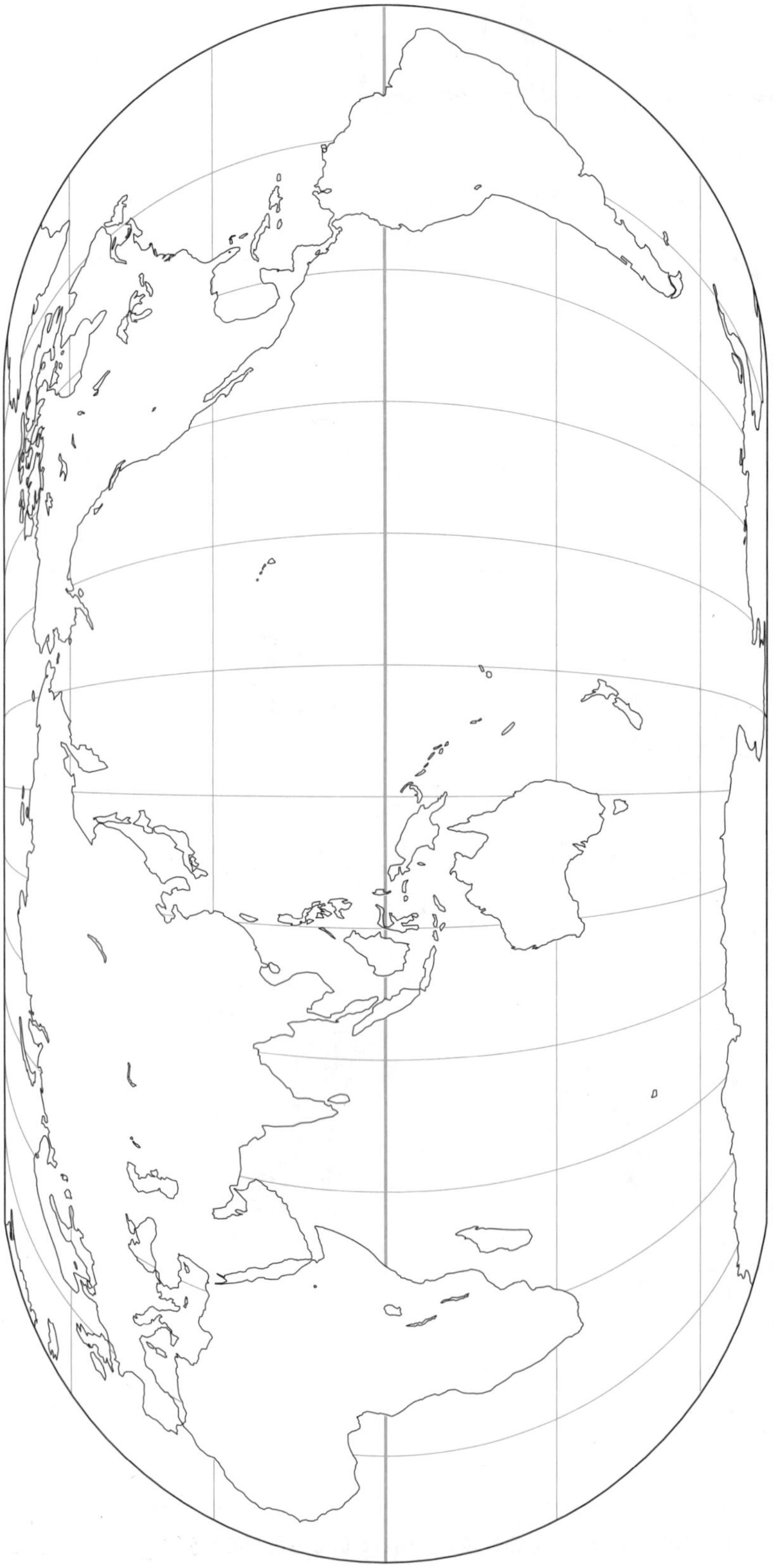

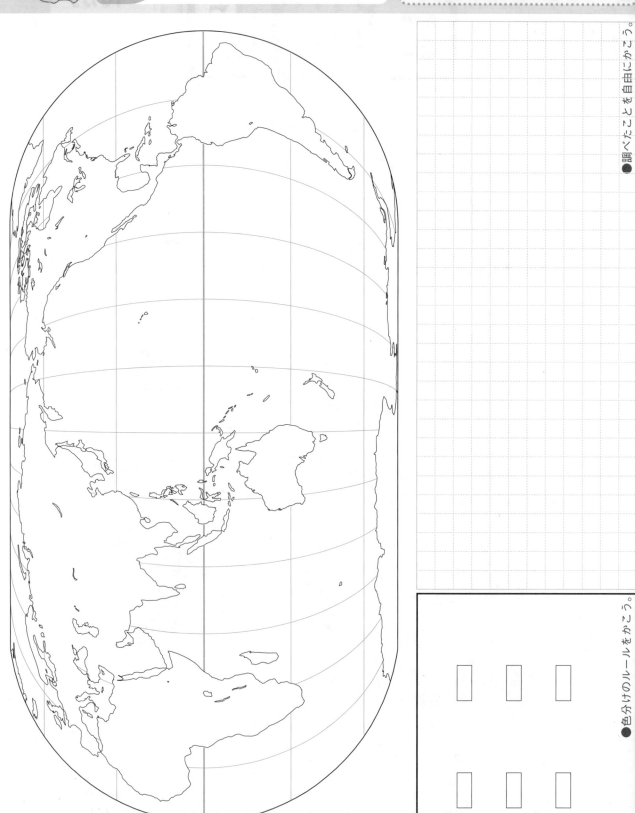

●調べたことを自由にかこう。
●色分けのルールをかこう。

●勉強した日　　月　　日

2 世界の国々

日本の位置をさがして好きな色でぬろう。知っている国の位置や名前を調べて書きこんでみよう。

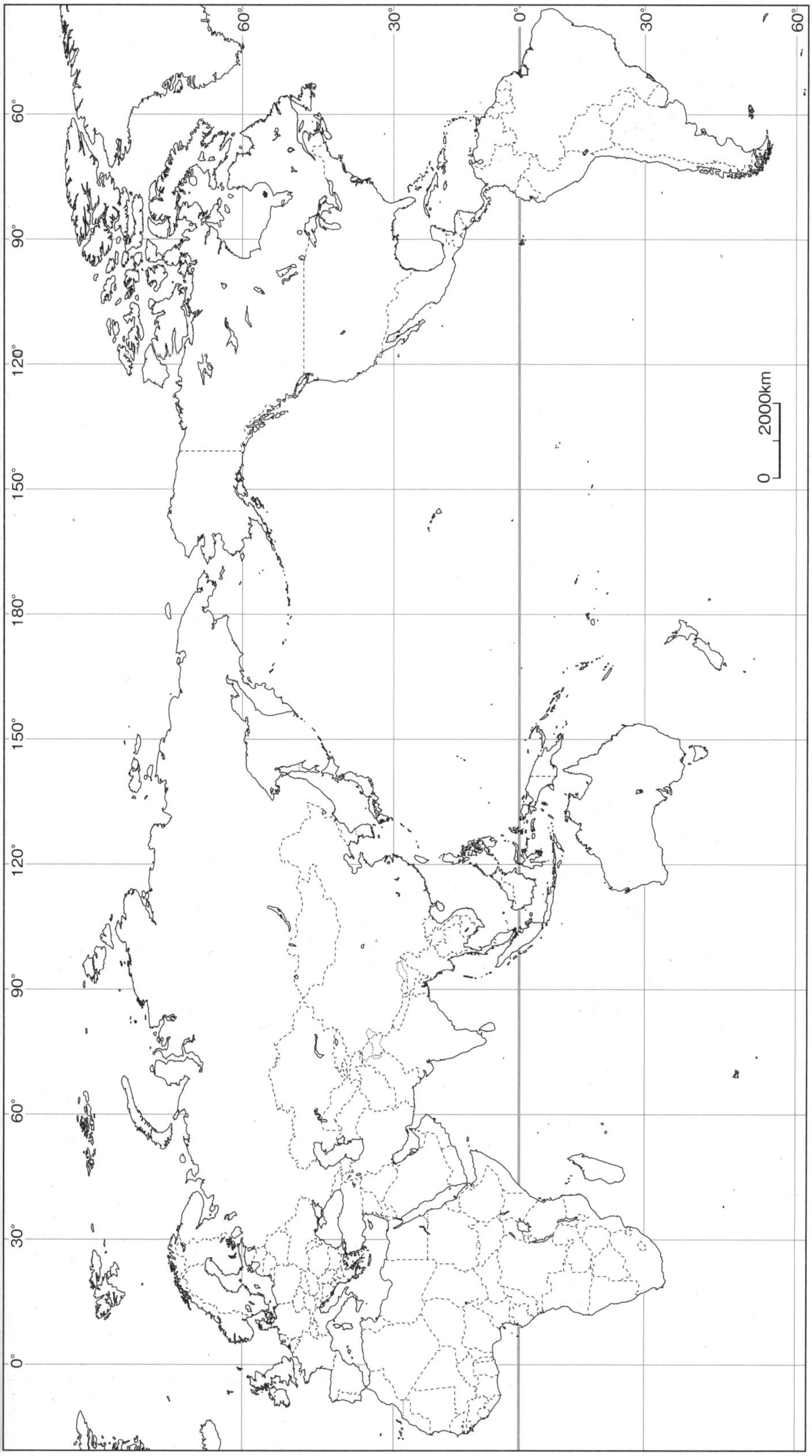

0　2000km

●調べたことを自由にかこう。

●色分けのルールをかこう。

●勉強した日　　月　　日

3 日本の国土の広がり

使い方のヒント

日本の領土(りょうど)のはんいの地図だよ。島の名前を調べて書こう。領海(りょうかい)や排他的経済水域(はいたてきけいざいすいいき)のはんいも調べて色をぬってみよう。

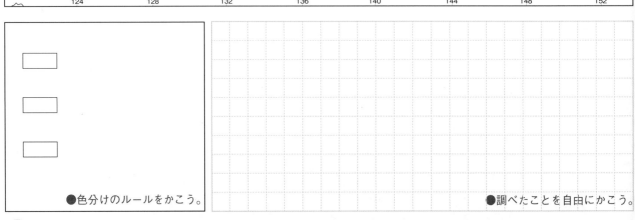

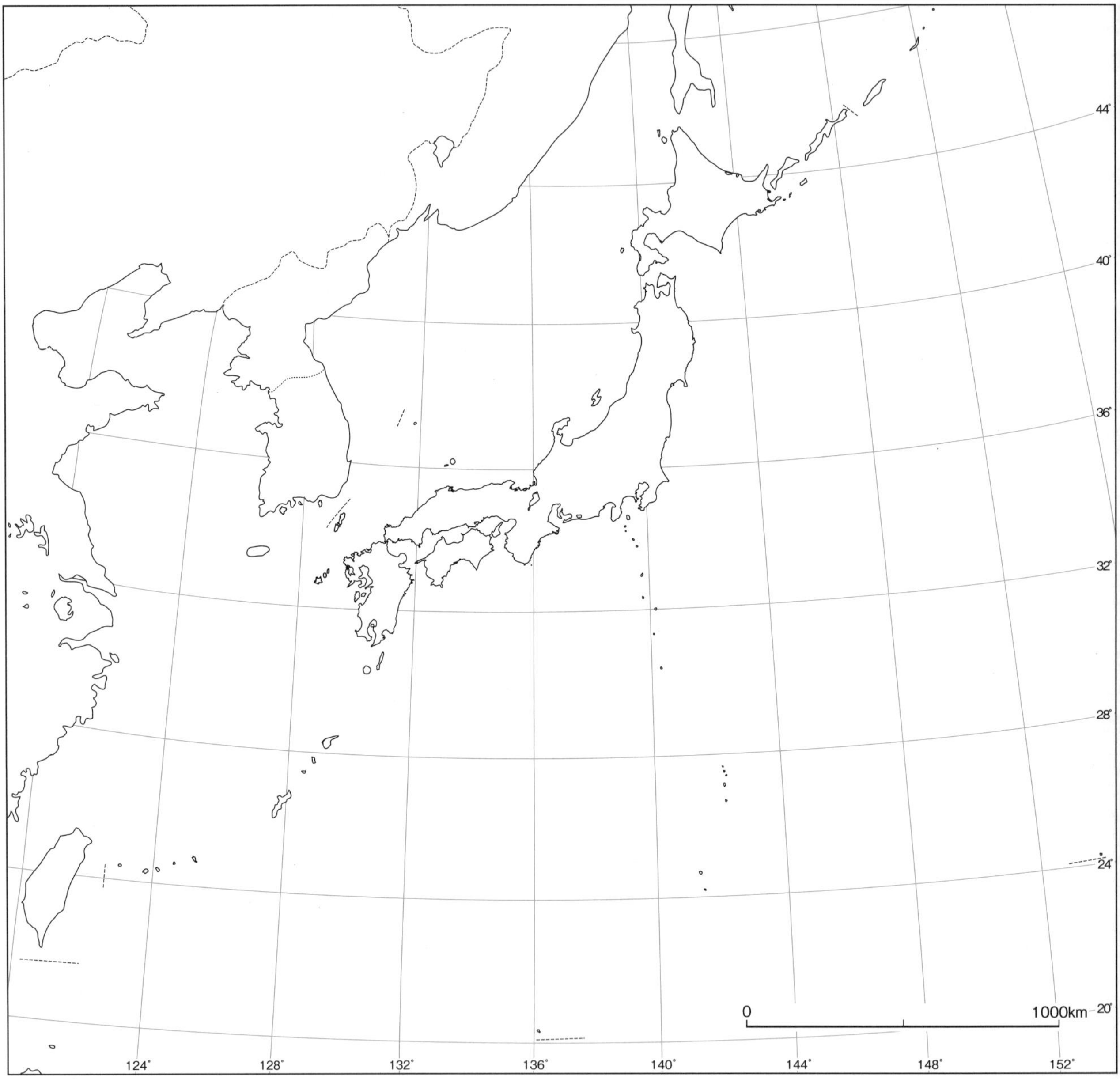

44°
40°
36°
32°
28°
24°
20°

0　1000km

124°　128°　132°　136°　140°　144°　148°　152°

●色分けのルールをかこう。
●調べたことを自由にかこう。

●勉強した日　　月　　日

4 日本の地形

使い方のヒント

山脈（さんみゃく）、山地、平野、盆地（ぼんち）などの地形や、川の名前を調べて書きこんでみよう。山や平野は色をぬるとわかりやすいよ。

5 日本の気候

気候のちがう地域をまとめた地図だよ。それぞれの地域の気候の特色を調べて、色分けもしてみよう。

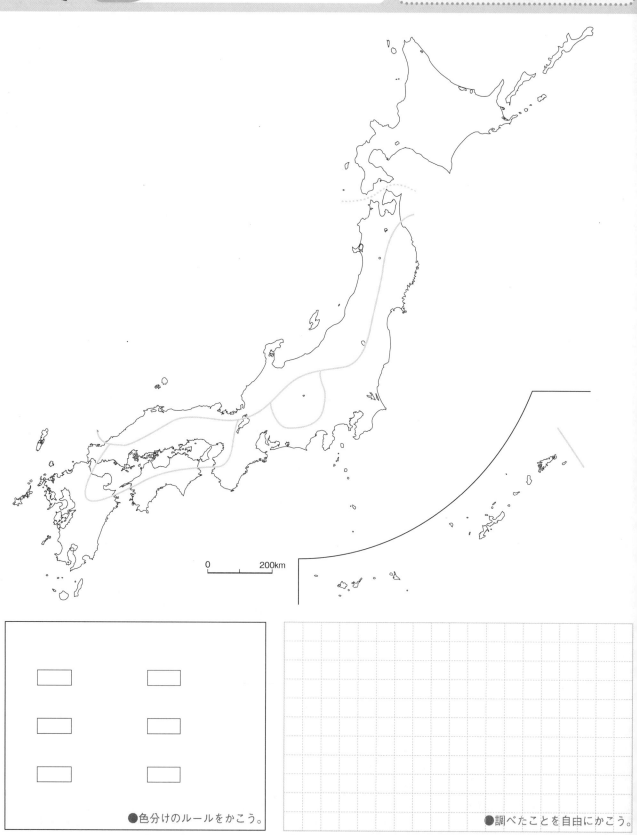

0　200km

●色分けのルールをかこう。

●調べたことを自由にかこう。

●勉強した日　　月　　日

6 日本近海の海流

使い方のヒント

日本のまわりの海流をまとめた地図だよ。暖流(だんりゅう)と寒流(かんりゅう)を色分けして、それぞれの海流の名前も調べて書いてみよう。

●色分けのルールをかこう。
●調べたことを自由にかこう。

●勉強した日　　月　　日

7 日本地図

●色分けのルールをかこう。

使い方のヒント

大きい日本地図だよ。都道府県名と県庁所在地を書いてみよう。農業などテーマを決めて調べたことを自由に書こう。

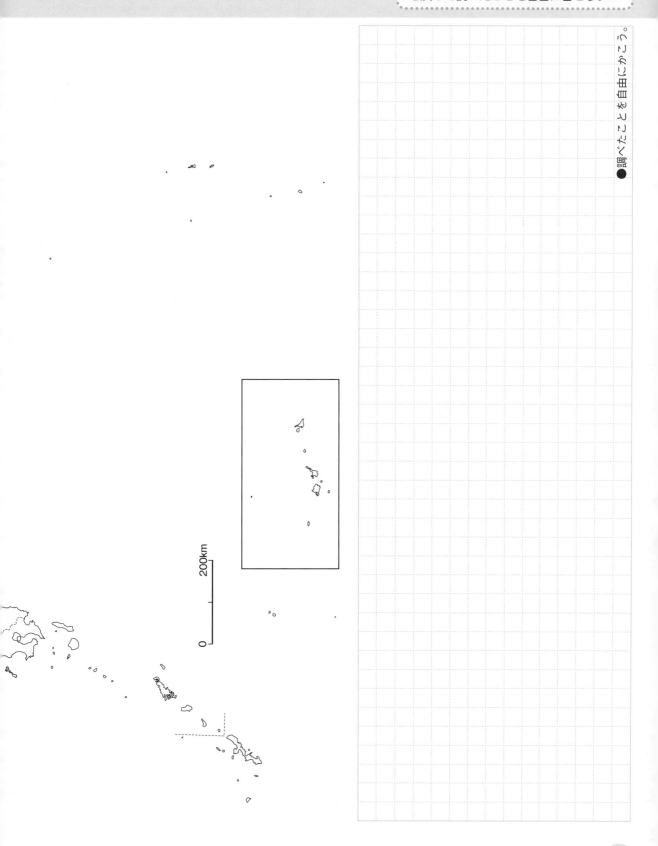

●勉強した日　　月　　日

8 <ruby>北海道<rt>ほっかいどう</rt></ruby>・<ruby>東北<rt>とうほく</rt></ruby>地方

使い方のヒント

米などの農産物の生産量を調べて色分けをしよう。山や川など地形の名前も調べて書いてみよう。

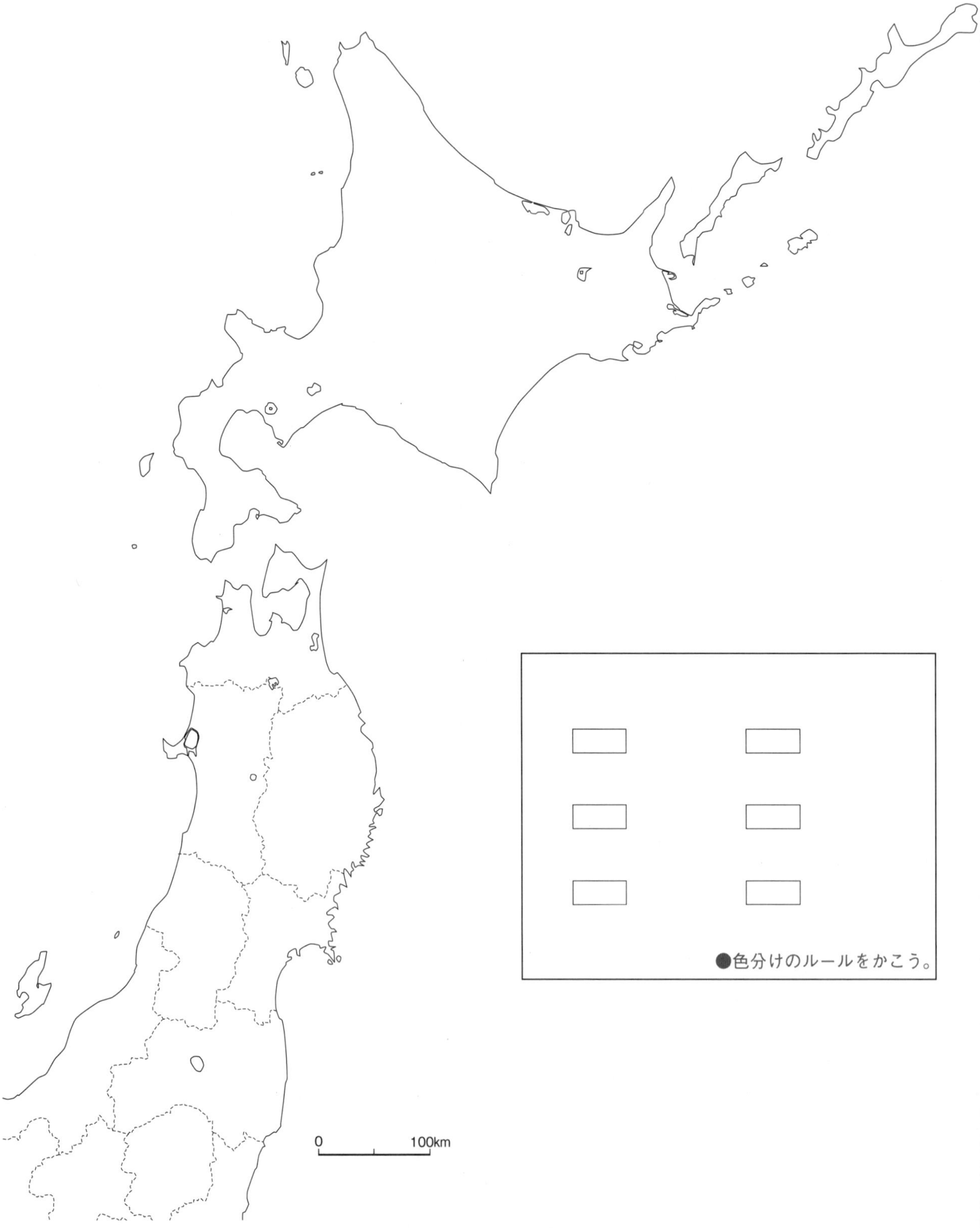

0　100km

●色分けのルールをかこう。

●勉強した日　　月　　日

9 関東(かんとう)地方

使い方のヒント

農業や工業のさかんな地域(ちいき)を調べて色分けをしよう。山や川など地形の名前も調べて書いてみよう。

0　50km

●色分けのルールをかこう。

●勉強した日　　月　　日

10 中部地方

使い方のヒント

農業や、自動車などの工業のさかんな地域を調べて色分けをしよう。山や川など地形の名前も調べて書いてみよう。

0　50km

●色分けのルールをかこう。

近畿(きんき)地方

農業や、機械などさかんな工業製品を調べて書きこもう。山や川、湖などの地名も調べて書こう。

0　25km

●色分けのルールをかこう。

●勉強した日　　月　　日

12 中国(ちゅうごく)・四国(しこく)地方

使い方のヒント

果物(くだもの)などの農産物や、さかんな工業を調べて色をぬってみよう。山や川、地形の名前も調べて書こう。

0　　50km

●色分けのルールをかこう。

13 九州地方

使い方のヒント
畜産物など農産物の生産について調べて書こう。山や川など、地形の名前も調べて書いてみよう。

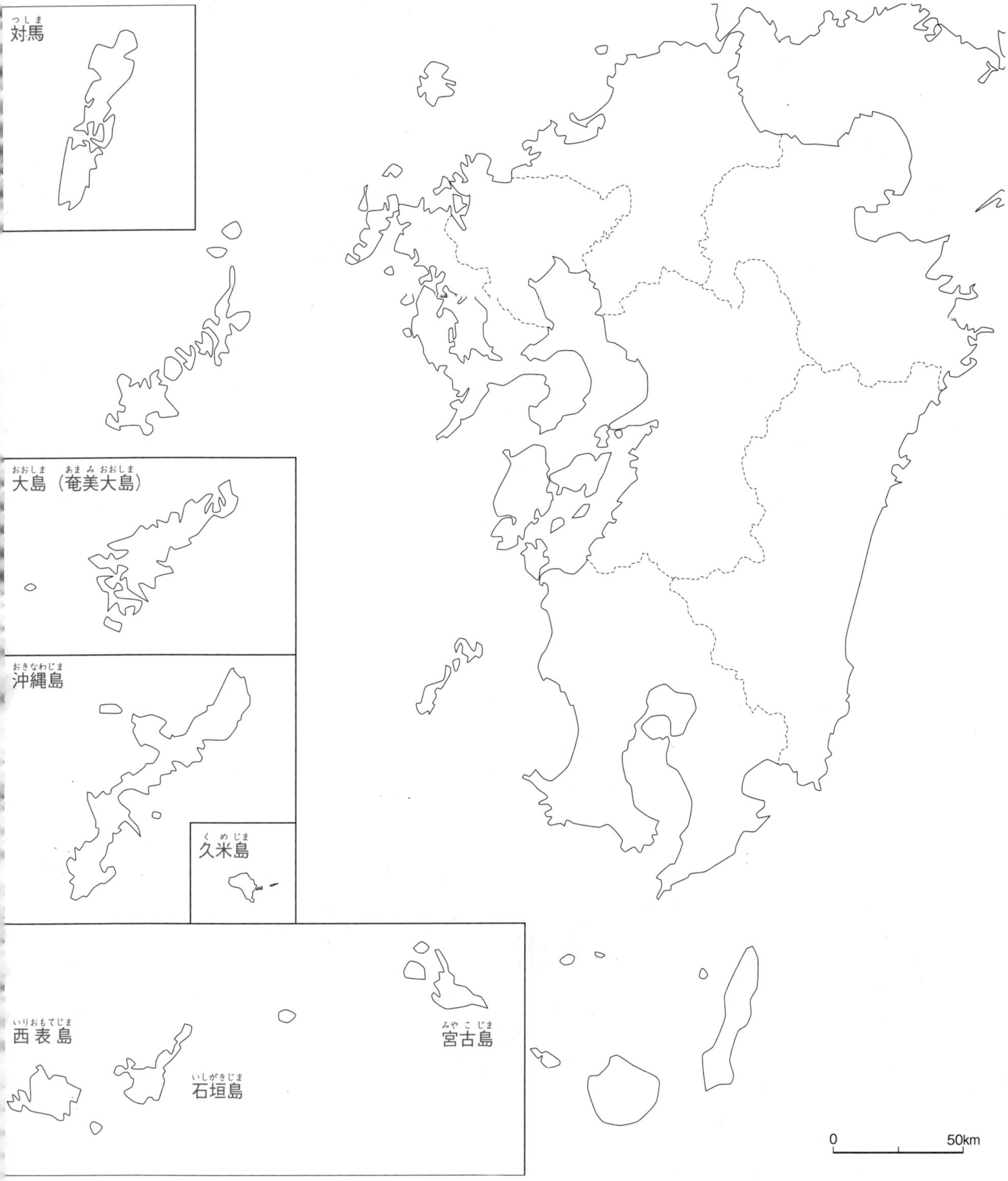

対馬

大島（奄美大島）

沖縄島

久米島

西表島

石垣島

宮古島

0　50km

●色分けのルールをかこう。

14 日本地図

地形や気候、それぞれの地域でさかんな農業・工業、災害が起こった場所など、自由に調べて書きこもう！

0　200km

わくわくシール

★学習が終わったら、ページの上に好きなふせんシールをはろう。
がんばったページやあとで見直したいページなどにはってもいいよ。
★実力判定テストが終わったら、まんてんシールをはろう。

まんてんシール

ふせんシール

30°
0°
30°
60°
90°
120°
150°

けいせん
経線
東西を180度にわける

ユーラシア大陸

60°

30°

赤道

インド洋

30°

アフリカ大陸

オーストラリア大陸

60°

☆ピラミッド

南極大陸

★南極のペンギン

ユーラシア大陸

★ヒマラヤ山脈（エベレスト山）

の大陸と海洋

教科書ワーク

180°　150°　120°　90°　60°　30°

北アメリカ大陸

大西洋（たいせいよう）

太平洋（たいへいよう）

北半球

南半球

南アメリカ大陸

緯線（いせん）
南北を90度にわける

南極大陸（なんきょくたいりく）

オーストラリア大陸

★真夏のサンタクロース

北アメリカ大陸

★グランドキャニオン

南アメリカ大陸

★アマゾン川

わくわく
世界の国
カード
教科書ワーク
アプリにも対応！

どこの国？ アジア州 ①

首都
東京

人口…1 億 2,461 万人
面積…38 万㎢

どこの国？ アジア州 ②

首都
ソウル

人口…5,183 万人
面積…10 万㎢

どこの国？ アジア州 ③

首都
ペキン

人口…14 億 5,794 万人
面積…960 万㎢

どこの国？ アジア州 ④

首都
ピョンヤン

人口…2,597 万人
面積…12 万㎢

どこの国？ アジア州 ⑤

首都
ウランバートル

人口…335 万人
面積…156 万㎢

どこの国？ アジア州 ⑥

首都
ハノイ

人口…9,747 万人
面積…33 万㎢

どこの国？ アジア州 ⑦

首都
マニラ

人口…1 億 1,388 万人
面積…30 万㎢

どこの国？ アジア州 ⑧

首都
クアラルンプール

人口…3,357 万人
面積…33 万㎢

どこの国？ アジア州 ⑨

首都
シンガポール

人口…594 万人
面積…700㎢

どこの国？ アジア州 ⑩

首都
ジャカルタ

人口…2 億 7,375 万人
面積…191 万㎢

どこの国？ アジア州 ⑪

首都
バンコク

人口…7,160 万人
面積…51 万㎢

使い方

●きりとり線にそって切りはなしましょう。
●表面を見て国名を、裏面を見て首都の名前を答えてみましょう。
●面積や人口を比べたり、食べ物など興味のあることを覚えたりして楽しく学習しましょう。

※地図の縮尺は同じではありません。人口は2021年、面積は2020年のものです。

日本

食べ物…寿司
おもな言葉…日本語
おもな宗教…仏教
通貨…円
漢字では？…日本

1

大韓民国

食べ物…キムチ
おもな言葉…韓国語
おもな宗教…キリスト教、仏教
通貨…大韓民国ウォン
漢字では？…大韓民国

2

中華人民共和国

食べ物…麻婆豆腐
おもな言葉…中国語
おもな宗教…仏教など
通貨…人民元
漢字では？…中華人民共和国

3

朝鮮民主主義人民共和国

食べ物…冷めん
おもな言葉…朝鮮語
通貨…北朝鮮ウォン
漢字では？…朝鮮民主主義人民共和国

4

モンゴル

食べ物…ボーズ
おもな言葉…モンゴル語
おもな宗教…チベット仏教など
通貨…トグログ
漢字では？…蒙古、莫臥児

5

ベトナム

食べ物…フォー
おもな言葉…ベトナム語
おもな宗教…仏教など
通貨…ドン
漢字では？…越南

6

フィリピン

食べ物…シニガン
おもな言葉…フィリピノ語、英語
おもな宗教…キリスト教
通貨…ペソ
漢字では？…比律賓

7

マレーシア

食べ物…ロティジャラ
おもな言葉…マレー語
おもな宗教…イスラム教など
通貨…リンギット
漢字では？…馬来西亜

8

シンガポール

食べ物…チキンライス
おもな言葉…中国語、英語など
おもな宗教…仏教など
通貨…シンガポール・ドル
漢字では？…新嘉坡

9

インドネシア

食べ物…ナシゴレン
おもな言葉…インドネシア語
おもな宗教…イスラム教
通貨…ルピア
漢字では？…印度尼西亜

10

タイ

食べ物…トムヤムクン
おもな言葉…タイ語
おもな宗教…仏教
通貨…バーツ
漢字では？…泰

11

どこの国？

アジア州

首都 デリー
人口…14億756万人
面積…329万㎢

タージ・マハル

世界遺産

⑫

どこの国？

アジア州

首都 イスラマバード
人口…2億3,140万人
面積…80万㎢

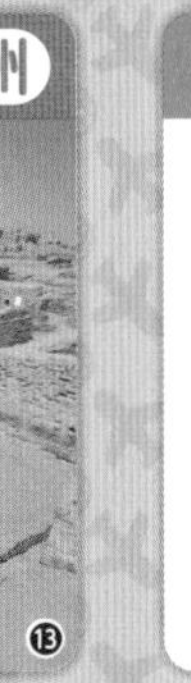

モヘンジョ・ダロ

世界遺産

⑬

どこの国？

アジア州

首都 リヤド
人口…3,595万人
面積…221万㎢

カーバ神殿（メッカ）

世界遺産

⑭

どこの国？

アジア州

首都 テヘラン
人口…8,792万人
面積…163万㎢

イスファハーンのイマームモスク

世界遺産

⑮

どこの国？

アジア州

首都 バグダッド
人口…4,353万人
面積…44万㎢

マルウィヤ・ミナレット

世界遺産

⑯

どこの国？

アジア州／ヨーロッパ州

首都 アンカラ
人口…8,478万人
面積…78万㎢

アヤ・ソフィア

世界遺産

⑰

どこの国？

アフリカ州

首都 カイロ
人口…1億926万人
面積…100万㎢

ピラミッド

世界遺産

⑱

どこの国？

アフリカ州

首都 アルジェ
人口…4,418万人
面積…238万㎢

アルジェのカスバ

世界遺産

⑲

どこの国？

アフリカ州

首都 ヤムスクロ
人口…2,748万人
面積…32万㎢

タイ国立公園

世界遺産

⑳

どこの国？

アフリカ州

首都 アブジャ
人口…2億1,340万人
面積…92万㎢

オスン・オソボ聖林

世界遺産

㉑

どこの国？

アフリカ州

首都 ナイロビ
人口…5,301万人
面積…59万㎢

トゥルカナ湖国立公園群

世界遺産

㉒

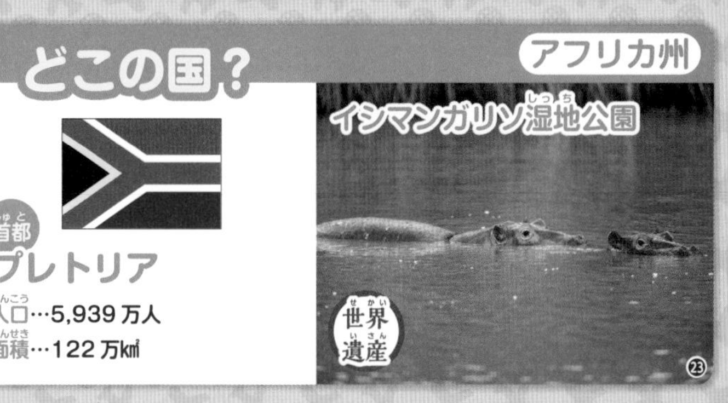

どこの国？

アフリカ州

首都 プレトリア
人口…5,939万人
面積…122万㎢

イシマンガリソ湿地公園

世界遺産

㉓

エジプト

食べ物…コシャリ

おもな言葉…アラビア語

おもな宗教…イスラム教

通貨…エジプト・ポンド

漢字では？…埃及

18

アルジェリア

食べ物…クスクス

おもな言葉…アラビア語

おもな宗教…イスラム教

通貨…アルジェリアン・ディナール

漢字では？…阿爾及

19

コートジボワール

食べ物…フトゥ

おもな言葉…フランス語

おもな宗教…イスラム教、キリスト教

通貨…CFA フラン

漢字では？…象牙海岸

20

ナイジェリア

食べ物…エグシスープ

おもな言葉…英語

おもな宗教…イスラム教、キリスト教

通貨…ナイラ

漢字では？…尼日利亜

21

ケニア

食べ物…ウガリ

おもな言葉…スワヒリ語、英語

おもな宗教…キリスト教

通貨…ケニア・シリング

漢字では？…肯尼亜

22

南アフリカ共和国

食べ物…ボボティ

おもな言葉…ズールー語、コサ語、英語など

おもな宗教…キリスト教

通貨…ランド

漢字では？…南阿弗利加

23

インド

食べ物…カレー

おもな言葉…ヒンディー語など

おもな宗教…ヒンドゥー教

通貨…ルピー

漢字では？…印度

12

パキスタン

食べ物…カレー

おもな言葉…ウルドゥ語、英語

おもな宗教…イスラム教

通貨…パキスタン・ルピー

漢字では？…巴基斯担

13

サウジアラビア

食べ物…カブサ

おもな言葉…アラビア語

おもな宗教…イスラム教

通貨…サウジアラビア・リヤル

漢字では？…沙地亜剌比亜

14

イラン

食べ物…アブグシュト

おもな言葉…ペルシャ語

おもな宗教…イスラム教

通貨…リアル

漢字では？…伊蘭

15

イラク

食べ物…マスグーフ

おもな言葉…アラビア語

おもな宗教…イスラム教

通貨…イラク・ディナール

漢字では？…伊拉久

16

トルコ

食べ物…ドネルケバブ

おもな言葉…トルコ語

おもな宗教…イスラム教

通貨…トルコ・リラ

漢字では？…土耳古

1

どこの国？
ヨーロッパ州／アジア州

首都 **モスクワ**
人口…1億4,510万人
面積…1,710万km²

㉔

どこの国？
ヨーロッパ州

首都 **ロンドン**
人口…6,728万人
面積…24万km²

㉕

どこの国？
ヨーロッパ州

首都 **パリ**
人口…6,453万人
面積…55万km²

㉖

どこの国？
ヨーロッパ州

首都 **ベルリン**
人口…8,341万人
面積…36万km²

㉗

どこの国？
ヨーロッパ州

首都 **マドリード**
人口…4,749万人
面積…51万km²

㉘

どこの国？
ヨーロッパ州

首都 **ローマ**
人口…5,924万人
面積…30万km²

㉙

どこの国？
ヨーロッパ州

首都 **アムステルダム**
人口…1,750万人
面積…4万km²

㉚

どこの国？
ヨーロッパ州

首都 **ベルン**
人口…869万人
面積…4万km²

㉛

どこの国？
ヨーロッパ州

首都 **オスロ**
人口…540万人
面積…32万km²

㉜

どこの国？
ヨーロッパ州

首都 **プラハ**
人口…1,051万人
面積…8万km²

㉝

どこの国？
ヨーロッパ州

首都 **ワルシャワ**
人口…3,831万人
面積…31万km²

㉞

どこの国？
ヨーロッパ州

首都 **アテネ**
人口…1,045万人
面積…13万km²

㉟

オランダ

食べ物…ヒュッツポット
おもな言葉…オランダ語
おもな宗教…キリスト教
通貨…ユーロ
漢字では？…和蘭、阿蘭陀

30

スイス

食べ物…チーズフォンデュ
おもな言葉…ドイツ語、フランス語
おもな宗教…キリスト教
通貨…スイスフラン
漢字では？…瑞西

31

ノルウェー

食べ物…フィスクシュッペ
おもな言葉…ノルウェー語
おもな宗教…キリスト教
通貨…ノルウェー・クローネ
漢字では？…諾威

32

チェコ

食べ物…スヴィーチュコヴァー
おもな言葉…チェコ語
おもな宗教…キリスト教
通貨…チェコ・コルナ
漢字では？…捷克

33

ポーランド

食べ物…ピエロギ
おもな言葉…ポーランド語
おもな宗教…キリスト教
通貨…ズロチ
漢字では？…波蘭

34

ギリシャ

食べ物…ムサカ
おもな言葉…ギリシャ語
おもな宗教…キリスト教
通貨…ユーロ
漢字では？…希臘

35

ロシア

食べ物…ボルシチ
おもな言葉…ロシア語
おもな宗教…キリスト教
通貨…ルーブル
漢字では？…露西亜

イギリス

食べ物…フィッシュアンドチップス
おもな言葉…英語
おもな宗教…キリスト教
通貨…スターリング・ポンド
漢字では？…英吉利

フランス

食べ物…ブイヤベース
おもな言葉…フランス語
おもな宗教…キリスト教
通貨…ユーロ
漢字では？…仏蘭西

ドイツ

食べ物…ブルスト（ソーセージ）
おもな言葉…ドイツ語
おもな宗教…キリスト教
通貨…ユーロ
漢字では？…独逸

スペイン

食べ物…パエリア
おもな言葉…スペイン語
おもな宗教…キリスト教
通貨…ユーロ
漢字では？…西班牙

イタリア

食べ物…パスタ
おもな言葉…イタリア語
おもな宗教…キリスト教
通貨…ユーロ
漢字では？…伊太利

どこの国？ 北アメリカ州

首都 オタワ

人口…3,816 万人

面積…999 万㎢

36

どこの国？ 北アメリカ州

首都 ワシントン D.C.

人口…3 億 3,700 万人

面積…983 万㎢

37

どこの国？ 北アメリカ州

首都 メキシコシティ

人口…1 億 2,671 万人

面積…196 万㎢

38

どこの国？ 北アメリカ州

首都 ハバナ

人口…1,126 万人

面積…11 万㎢

39

どこの国？ 北アメリカ州

首都 サンホセ

人口…515 万人

面積…5 万㎢

40

どこの国？ 南アメリカ州

首都 ボゴタ

人口…5,152 万人

面積…114 万㎢

41

どこの国？ 南アメリカ州

首都 ブラジリア

人口…2 億 1,433 万人

面積…852 万㎢

42

どこの国？ 南アメリカ州

首都 リマ

人口…3,372 万人

面積…129 万㎢

43

どこの国？ 南アメリカ州

首都 ブエノスアイレス

人口…4,528 万人

面積…280 万㎢

44

どこの国？ 南アメリカ州

首都 サンティアゴ

人口…1,949 万人

面積…76 万㎢

45

どこの国？ オセアニア州

首都 キャンベラ

人口…2,592 万人

面積…769 万㎢

46

どこの国？ オセアニア州

首都 ウェリントン

人口…513 万人

面積…27 万㎢

47

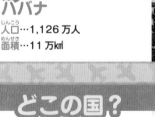

ブラジル

食べ物…シュラスコ
おもな言葉…ポルトガル語
おもな宗教…キリスト教
通貨…レアル
漢字では？…伯剌西爾

42

ペルー

食べ物…セビーチェ
おもな言葉…スペイン語
おもな宗教…キリスト教
通貨…ソル
漢字では？…秘露

43

アルゼンチン

食べ物…アサード
おもな言葉…スペイン語
おもな宗教…キリスト教
通貨…ペソ
漢字では？…亜爾然丁

44

チリ

食べ物…カスエラ
おもな言葉…スペイン語
おもな宗教…キリスト教
通貨…ペソ
漢字では？…智利

45

オーストラリア

食べ物…ルーミート
おもな言葉…英語
おもな宗教…キリスト教
通貨…オーストラリア・ドル
漢字では？…濠太剌利

46

ニュージーランド

食べ物…キウイフルーツ
おもな言葉…英語、マオリ語
おもな宗教…キリスト教
通貨…ニュージーランド・ドル
漢字では？…新西蘭

47

カナダ

食べ物…メープルシロップ
おもな言葉…英語、フランス語
おもな宗教…キリスト教
通貨…カナダ・ドル
漢字では？…加奈陀

36

アメリカ合衆国

食べ物…ハンバーガー
おもな言葉…英語
おもな宗教…キリスト教
通貨…ドル
漢字では？…亜米利加

37

メキシコ

食べ物…タコス
おもな言葉…スペイン語
おもな宗教…キリスト教
通貨…ペソ
漢字では？…墨西哥

キューバ

食べ物…アロスコングリ
おもな言葉…スペイン語
おもな宗教…キリスト教
通貨…キューバ・ペソ
漢字では？…玖馬

コスタリカ

食べ物…ガジョピント
おもな言葉…スペイン語
おもな宗教…キリスト教
通貨…コロン
漢字では？…哥斯達黎加

コロンビア

食べ物…アヒアコ
おもな言葉…スペイン語
おもな宗教…キリスト教
通貨…ペソ
漢字では？…哥倫比亜

日本文教版
社会5年

動画 コードを読みとって、下の番号の動画を見てみよう。

◆は選択学習です。いずれかを選んで学習をしましょう。発展は発展的な内容をあつかっています。

写真提供：旭川市、朝日新聞社、アフロ、AP、神戸新聞社、Cynet Photo、富士山火山防災対策協議会（p.101 富士山ハザードマップ / 加工）、読売新聞、ロイター、和歌山県和歌山市（敬称略・五十音順）

勉強した日 月 日

1 世界から見た日本①

学習の目標
地球全体のようすと世界の国々を確かめよう。

基本のワーク

教科書 10〜15ページ　答え 1ページ

1 地球のすがたを見てみると

●地球には海と陸地があり、海の部分が地球全体の約①(　　　)%をしめている。

◆海…②(　　　)、**大西洋**、**インド洋**の三大洋と、日本海などの小さな海。

◆陸地…③(　　　)**大陸**、**アフリカ大陸**、**北アメリカ大陸**、④(　　　)**大陸**、⑤(　　　)**大陸**、**南極大陸**の六大陸と、たくさんの島々。

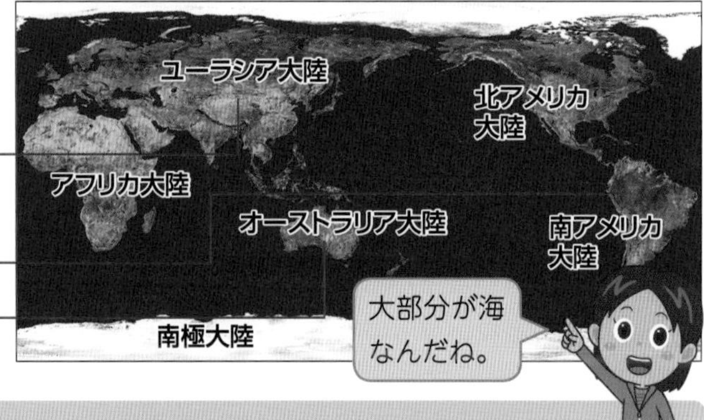

2 地球のすがたを知る

●⑥(　　　)…地球の表面をほぼ正確に、そのまま小さくしたもの。

●地図…地図帳やタブレットなどで見ることができる。きょりや面積などをいちどに全て正確にあらわせない。

よみトク！資料

●⑦(　　　)…北極と南極を結ぶ線。イギリスの旧グリニッジ天文台を通る線を0度とし、東側を**東経**、西側を**西経**であらわす。東経と西経はそれぞれ180度まで。

●経度0度の東側を⑧(　　　)、西側を西半球という。

●⑨(　　　)…同じ緯度を結ぶ線。**赤道**を0度とし、その北側を**北緯**、南側を**南緯**であらわす。北緯と南緯はそれぞれ90度まで。

●赤道の北側を北半球、南側を⑩(　　　)という。

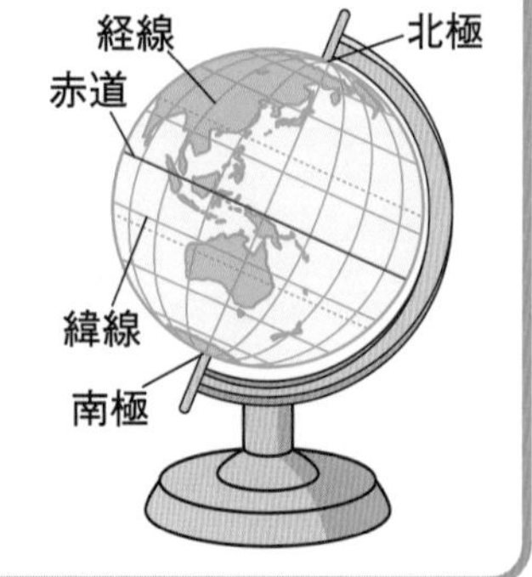

3 世界のさまざまな国々

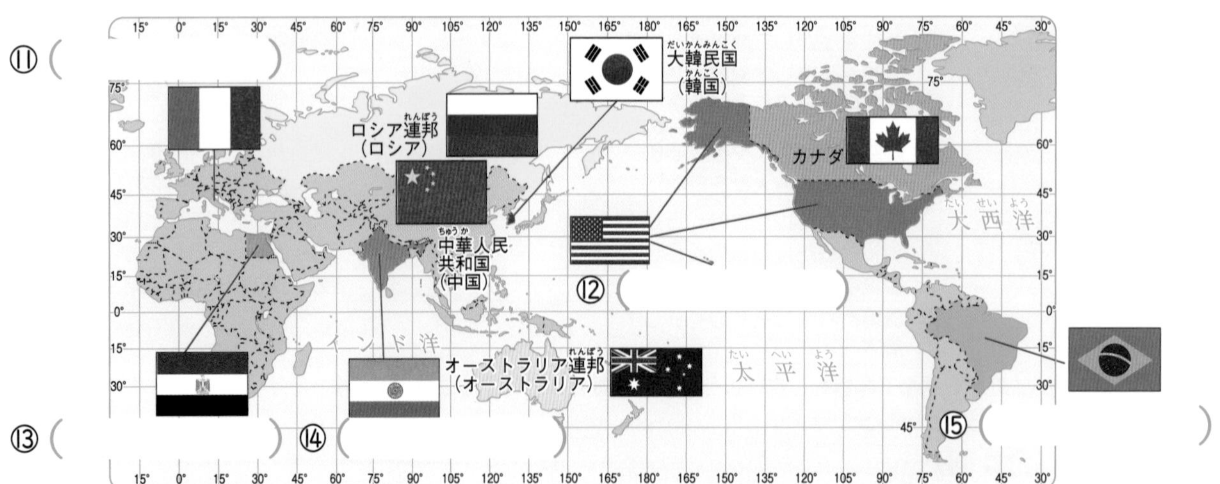

しゃかい工場 南極大陸はとても寒く、大陸の大部分は厚い氷でおおわれているから、世界の各国から調査・研究をするために来ている人たちのほかには、だれも住んでいないんだ。

練習のワーク

教科書 10～15ページ　答え 1ページ

できた数　／16問中

1 右の地図を見て、次の問いに答えましょう。

(1) 次の大洋にあてはまるものを、**地図**の㋐～㋒からそれぞれ選びましょう。

①太平洋（たいへいよう）（　　）
②大西洋（たいせいよう）（　　）
③インド洋（　　）

(2) **地図**のあ～うにあてはまる大陸の名前を書きましょう。

あ（　　　　）大陸　い（　　　　）大陸　う（　　　　）大陸

2 右の地球儀（ちきゅうぎ）を見て、次の問いに答えましょう。

(1) 北極と南極を結ぶ、たての線を何といいますか。
（　　　　）

(2) 同じ緯度（いど）を結ぶ、横の線を何といいますか。
（　　　　）

(3) ——の線を何といいますか。また、緯度（いど）は何度ですか。

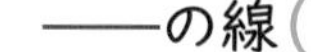
——の線（　　　　）　緯度（　　　　）

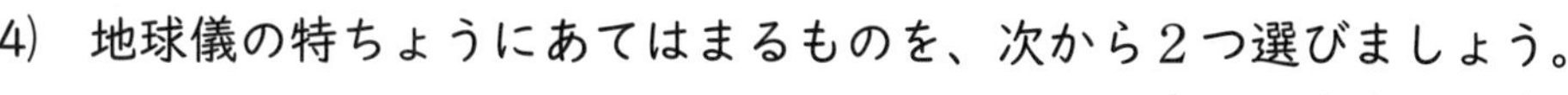
(4) 地球儀の特ちょうにあてはまるものを、次から２つ選びましょう。
（　　）（　　）

㋐ かんたんに持ち運びができて、いつでも、どこでも見ることができる。
㋑ きょりや面積、方位などを正確（せいかく）にあらわすことができる。
㋒ 世界全体をいちどに見わたすことができない。
㋓ きょりや面積などをいちどに全て正確にあらわすことができない。

3 次の地図のⒶ～Ⓓの国名を書きましょう。また、それぞれの国の国旗（こっき）を右から選びましょう。

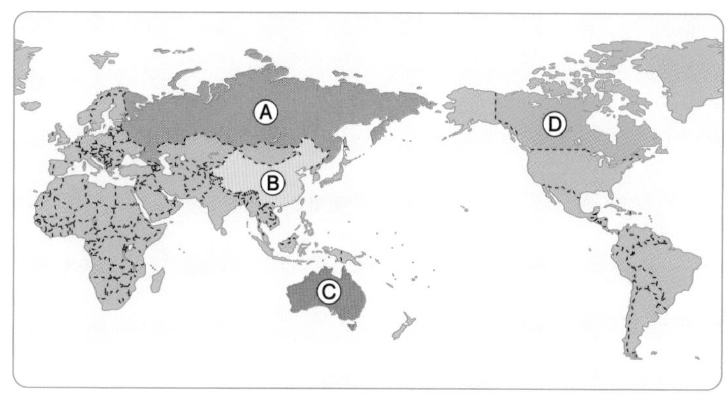

Ⓐ（国名　　　、国旗　　）　Ⓑ（国名　　　、国旗　　）
Ⓒ（国名　　　、国旗　　）　Ⓓ（国名　　　、国旗　　）

世界には3つの大洋と6つの大陸がある。

1　世界から見た日本②

学習の目標

日本の国土のはんいや、領土をめぐる問題を確かめよう。

基本のワーク

教科書 16〜19ページ　答え 1ページ

1 日本の位置とはんい

●領土…国がもっている①(　　　)のはんい。

●②(　　　)…領土の海岸線から12海里（約22km）までの海。外側に排他的経済水域。

●③(　　　)…領土と領海の上空。

海里とは海の上のきょりをあらわす単位で、1海里は約1850 mだよ。

排他的経済水域

領海の外側で、海岸線から200海里までの海のはんい。魚などの水産資源や石油などの鉱産資源を自分の国だけで利用できる。

領土・領海・領空・排他的経済水域のはんい

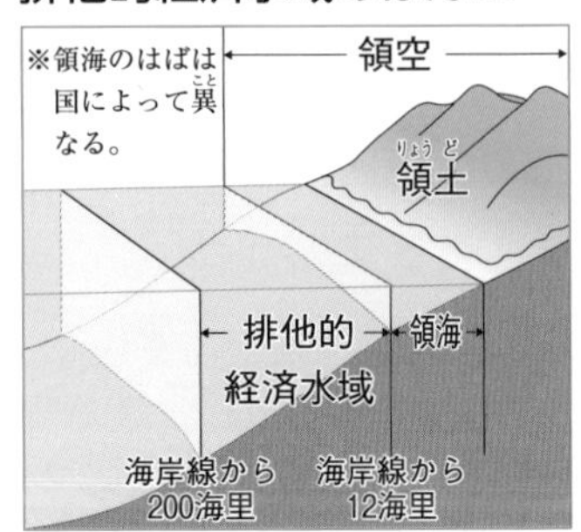

よみトク！資料

日本の国土のはんい

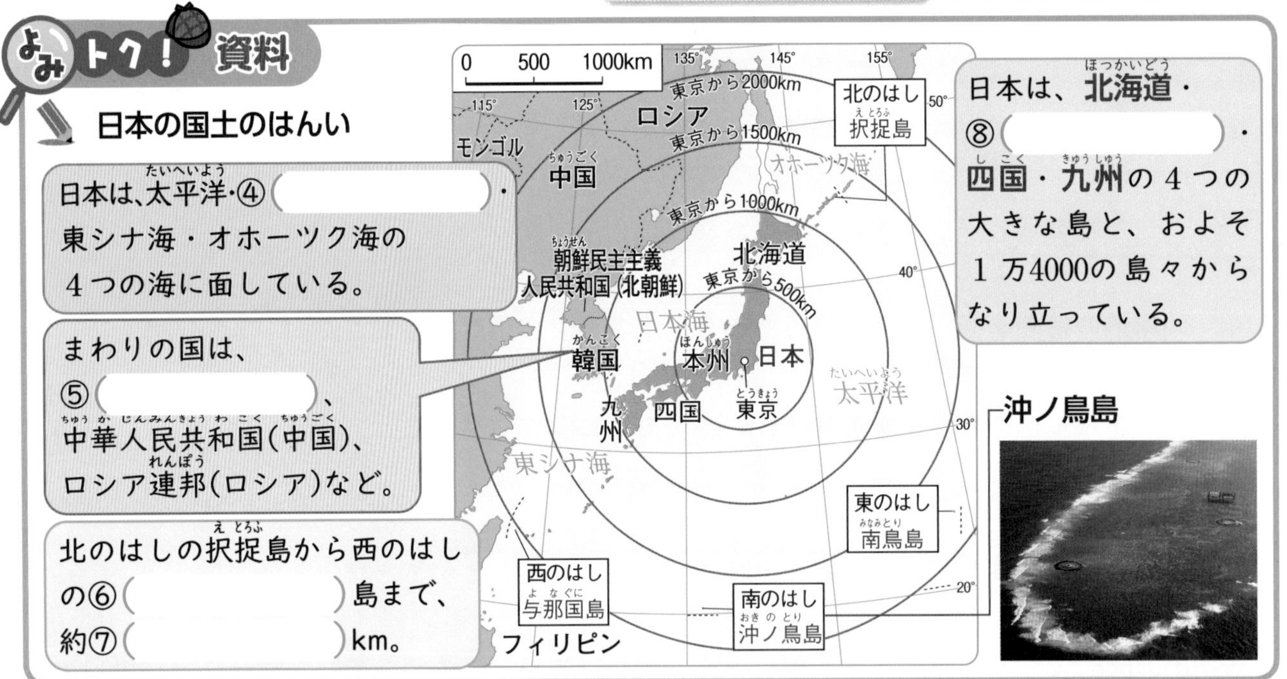

日本は、太平洋・④(　　　)・東シナ海・オホーツク海の4つの海に面している。

まわりの国は、⑤(　　　)、中華人民共和国（中国）、ロシア連邦（ロシア）など。

北のはしの択捉島から西のはしの⑥(　　　)島まで、約⑦(　　　)km。

日本は、北海道・⑧(　　　)・四国・九州の4つの大きな島と、およそ1万4000の島々からなり立っている。

2 領土をめぐる問題

●北方領土…⑨(　　　)・国後島・色丹島・歯舞群島からなる。第二次世界大戦後、ソビエト連邦が占領した。現在は、ソビエト連邦を引きついだ⑩(　　　)が不法に占拠している。

●⑪(　　　)（島根県）…日本固有の領土だが、現在は韓国が不法に占拠している。

●尖閣諸島（沖縄県）…日本固有の領土で、領有には問題がないが、⑫(　　　)が自国の領土であると主張している。

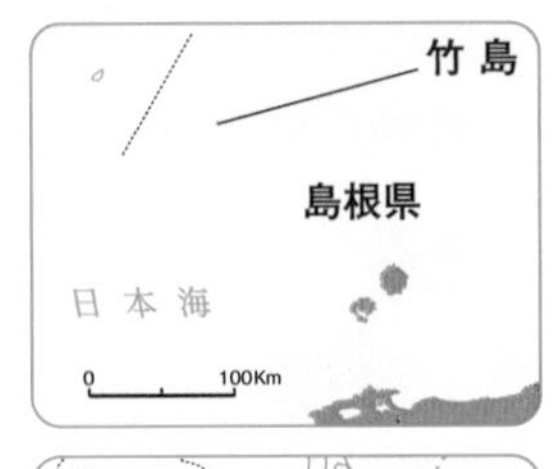

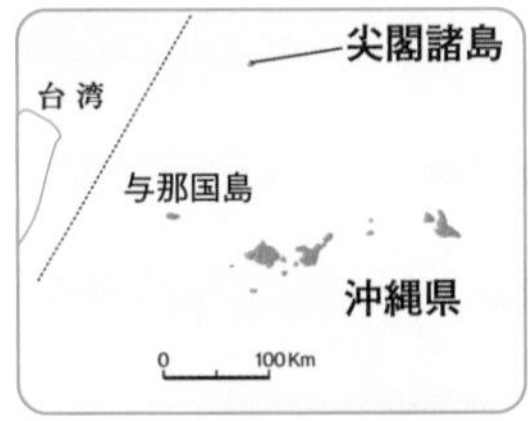

北方領土の中で一番大きい島は択捉島で、面積が約3200k㎡もあるんだ。これは、本州などの4つの大きな島をのぞけば、日本で最大の島だよ。

練習のワーク

教科書 16〜19ページ　答え 1ページ

1 右の図を見て、次の問いに答えましょう。

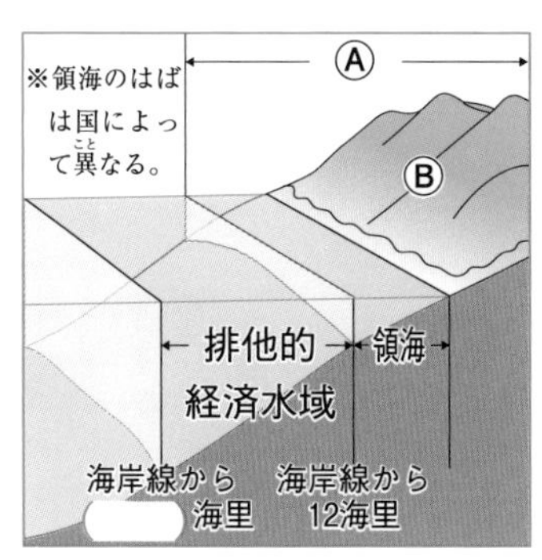

(1) Ⓐ・Ⓑにあてはまる言葉を書きましょう。

Ⓐ(　　　　　)　Ⓑ(　　　　　)

(2) (　　)にあてはまる数字を次から選びましょう。(　　)

㋐ 20　㋑ 200　㋒ 400　㋓ 2000

(3) 次の文の{　}にあてはまる言葉に○を書きましょう。

●排他的経済水域とは、①{ 国土　領海 }の外側で、魚などの②{ 水産　鉱産 }資源や、天然ガス・石油などの資源を、③{ 自国　外国 }だけが利用できる海のはんいのことである。

2 右の地図を見て、次の問いに答えましょう。

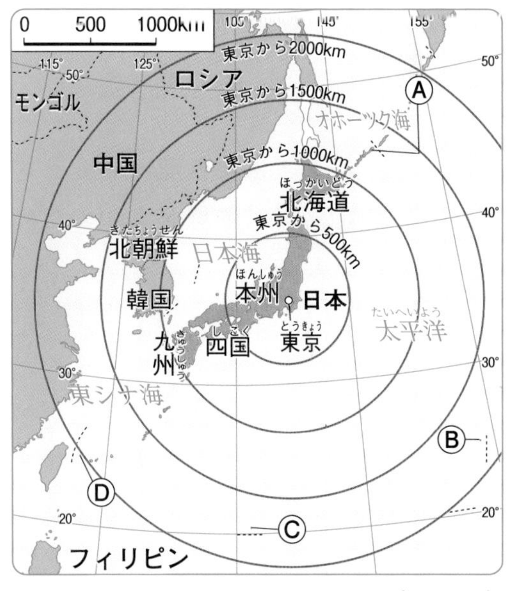

(1) 地図のⒶ〜Ⓓにあてはまる島の名前を［　］からそれぞれ選びましょう。

Ⓐ(　　　　　)　Ⓑ(　　　　　)

Ⓒ(　　　　　)　Ⓓ(　　　　　)

与那国島　択捉島　沖ノ鳥島　南鳥島

(2) 次の文の{　}にあてはまる言葉に○を書きましょう。

●日本は①{ ユーラシア　オーストラリア }大陸の東側にあり、南北は、およそ北緯②{ 10　20 }度から北緯46度まで、東西は、およそ東経123度から東経③{ 154　164 }度までのはんいに広がっている。

(3) 北のはしから西のはしまでは、およそ何kmですか。次から選びましょう。(　　)

㋐ 1300km　㋑ 2300km　㋒ 3300km　㋓ 4300km

3 右の地図を見て、次の問いに答えましょう。

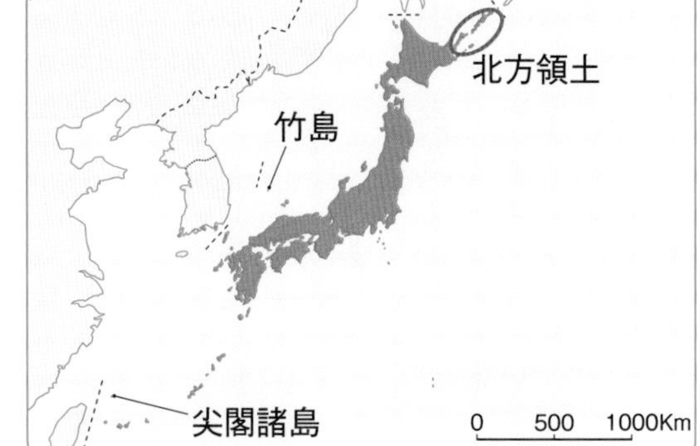

(1) 竹島は、日本のどの都道府県に属していますか。

(　　　　　)

(2) 尖閣諸島がある海を次から選びましょう。(　　)

㋐ 日本海　㋑ 東シナ海　㋒ 大西洋

(3) 現在、北方領土を占拠している国を［　］から選びましょう。(　　　　　)

アメリカ合衆国　中国　韓国　ロシア連邦

ポイント 北は択捉島、南は沖ノ鳥島、東は南鳥島、西は与那国島。

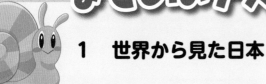

まとめのテスト

勉強した日　　月　　日

1　世界から見た日本

時間 20分

得点　　/100点

教科書 10～19ページ　答え 2ページ

1 地球のすがたと世界の国々　**次の地図を見て、あとの問いに答えましょう。**　1つ4〔48点〕

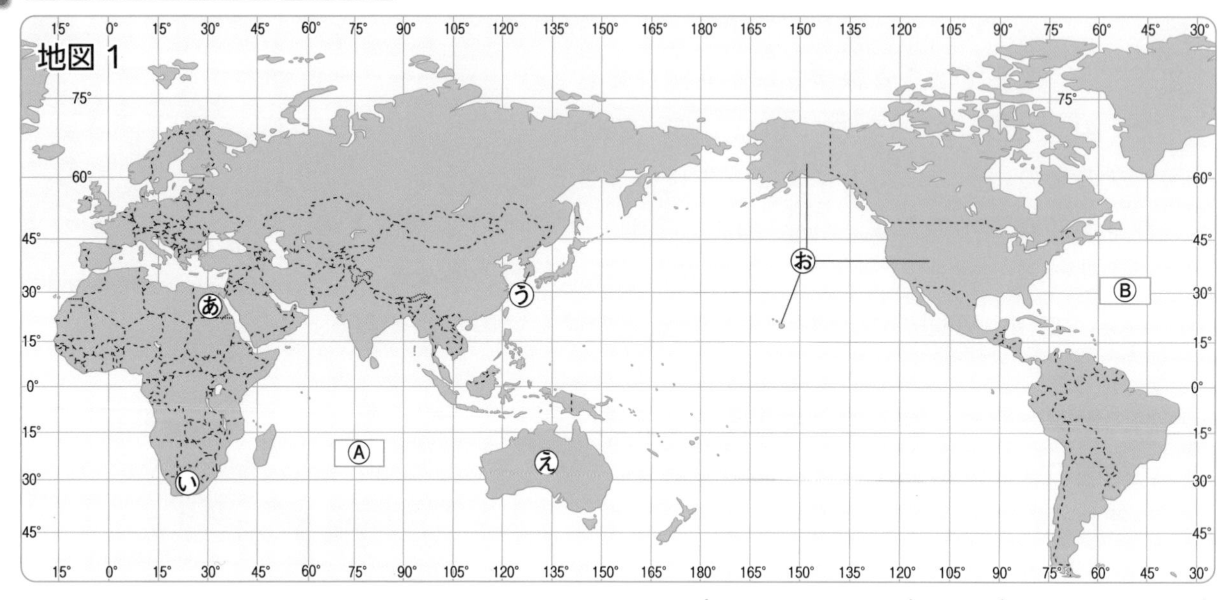

(1) □にあてはまる海の名前を書きましょう。　Ⓐ(　　　　　)　Ⓑ(　　　　　)

思考

(2) 右の**地図2**は地球を１つの方向から見た地図です。次の問いに答えましょう。

地図2

① **地図1**にはあって、**地図2**にはない大陸をすべて書きましょう。(　　　　　　　　　)

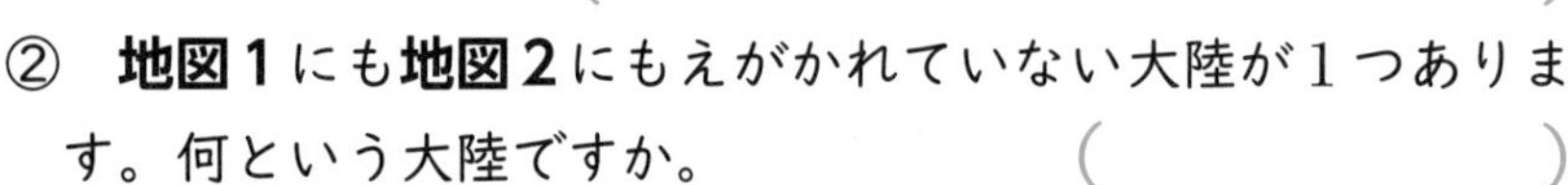

② **地図1**にも**地図2**にもえがかれていない大陸が１つあります。何という大陸ですか。(　　　　　)

(3) 緯度(いど)０度の線を何といいますか。(　　　　　)

(4) 経度(けいど)０度の線が通る国を、次から選びましょう。(　　)

㋐ 日本　㋑ イギリス　㋒ カナダ　㋓ 中華人民共和国(ちゅうかじんみんきょうわこく)

(5) 次の**写真**の国の位置を、**地図1**のあ～おからそれぞれ選びましょう。

①(　　)　②(　　)　③(　　)

①

②

③

(6) (5)の①～③の国の国旗(こっき)を、次からそれぞれ選びましょう。

①(　　)　②(　　)　③(　　)

㋐ 
㋑ 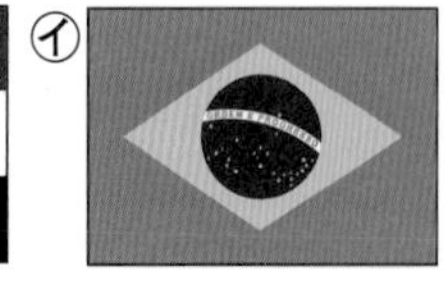
㋒ 
㋓ 
㋔ 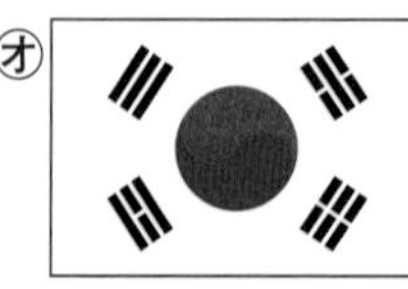

2 地球儀と地図 次の問いに答えましょう。 1つ4〔12点〕

(1) 右の**写真**は、地球儀で、1めもりが約2000kmのものさしをつくってきょりをはかっているようすです。写真の中の日本とオーストラリアのおよそのきょりを、次から選びましょう。（　　）

㋐ 1000km　㋑ 3000km　㋒ 6000km　㋓ 9000km

(2) 次のとき、地球儀と地図のどちらを使うとよいですか。

① 外出先に持ち運びたいとき。（　　）

② 日本と外国のきょりと面積を比べたいとき。（　　）

3 日本の位置とはんい 右の地図を見て、次の問いに答えましょう。 (2)(3)1つ4、ほか1つ3〔40点〕

(1) 次の文の□にあてはまる言葉をそれぞれ書きましょう。

①（　　）②（　　）

③（　　）

> 日本は、南北でおよそ［①］20度から46度まで、東西ではおよそ［②］123度から154度までのはんいにあり、ユーラシア大陸の［③］側に位置する。

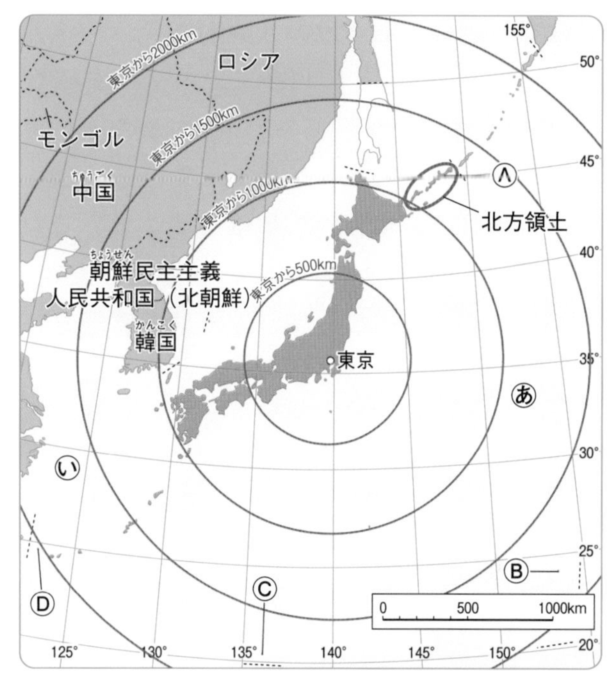

(2) あ・いの名前を□から選びましょう。

あ（　　）い（　　）

オホーツク海　太平洋
大西洋　日本海　東シナ海

(3) 右の**写真**を見て、次の問いに答えましょう。

① この島を何といいますか。（　　）

② この島の位置を、**地図**のⒶ～Ⓓから選びましょう。（　　）

(4) 東京から1000km以内のはんいにある国を、**地図**からすべて書きましょう。
（　　）

(5) 次のはんいのことを、それぞれ何といいますか。

① 国のはんいのうちの陸地の部分。（　　）

② 海岸線から200海里までの領海をのぞくはんいで、水産資源や鉱産資源をその国だけが利用できる海。（　　）

(6) 次の文の——線部が正しい場合は〇、あやまっている場合は、正しい言葉を書きましょう。

① 北海道にある北方領土は、<u>ロシア連邦</u>が不法に占拠している。（　　）

② 島根県の<u>尖閣諸島</u>は、韓国が不法に占拠している。（　　）

勉強した日　月　日

2 日本の地形や気候①

基本のワーク

学習の目標
日本の四季のようすや地形の特色を確(たし)かめよう。

教科書 20～23ページ　答え 2ページ

1 四季のある日本の気候と地形

●日本には、**春・夏・秋・冬**の４つの**季節**があり、①(　　　　　)とよばれる。
　◆**四季**の変化がはっきりしていることが、日本の気候の特色の１つ。

2 日本の地形の特色

●「日本の②(　　　　　)」…本州(ほんしゅう)の中央部にそびえる高さ3000mくらいの山々。

●日本の国土の約**４分の３**は**山地**で、約４分の１の③(　　　　　)に多くの人々が住んでいる。
　◆④(　　　　　)…いくつかの山が集まって、ひとつのまとまりをつくっているところ。山地のうち、みねがつながって続いているものを**山脈(さんみゃく)**、表面がなだらかになっている土地を**高地**、表面が平らになっている土地を**高原**という。

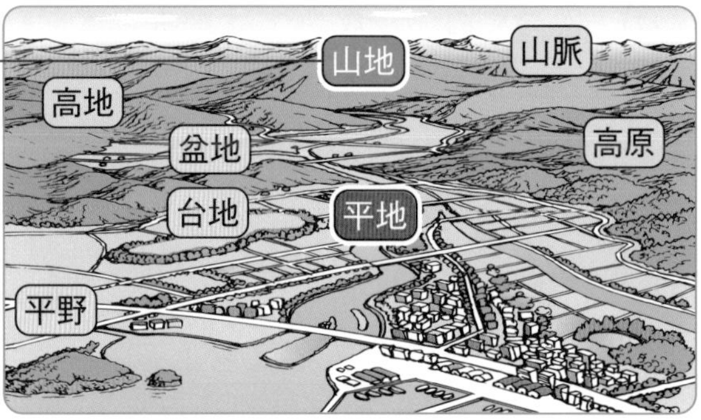

山地
山脈
高地
盆地
高原
台地
平地
平野

　◆**平地**…山がなく、平らになっているところ。海に面して広く開けた土地を**平野**、まわりを山で囲(かこ)まれている土地を**盆地(ぼんち)**、まわりより高くなっている平らな土地を**台地**という。

●山地が海岸までせまっているので、川の水が山地から海へいっきに流れる。
　➡外国の川に比(くら)べて日本の川は**短くて流れが急**。

おもな山地と川

よみトク！資料

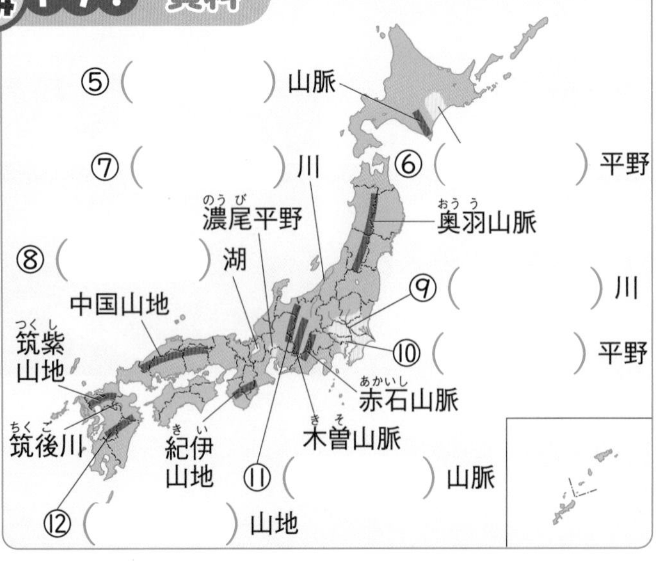

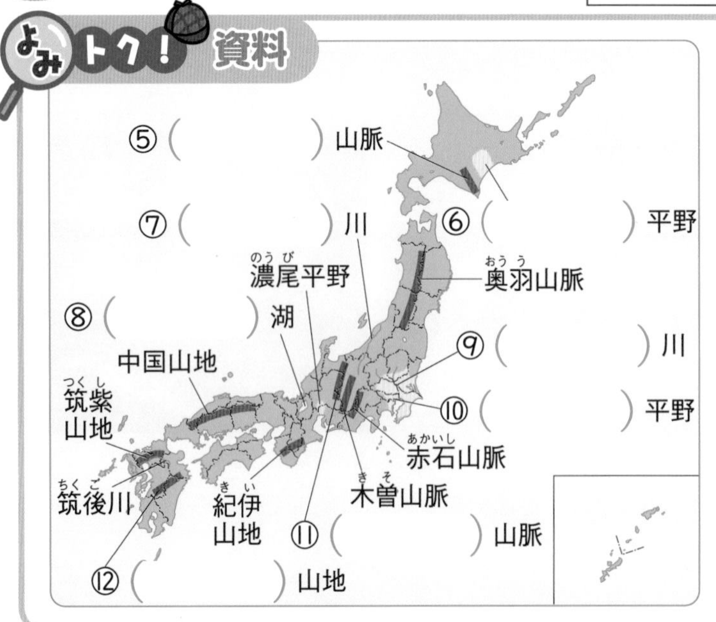

⑤(　　　　)山脈
⑦(　　　　)川
⑥(　　　　)平野
濃尾(のうび)平野
奥羽(おうう)山脈
⑧(　　　　)湖
⑨(　　　　)川
中国山地
⑩(　　　　)平野
筑紫(つくし)山地
赤石(あかいし)山脈
筑後(ちくご)川
紀伊(きい)山地
木曽(きそ)山脈
⑪(　　　　)山脈
⑫(　　　　)山地

日本の川と外国の川

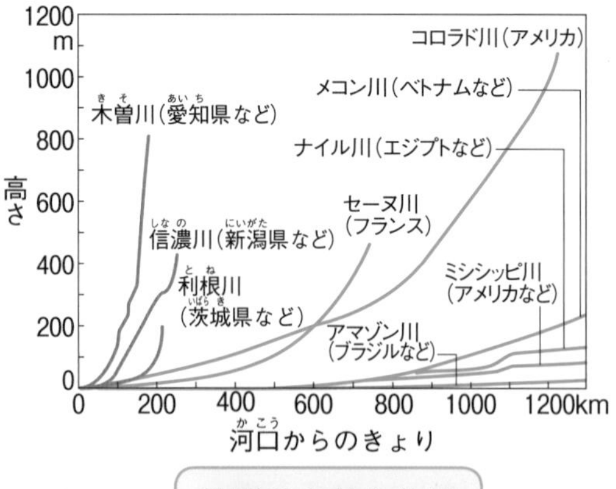

1200 m
1000
800
600
400
200
0
高さ
0
200
400
600
800
1000
1200km
河口(かこう)からのきょり
コロラド川(アメリカ)
メコン川(ベトナムなど)
木曽(きそ)川(愛知(あいち)県など)
ナイル川(エジプトなど)
セーヌ川(フランス)
信濃(しなの)川(新潟(にいがた)県など)
利根(とね)川(茨城(いばらき)県など)
ミシシッピ川(アメリカなど)
アマゾン川(ブラジルなど)

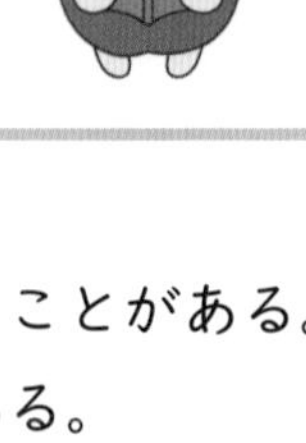

地形の名前や位置を覚えておこう。

●日本には多くの**火山**がある。
　◆⑬(　　　　　)すると大きな被害(ひがい)をあたえることがある。
　◆火山のある地域(ちいき)には、湖や温泉(おんせん)、美しい自然がある。

しゃかいか工場　日本で一番長い川は信濃川、一番大きい平野は関東(かんとう)平野、一番高い山は富士(ふじ)山、一番大きい湖は琵琶(びわ)湖だよ。

練習のワーク

教科書　20～23ページ　　答え　2ページ

できた数　／15問中

1 次のあ～えにあてはまる季節の名前を書きましょう。

あ（　　　）　い（　　　）　う（　　　）　え（　　　）

2 地図や資料を見て、次の問いに答えましょう。

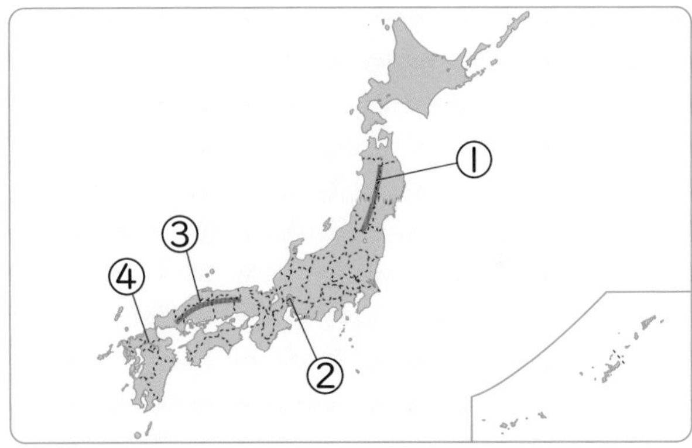

(1)　右の**地図**中の①～④にあてはまる地形の名前を、次からそれぞれ選びましょう。

①（　　）　②（　　）
③（　　）　④（　　）

㋐ 濃尾平野　㋑ 大阪平野
㋒ 筑後川　㋓ 北上川
㋔ 奥羽山脈　㋕ 中国山地

(2)　日本の国土のうち、山地がしめるわりあいはどれくらいですか。あてはまるわりあいを書きましょう。

（　　分の　　）

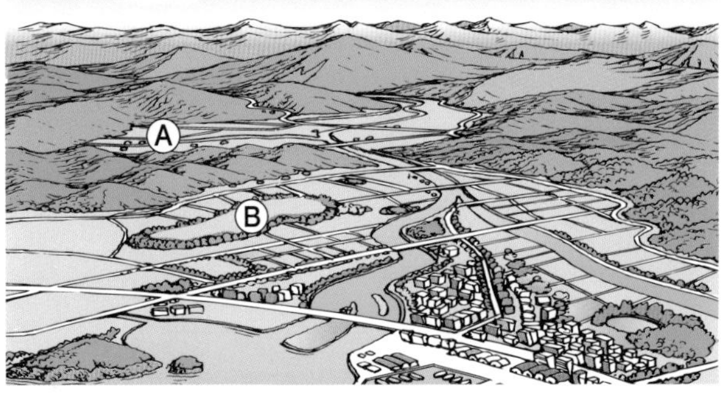

(3)　平地には、どのような種類がありますか。右の**図**中のⒶ、Ⓑにあてはまる言葉を、□から選びましょう。

Ⓐ（　　　）　Ⓑ（　　　）

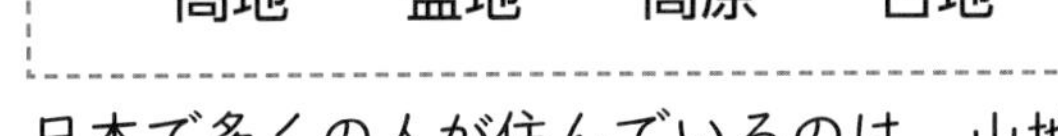

高地　盆地　高原　台地

(4)　日本で多くの人が住んでいるのは、山地と平地のどちらですか。

（　　　）

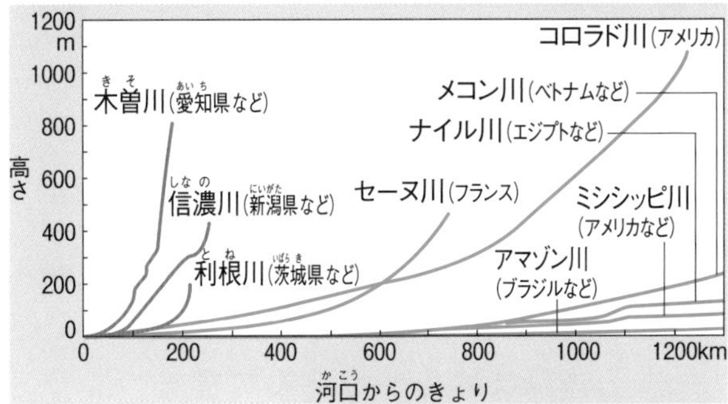

(5)　右の**グラフ**を見て、次の文の{　}にあてはまる言葉に○を書きましょう。

● 日本の川は、外国の川に比べると河口からのきょりが
①{ 長く　短く }、流れがとても
②{ 急　ゆるやか }であることがわかる。

(6)　右の**写真**のような山を何といいますか。

（　　　）

日本には四季があり、川は短く、流れが急である。

勉強した日 月 日

2 日本の地形や気候②

基本のワーク

学習の目標
季節風が気候にあたえるえいきょうを確かめよう。

教科書 24〜29ページ　答え 2ページ

1 つゆと台風

●①（　　　　）…５月から７月にかけて、**くもり**や**雨**の日が続く（北海道をのぞく）。
●②（　　　　）…夏から秋にかけて日本にやってきて、強い風と大雨をもたらす。
●**つゆ**や**台風**は、わたしたちのくらしや農業などに必要な③（　　　　）をもたらす。しかし、大雨による洪水や山くずれなどの④（　　　　）を引きおこすこともある。

2 地域によってちがう気候

●日本には、**６つの気候区分**がある。

3 季節風とくらし

よみトク！資料

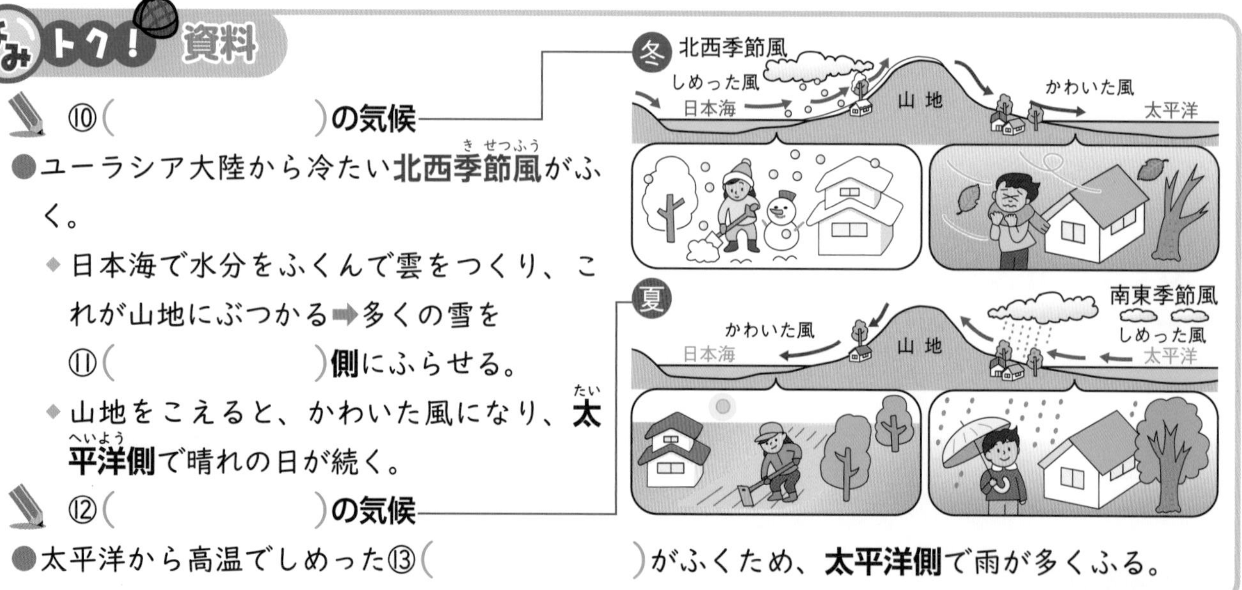

⑩（　　　　）の気候
●ユーラシア大陸から冷たい**北西季節風**がふく。
◆日本海で水分をふくんで雲をつくり、これが山地にぶつかる➡多くの雪を⑪（　　　　）**側**にふらせる。
◆山地をこえると、かわいた風になり、**太平洋側**で晴れの日が続く。

⑫（　　　　）の気候
●太平洋から高温でしめった⑬（　　　　）がふくため、**太平洋側**で雨が多くふる。

しゃかい工場　気温は、土地の高さによってもちがいが出るよ。本州の中央部は高い山地や山脈が多いので、同じ緯度の平地と比べると、気温が低いんだ。

練習のワーク

教科書 24～29ページ　答え 2ページ

できた数　／14問中

1 右の図を見て、次の問いに答えましょう。

6月の降水量

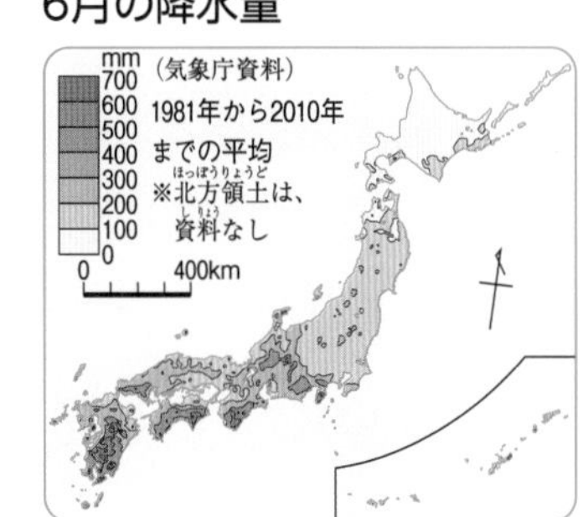

(1) 6月の降水量が多いのは、北と南のどちらですか。（　　）

(2) つゆがない地域を次から選びましょう。（　　）

㋐ 北海道地方　㋑ 中国・四国地方　㋒ 九州地方

(3) 台風が多く日本にやってくる季節を、次から選びましょう。（　　）

㋐ 冬から春　㋑ 夏から秋　㋒ 秋から冬

2 右の地図を見て、次の問いに答えましょう。

(1) 次の5人が住んでいる地域を、**地図**の㋐～㋕から選びましょう。

① エリさん：1年じゅう雨が少なくて、夏と冬の気温の差が大きいよ。（　　）

② ケンさん：1年を通して雨が少ないから、水不足になることもあるよ。（　　）

③ ミホさん：1年を通して雨が少なく、冬の寒さがとてもきびしいよ。（　　）

④ ショウさん：冬に雪がたくさんふるから、雪かきを手伝うよ。（　　）

⑤ ユウキさん：1年じゅう雨が多くて、冬でもあたたかいんだよ。（　　）

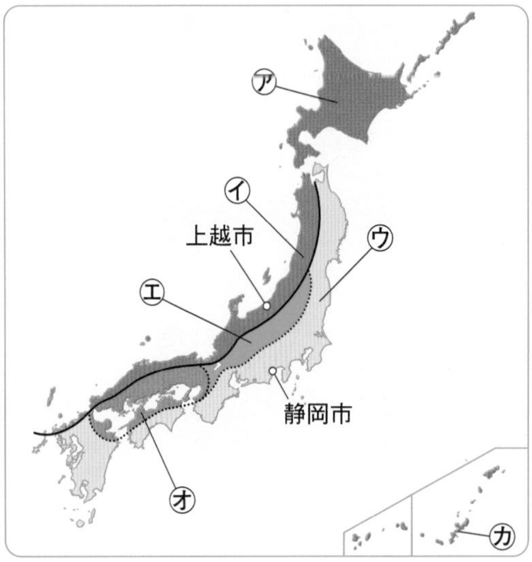

(2) 右の**グラフ**は、静岡市と上越市の月別平均気温と月別降水量を示しています。次の問いに答えましょう。

① 折れ線グラフは、気温と降水量のどちらを示していますか。（　　）

② 冬に雨が少ないことがわかるのは、どちらのグラフですか。（　　）

③ 上越市のグラフはどちらですか。（　　）

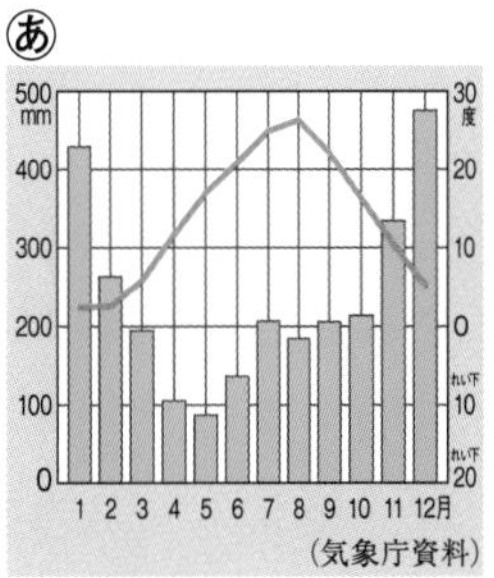

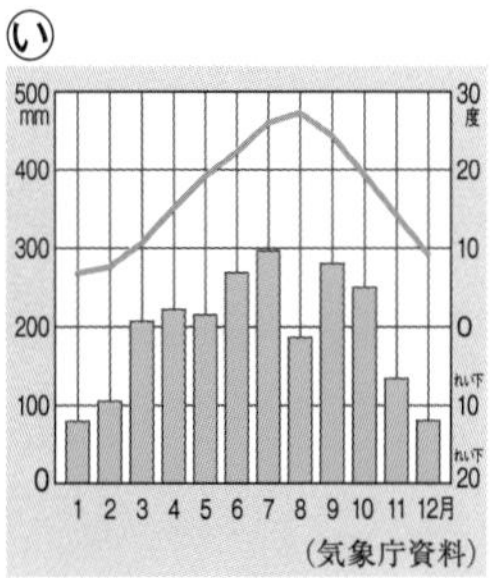

3 右の図を見て、次の問いに答えましょう。

(1) **図**の←―のように、季節によって決まった方向にふく風のことを何といいますか。（　　）

(2) Ⓐの大陸名を書きましょう。（　　）

(3) 右の**図**は夏と冬のどちらですか。（　　）

冬は北西季節風、夏は南東季節風がふく。

まとめのテスト

2　日本の地形や気候

時間 20分

得点　/100点

教科書 20〜29ページ　答え 3ページ

1 日本の地形　次の資料を見て、あとの問いに答えましょう。　1つ4〔52点〕

日本の国土は、山地が全体の約4分の3をしめている。日本の中央部は□とよばれ、3000mほどのけわしい山々がそびえている。

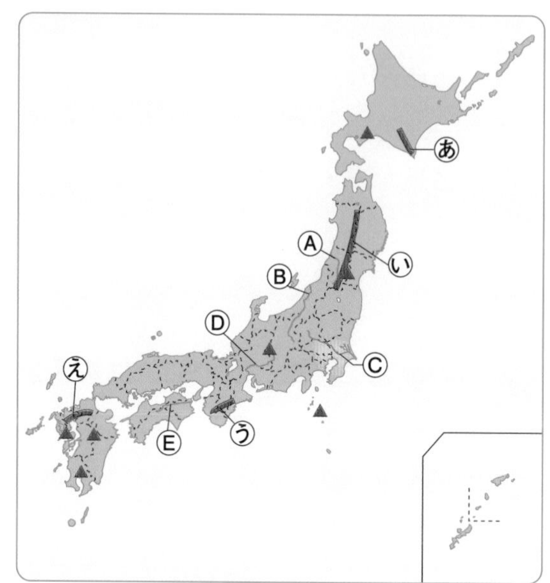

(1) 上の文の□にあてはまる言葉を書きましょう。
（　　　　　）

よく出る
(2) 右の**地図**のあ〜えの名前を、□から選びましょう。

あ（　　　　）　い（　　　　）
う（　　　　）　え（　　　　）

紀伊山地　中国山地　飛驒山脈
奥羽山脈　日高山脈　筑紫山地

(3) 右の**グラフ**の①〜③の川の位置を、上の**地図**のⒶ〜Ⓔからそれぞれ選びましょう。

①（　　）　②（　　）　③（　　）

日本の川と外国の川

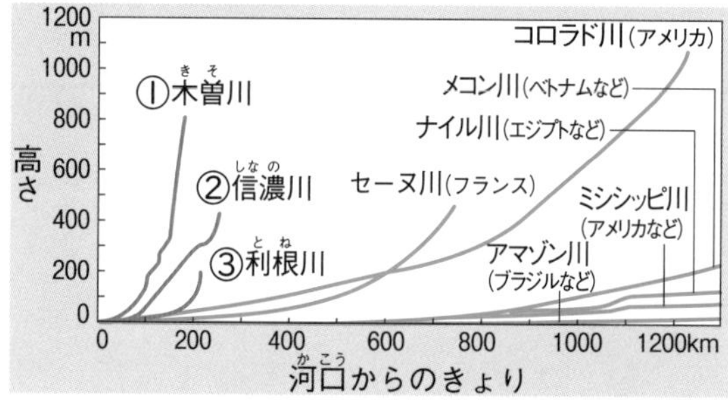

記述
(4) 右の**グラフ**を見ると、日本の川は、外国の川と比べて、どのような特ちょうがありますか。**長さ**、**流れ**の言葉を使って、かんたんに書きましょう。
（　　　　　　　　　　　　　　　　）

(5) 日本の川が(4)のような特ちょうを持つ理由を、次から選びましょう。（　　）
㋐ まわりを海に囲まれているから。　㋑ 山地が海岸にせまっているから。
㋒ 国土が北東から南西にのびているから。　㋓ 四季の変化がはっきりしているから。

(6) 右上の**地図**の▒の地域について、次の問いに答えましょう。
① この地域にあてはまる地形を、右下の**図**から選びましょう。（　　）
② この地域の地形の名前を書きましょう。
（　　　　　）

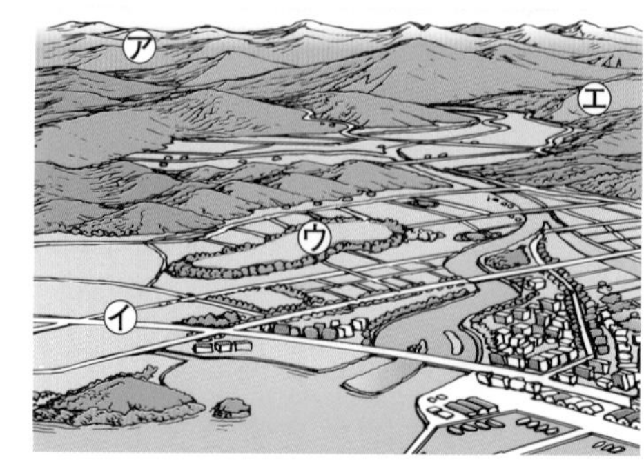

(7) 右上の**地図**の▲について、あてはまらないようすを、次から選びましょう。（　　）
㋐ 噴火による被害がでることがある。
㋑ 温泉や湖などが人々のいこいの場所になっている。
㋒ 人が多く住む地域に特に多く集まっている。

2 日本の気候 次の資料を見て、あとの問いに答えましょう。 1つ4〔28点〕

Ⓐ 台風の進路

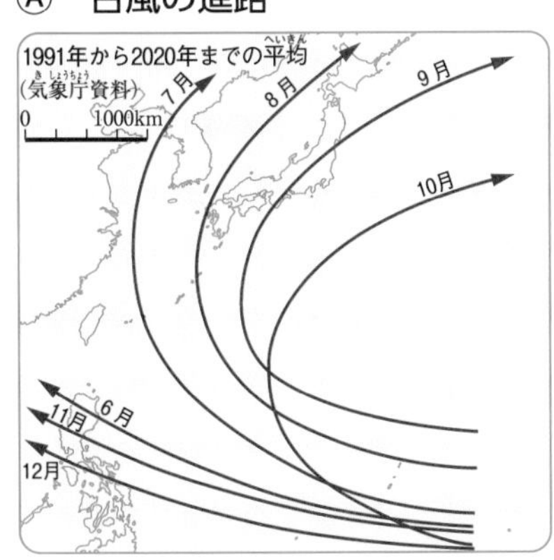

Ⓑ 6月の降水量

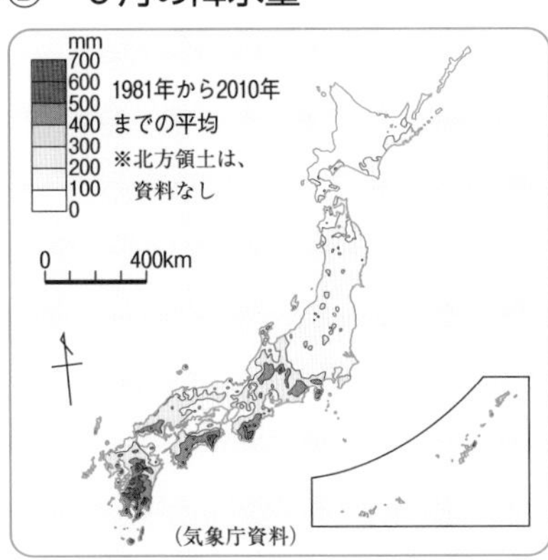

Ⓒ 日本の気候区分

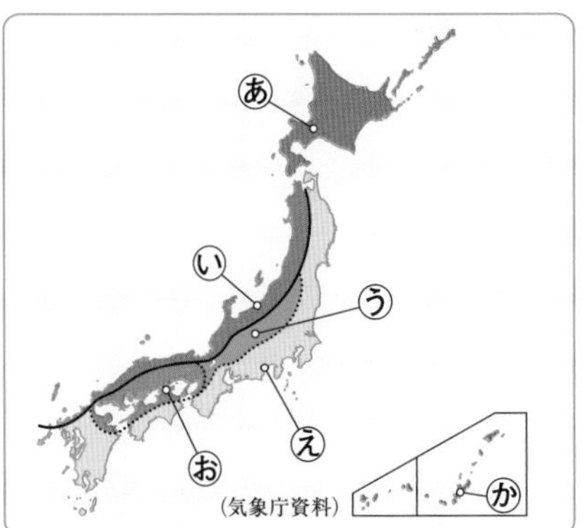

(1) 次のぎもんを調べるにはどの**資料**を使うとよいですか。上から選びましょう。

①  気候はどこをさかいに分かれているのかな。地形に関係があるのかどうかも調べたいな。 (　　)

②  つゆの時期は雨が多いけれど、雨のふり方は地域によってちがいがあるのかな。 (　　)

③  日本に多く台風がやってくる時期と、台風の被害が多い地域を知りたいな。 (　　)

(2) 3つの**資料**を見て、次の**グラフ**にあてはまる都市を、Ⓒからそれぞれ選びましょう。

①(　　) ②(　　) ③(　　) ④(　　)

① ② 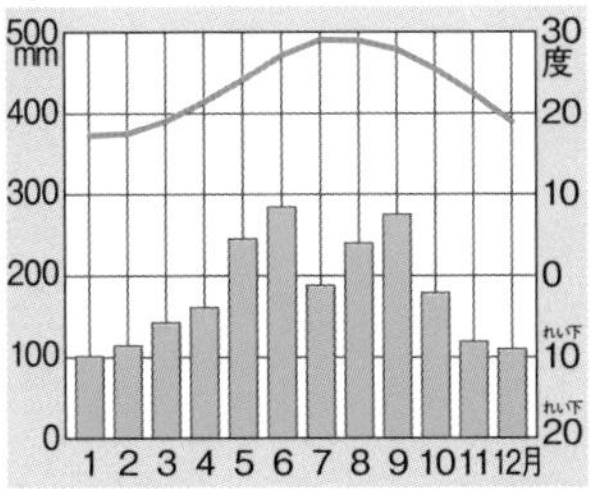 ③ 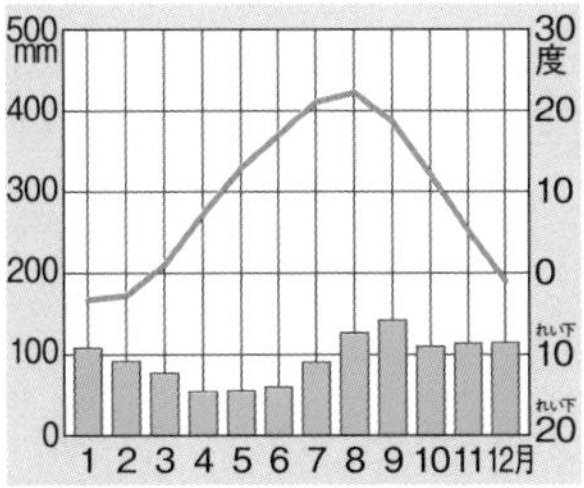 ④

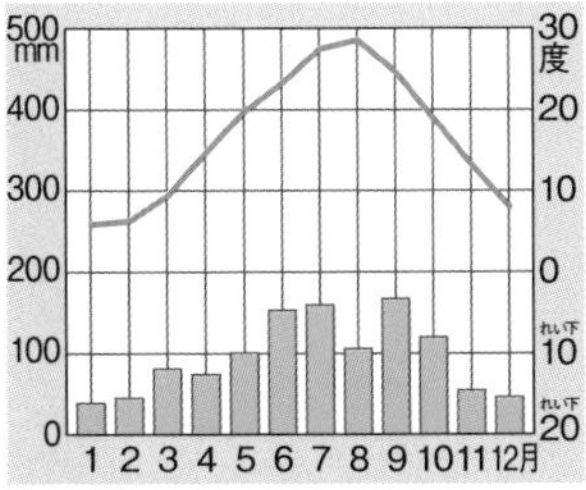

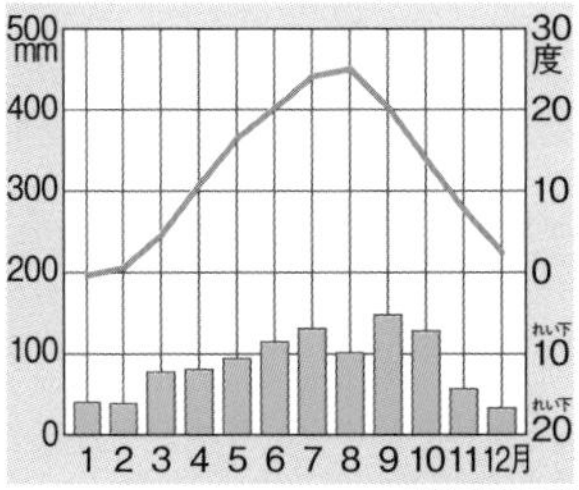

（気象庁資料）

3 季節風とくらし 右の図を見て、次の問いに答えましょう。 (2)完答、1つ5〔20点〕

(1) 右の**図**は、季節風と山地の関係を示しています。**図**のあ、いにあてはまる海の名前を書きましょう。

あ(　　　　) い(　　　　)

(2) **図**の⇨の風のうち、しめった風にあてはまるものには青色を、かわいた風にあてはまるものには赤色をそれぞれぬりましょう。

(3) 夏の季節風のようすにあてはまる**図**は、Ⓐ・Ⓑのどちらですか。

(　　)

季節風と山地の関係

勉強した日 月 日

◆3 さまざまな土地のくらし①
あたたかい沖縄県に住む人々のくらし

学習の目標
あたたかい土地に住む人々のくらしや産業を確かめよう。

教科書 30～39ページ　答え 3ページ

「寒い土地のくらし」（20～21ページ）のどちらかを選んで学習しましょう。

1 わたしたちの住む地域と比べて

●同じ日本でも、地域によって気候や①（　　　　）にちがいがある。

2 沖縄県の位置と気候／気候に合わせたくらし

●沖縄県…日本の②（　　　　）にある。本州より台湾に近い。

●気候…１年を通して気温が高く、雨が③（　　　　）。

◆④（　　　　）の進路にあたることが多い。

那覇市の月別平均気温と月別降水量

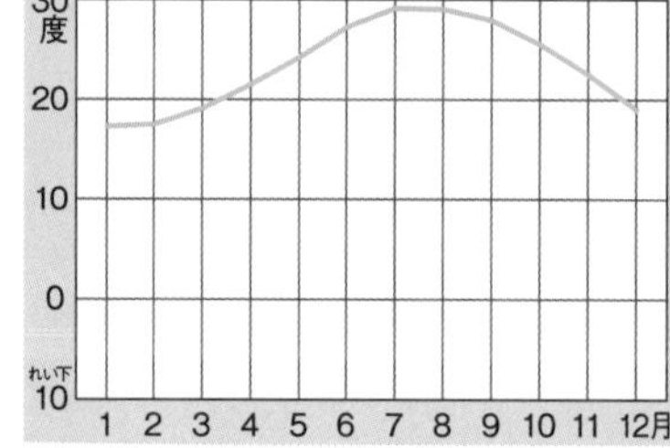

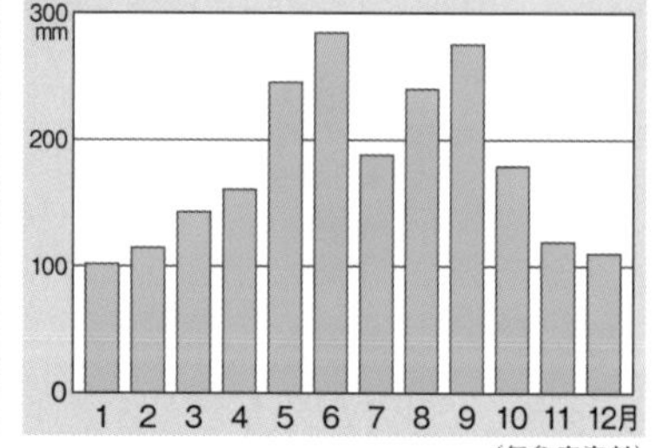

（気象庁資料）

●伝統的な家…家のまわりの**ふくぎ**、**さんご**を積んだ⑤（　　　　）、**しっくい**で屋根のかわらを固めるなどして、台風の強い風を防ぐ。また、戸口を広くして風通しをよくし、夏の暑さに備えた。

●現在の家…かべが白く、⑥（　　　　）でできている。

◆山が少なく川が短いため、雨水がすぐに海に流れるのでよく**水不足**になった。➡⑦（　　　　）を屋根の上に置く家が多かった。

◆国や県は、**ダム**や海水を飲み水にするしせつをつくった。

3 あたたかい気候を生かした農業／沖縄県のみりょくとは

よみトク！資料

沖縄県のおもな農作物の作付面積

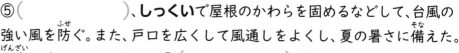

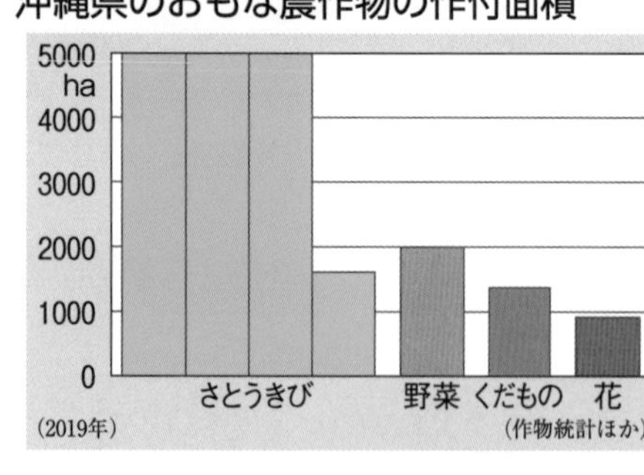

●⑧（　　　　）…あたたかい土地を好み、強風や日照りに強い農作物なので、沖縄県でさかんに生産。

◆農家の⑨（　　　　）などで作る人が減少。

●マンゴー…沖縄県では気候があたたかいので、⑩（　　　　）を使わずにさいばいできる。

◆温度調整のためや、台風の被害や害虫などから実を守るため、⑪（　　　　）で育てることが多い。

◆おもに航空機で輸送する。出荷先までのきょりが遠いので、時間と⑫（　　　　）がかかる。

SDGs ●沖縄県のみりょく…**世界自然遺産**に登録された沖縄島の北部と西表島などの豊かな自然。**世界文化遺産**の「⑬（　　　　）のグスクおよび関連遺産群」などの伝統的な文化。**観光業**がさかん。自然や伝統を守りながら、「世界から選ばれる持続可能な観光地」をめざしている。

●第二次世界大戦後はアメリカ軍の占領地とされた。返還後の今も日本の**アメリカ軍**⑭（　　　　）の**約70％**が沖縄県にある。

気候、自然、文化を産業に生かしているよ。

沖縄県の家の屋根の上やげん関、門の上には、魔物や災害などから人々を守るといわれている伝説の生き物「シーサー」の置き物が、よく置かれているよ。

練習のワーク

教科書 30～39ページ　答え 3ページ

できた数　／15問中

1 沖縄県の気候について、資料を見て、次の問いに答えましょう。

(1) 次の文の□にあてはまる言葉や数字を、□から選びましょう。

①(　　　)　②(　　　)　③(　　　)

●沖縄県は、①諸島にふくまれ、②ほどの島がある。1年を通じてあたたかく、冬も1日や月の平均気温が③度を下まわることは少ない。

南西	南東
15	20
60	700

Ⓐ那覇市と東京の月別平均気温

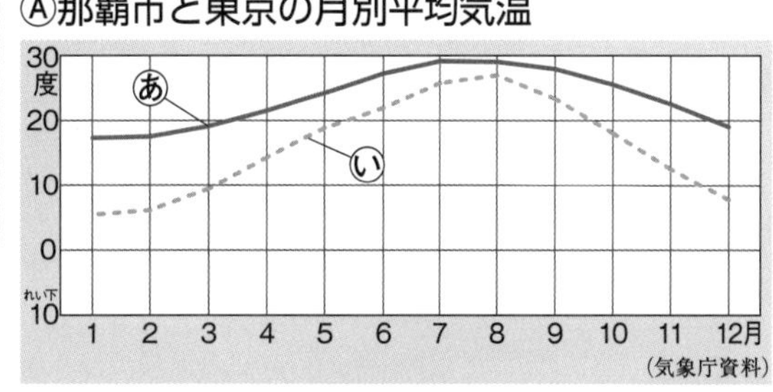

(2) 那覇市の月別平均気温のグラフをⒶのあ・いから選びましょう。　(　　　)

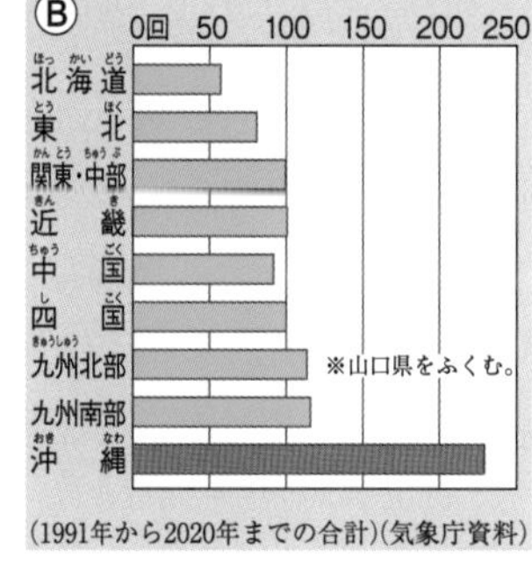

(3) Ⓑは、何が近づいた回数を示していますか。　(　　　)

(4) 沖縄県の降水量について正しい文を、次から選びましょう。　(　　　)

㋐　5～6月は、つゆのえいきょうで降水量が多い。

㋑　12～1月は、大雪のため降水量が多い。

㋒　季節風があまりふかないため、1年じゅう降水量が少ない。

2 沖縄県の家について、次の問いに答えましょう。

(1) 右のⒶ、Ⓑのうち、沖縄県の伝統的な家はどちらですか。　(　　　)

(2) 次にあてはまるくふうを、あ～きからそれぞれすべて選びましょう。

① 強い風を防ぐくふう

Ⓐ(　　　)Ⓑ(　　　)

② 暑さを防ぐくふう

Ⓐ(　　　)Ⓑ(　　　)

(3) Ⓑの屋根の上に置かれているタンクは、何に備えるものですか。　(　　　)

3 沖縄県の農業について、次の問いに答えましょう。

(1) 右のグラフで、沖縄県はⒶ～Ⓒのどれですか。　(　　　)

全国のマンゴー収穫量

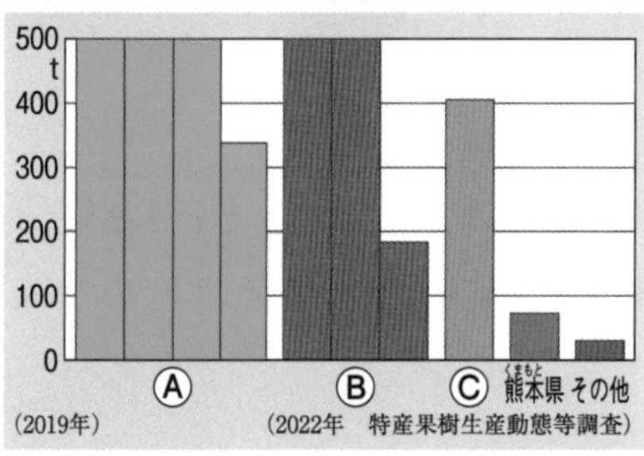

(2) 次の文の{　}にあてはまる言葉に○を書きましょう。

●沖縄県では、①{ 寒い　あたたかい }気候のもと、ビニールハウスを利用して、マンゴーをさいばいしている。収穫したものは、おもに②{ 航空機　船 }で運ばれる。

ポイント 沖縄県では、さとうきび作り、観光業がさかん。

勉強した日 月 日

◆3 さまざまな土地のくらし②
低地に住む岐阜県海津市の人々のくらし

基本のワーク

学習の目標
低い土地に住む人々のくらしや水害への備えを確かめよう。

教科書 40〜49ページ　答え 3ページ

「高い土地のくらし」（22～23ページ）のどちらかを選んで学習しましょう。

1 川に囲まれた土地／水害とむき合う人々

●①（　　　　　）…**木曽三川**に囲まれ土地の低い岐阜県海津市では、**洪水**から家や田畑を守るためまわりを②（　　　　　）で囲む。

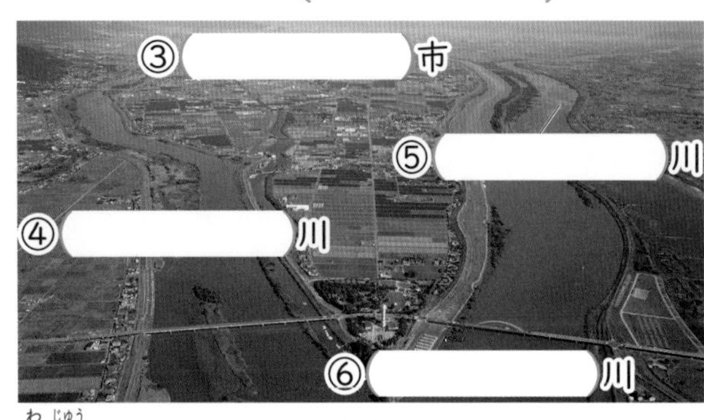

明治時代の治水工事前後の洪水の被害

時期	治水工事前（1890～1899年）	治水工事後（1900～1909年）
死者	316人	10人
けが人	732人	16人
水につかった家	10万2481けん	1万2838けん
流されたり、こわれたりした家	1万5436けん	314けん
流された田畑	約3304ha	約936ha

●**輪中**に住む人々は、**水害**がおこらないように、**堤防**を強くしたり、川の流れを真っすぐに変えたりする⑦（　　　　　）をおこなってきた。

●古くからの家は、堤防が切れても水につからないように、高い石がきの上に建てられている。

◆⑧（　　　　　）…水害のときの**ひなん場所**。３m前後の高さの石がきの上に建てられ、米・みそ・衣類など、毎日のくらしに必要なものや、ひなん用の舟を備えていた。

2 輪中での農業

よみトク！ 資料

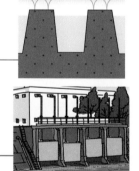

●輪中では、はい水ができないため、大雨で水がたまると、いねがくさることもある。➡⑨（　　　　　）で米作りをした。

◆ほった部分は、⑩（　　　　　）の水路として利用された。

●65年ほど前から、農地を整備する工事がおこなわれ、堤防の中の水を、**はい水ポンプ**で川に流す⑪（　　　　　）もつくられた。

➡大規模な米作りができるようになった。また、⑫（　　　　　）でトマトやきゅうりなどもさいばいされている。

SDGs 3 今も続く水害への備え／豊かな自然とともに／気候や地形を生かした人々のくらし

●⑬（　　　　　）…洪水を防ぐための材料や道具を保管している。

●⑭（　　　　　）…**水防訓練**や**水防倉庫**の点検をおこなっている。

●国や県による川の水位のかんし、堤防や川底の工事のほか、広域でのひなん訓練をおこなっている。

◆だれもが安全にくらせる災害に強いまちづくりを進めている。

●木曽三川公園…昔の輪中でのくらしを学んだり、川の生き物や季節の花を楽しんだりできる。

満ちょうのときの海面の高さより標高が低い土地を、海抜ゼロメートル地帯というよ。このような地域は大きな川の河口ふきんや海岸部に多く、水害への対策が必要だよ。

練習のワーク

できた数 ／13問中

教科書 40～49ページ　答え 3ページ

1 右の資料を見て、次の問いに答えましょう。

(1) ㋐と㋑のⒶは何を示していますか。 (　　　　)

(2) (1)がつくられた目的を、次から選びましょう。 (　　)

㋐ 土砂くずれを防ぐため。

㋑ 洪水を防ぐため。

㋒ 強い風に備えるため。

(3) 次の文の□にあてはまる言葉をそれぞれ書きましょう。

①(　　　　)

②(　　　　)

●揖斐川と ① 、木曽川に囲まれた地域は、高さが０m以下の川よりも ② 土地に家や田畑が多く広がっている。

㋐海津市の土地のようす

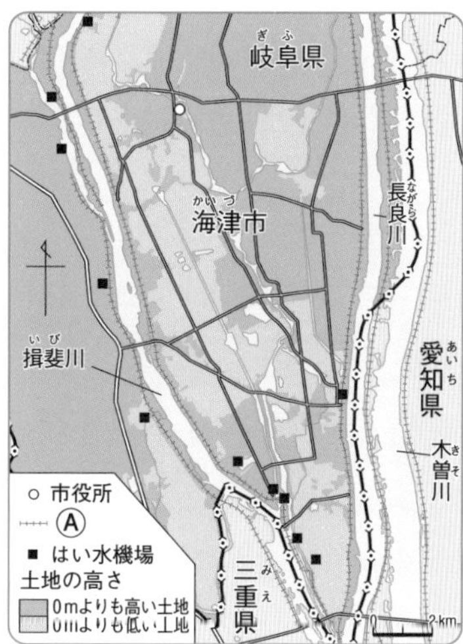

㋑輪中の断面図

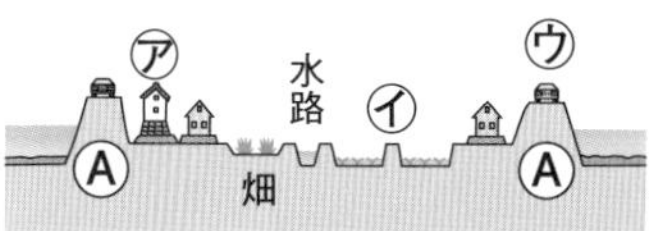

㋒水屋

(4) ㋒の建物が建てられた場所を、㋑の㋐～㋒から選びましょう。 (　　)

(5) ㋒の建物に備えられていたものを、次から２つ選びましょう。 (　　)(　　)

㋐ ひなん用の舟　㋑ 家を建てるための道具

㋒ くらしに必要なもの　㋓ 農業に必要なもの

(6) 水害を防ぐために川の流れを変えるなどの工事を何といいますか。 (　　　　)

2 次の問いに答えましょう。

(1) 右の資料を見て、輪中の農業について、次の文の□にあてはまる言葉を□から選びましょう。

水路
機械
はい水

①(　　　　)

②(　　　　)

③(　　　　)

ほり田のようす

現在の田のようす

●昔は ① が思うようにできず、土をほって田に積み上げた。ほったところは ② として利用した。今は農地を整備する工事がおこなわれ、大型の農業 ③ も使えるようになった。

(2) 現在の海津市のようすとして正しい文を、次から２つ選びましょう。 (　　)(　　)

㋐ 堤防ぞいにある水防倉庫には、災害に備えて水や食料がたくわえられている。

㋑ 今でも堤防を高くしたり、川底をほり下げたりする工事を続けている。

㋒ 水害の危険があるので、川の生き物の観察や水辺のスポーツは禁止されている。

㋓ ビニールハウスでのトマトやきゅうりのさいばいもおこなわれている。

ポイント　**海津市では、水害を防ぐため治水工事をおこなってきた。**

まとめのテスト

勉強した日　月　日

◆3　さまざまな土地のくらし①　あたたかい沖縄県に住む人々のくらし

時間20分

得点　/100点

教科書　30〜39ページ　答え　4ページ

1　沖縄県のくらし　右の資料を見て、次の問いに答えましょう。　1つ10〔40点〕

(1)　次のことがわかる**資料**を、あ〜うから選びましょう。

①（　　）　②（　　）

①　沖縄県で最も雨が多い季節。

②　沖縄県に来る台風の数。

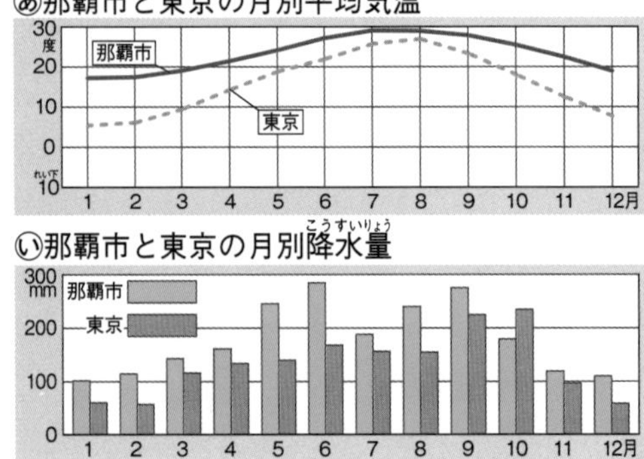

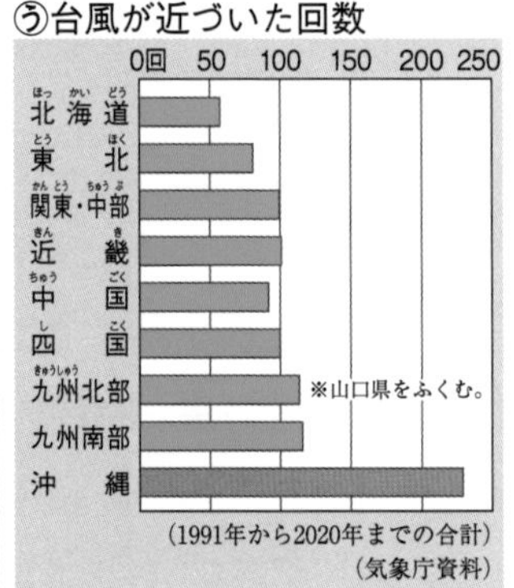

(2)　右のような伝統的な家のくふうをカードにまとめました。次のくふうをする理由がわかる**資料**を、上のあ〜うから選びましょう。

①（　　）　②（　　）

沖縄県の伝統的な家

> ①　屋根が低くなっていて、かわらはしっくいでしっかり固めています。

> ②　家の戸口が広くなっていて、とても風通しがよさそうです。

2　沖縄県の農業とみりょく　次の問いに答えましょう。　1つ10〔60点〕

(1)　Ⓐの（　）にあてはまる農作物を書きましょう。

（　　　　）

(2)　(1)が沖縄県でさかんに作られる理由を、次から選びましょう。

（　　）

ア　ほかの地域より有利な条件で出荷できるから。

イ　あたたかい土地を好み、日照りに強い農作物だから。

ウ　沖縄県では1年に2回作ることができるから。

Ⓐ沖縄県のおもな農作物の作付面積

5000ha〜0	（　　）、野菜、くだもの、花

(2019年)　(作物統計ほか)

(3)　Ⓑを見て、次の｛　｝にあてはまる数字に○を書きましょう。

●沖縄県をおとずれる観光客数は年々増えており、2000年には①｛400　600｝万人をこえた。また、2019年の観光客数は、1980年の約②｛3　5｝倍になっている。

Ⓑ沖縄県をおとずれる観光客数のうつり変わり

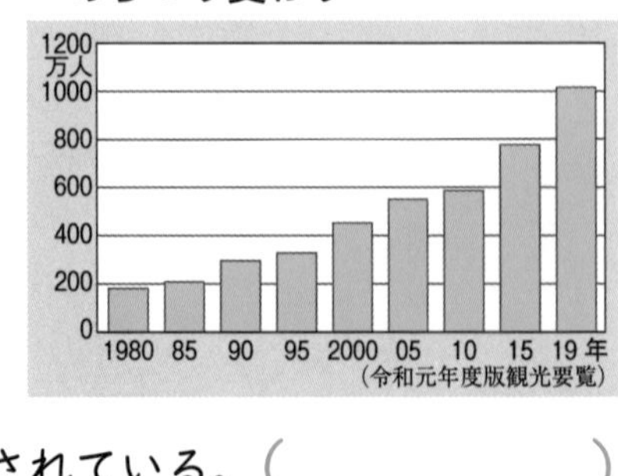

(4)　次の□にあてはまる言葉を、┆　┆からそれぞれ選びましょう。

①　豊かな自然がある沖縄島の北部と西表島は、□に登録されている。（　　　）

②　日本の□軍基地の約70%が沖縄県にある。（　　　）

アメリカ　世界自然遺産　世界文化遺産　中国

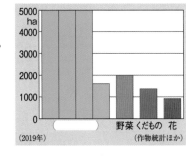

まとめのテスト

勉強した日　　月　　日

◆3　さまざまな土地のくらし②
低地に住む岐阜県海津市の人々のくらし

時間 20分

得点　　/100点

教科書　40〜49ページ

答え　4ページ

1 低地の人々のくらし　**右の地図は、岐阜県海津市の土地のようすです。次の問いに答えましょう。**

1つ10〔60点〕

(1)　**地図**の□の川を何といいますか。（　　　　　　）

(2)　次の**図**のⒶ—Ⓑの断面図を見て、**地図**の═══線のうち、正しい堤防の位置を示すものを、赤色でなぞりましょう。

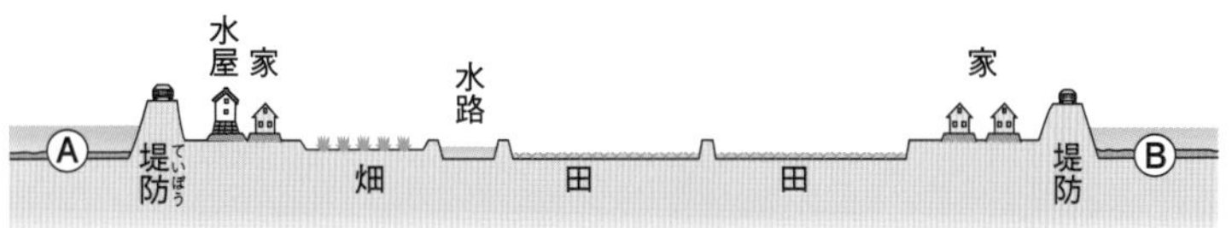

岐阜県
海津市
愛知県
三重県
市役所
堤防
はい水機場
土地の高さ
0mよりも高い土地
0mよりも低い土地
Ⓐ
Ⓑ
0　2km

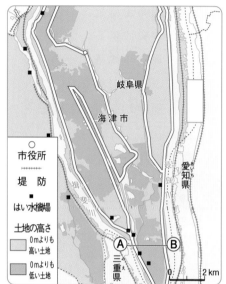

(3)　次の①〜③にあてはまるしせつを、あとからそれぞれ選びましょう。

①　水害に備えて、食料や衣類など、くらしに必要なものを保存していた。（　　）

②　土のうをつくるふくろや、むしろ、くいなどの材料や道具を保管する。（　　）

③　堤防の中にたまった水を、はい水ポンプで外の川に流す。（　　）

㋐

㋑

㋒

(4)　**地図**の地域で治水工事などがおこなわれてきた理由を、かんたんに書きましょう。

（　　　　　　　　　　　　　　　　　　　　　　　　　　　　）

2 輪中の農業　**資料を見て、次の問いに答えましょう。**

1つ10〔40点〕

(1)　Ⓐ・Ⓑを見て、次の文の□にあてはまる言葉を書きましょう。

㋐（　　　　　　）

㋑（　　　　　　）

●農地を整備する工事により、農地が［㋐］に区切られ、大型の農業［㋑］が通れるように農道が広げられた。

Ⓐほり田

Ⓑ現在のようす

(2)　２つの**資料**を見て、正しい文には○、あやまっている文には×を書きましょう。

①　もともと水はけの悪い土地なので、米以外の農作物は作られていない。（　　）

②　農地が整備され、たくさんの米を作ることができるようになった。（　　）

勉強した日　月　日

◆3　さまざまな土地のくらし③
寒い土地のくらし―北海道旭川市―
基本のワーク

学習の目標
寒さがきびしい土地の人々のくらしや産業を確かめよう。

教科書　50～57ページ　答え　4ページ

「あたたかい沖縄県に住む人々のくらし」(14～15ページ)のどちらかを選んで学習しましょう。

1 北海道旭川市の位置と気候／寒さや雪に対応したくらし

●位置…北海道は日本の①(　　　　　)にあり、旭川市は北海道のほぼ中央にある。北海道は日本海をはさんでロシアととなりあう。

●気候…月別平均気温が０度を下まわる月が４か月ある。真冬はれい下10度以下の日や②(　　　　　)の発生もある。夏は月別平均気温が20度ほどだが、昼と夜の③(　　　　　)が大きい。

旭川市の月別平均気温と降水量

(mm) 0, 100, 200, 300, 400 ／ (度) れい下10, 0, 10, 20, 30 ／ 1 2 3 4 5 6 7 8 9 10 11 12月

(気象庁資料)

ダイヤモンドダスト
氷の結晶に光があたって、かがやいて見える現象。

寒さや雪を防ぐくふう

よみトク！資料

●除雪…道路の除雪作業はおもに交通量が少ない⑥(　　　　　)におこなう。
- ⑦(　　　　　)という雪を川に運ぶための水路がある。
- 高齢者のために除雪作業の⑧(　　　　　)をする高校生もいる。

2 気候を生かした農業／寒さや雪を生かした観光業

●種まきから収穫までの期間が短い⑨(　　　　　)のさいばいがさかん。⑩(　　　　　)はすずしく、昼夜の寒暖差がはげしい気候を生かしている。
- 収穫後は⑪(　　　　　)という雪のなかの倉庫に保管して、あまみや風味が増してから出荷することもある。

●いねは、寒い北海道では約⑫(　　　　　)年前から育てることができるようになった。⑬(　　　　　)によって寒さや病気に強い品種をつくるなどのくふうをおこなってきた。

そばのおもな産地の作付面積

(ha) 0, 2500, 5000, 7500, 10000 ／ 北海道　山形県　長野県　秋田県　福島県　茨城県

(2020年)　(作物統計)

●観光業では、寒さや⑭(　　　　　)を生かしている。
- ２月の「旭川冬まつり」や３月のクロスカントリースキー国際大会、旭山動物園など。

しゃかいか工場
人が観測した世界の最低気温は南極のれい下89.2度。でも最近、宇宙からの観測で南極にはもっと寒くなるところがあるとわかったんだ。その気温、なんとれい下97.8度だよ。

勉強した日　　月　　日

練習のワーク

できた数　　／12問中

教科書　50～57ページ　　答え　4ページ

1 北海道旭川市の地形や気候、くらしについて、次の問いに答えましょう。

(1) 旭川市がある北海道について、正しい文を次から２つ選びましょう。（　　）（　　）

㋐ 日本の北部に位置している。
㋑ 太平洋をはさんでロシアととなりあっている。
㋒ 日本全体の面積の10分の１をしめている。
㋓ 東には択捉島をはじめとする北方領土がある。

(2) 右のⒶの**グラフ**のあ、いのうち、旭川市を示すものはどちらですか。（　　）

Ⓐ旭川市と東京の月別降水量

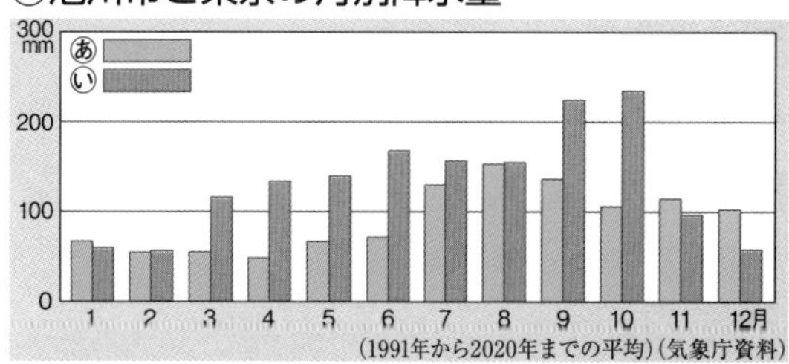

(3) 次のくふうを示している場所を、Ⓑからそれぞれ選びましょう。

① 室内の熱をにがさないようにしている。（　　）
② 雪の重さにたえられるようにしている。（　　）
③ 水道管がこおらないようにしている。（　　）

(4) 雪を川に運ぶための、道路の下にうめた水路を何といいますか。（　　　　）

2 旭川市の産業について、次の問いに答えましょう。

(1) 次の文の{　　}にあてはまる言葉に○を書きましょう。

●雪どけがおそい旭川市では、種まきから収穫までの期間が①{ 長い　短い }そばのさいばいがさかんである。
●旭川市は、夏にすずしく、昼と夜の寒暖差が②{ 大きい　小さい }気候なので、あまみや風味のあるそばができる。

(2) 旭川市では「きらら397」や「ゆめぴりか」などの品種の米が作られています。これらの品種は、どのような特ちょうをもった品種ですか。

（　　　　　　）や病気に強い品種

(3) 右の**写真**を見て、旭川市が観光業に生かしているものを、次から２つ選びましょう。（　　）（　　）

㋐ 温暖な気候　　㋑ 冬の寒さ
㋒ 美しい海　　㋓ 雪

旭川冬まつり

北海道では、寒さや雪に備えた家づくりをしている。

勉強した日　月　日

◆3　さまざまな土地のくらし④
高い土地のくらし―群馬県嬬恋村―

基本のワーク

学習の目標
高い土地に住む人々のくらしや農業や観光業について確かめよう。

教科書 58～65ページ　答え 5ページ

「低地に住む岐阜県海津市の人々のくらし」（16～17ページ）のどちらかを選んで学習しましょう。

1 嬬恋村の地形や土地利用／森林を開たくする人々

0　30km
新潟県
長野県
群馬県
栃木県
嬬恋村
浅間山
埼玉県

●群馬県**嬬恋村**…南にある①（　　　　）山など、高さ2000mをこえる山々に囲まれている。

◆溶岩や、火山ばいでできた**高原**が広がり、②（　　　　）畑になっている。

◆夏はすずしく、昼と夜の③（　　　　）の差が大きい。冬は寒く雪がふる。

●かつては適した農作物が少なかったが、夏の気候がキャベツ作りに適しているとわかった。

●第二次世界大戦後、④（　　　　）だった土地を開たくし、東京方面への出荷量が増加。

●1971年から大規模な⑤（　　　　）開発をおこない、キャベツの一大産地になった。

2 高原でのキャベツ作り／気候を生かした出荷

●嬬恋村のキャベツは、水分が多くやわらかい。

●たいへんなこと…⑥（　　　　）が変わりやすく品質が安定しない。ねだんが安定しない。

●機械では切り口がきれいにならないので、⑦（　　　　）は、人の手でおこなう。新鮮さを保つため、すずしい夜中からはじめる。

キャベツ作りの農事ごよみ

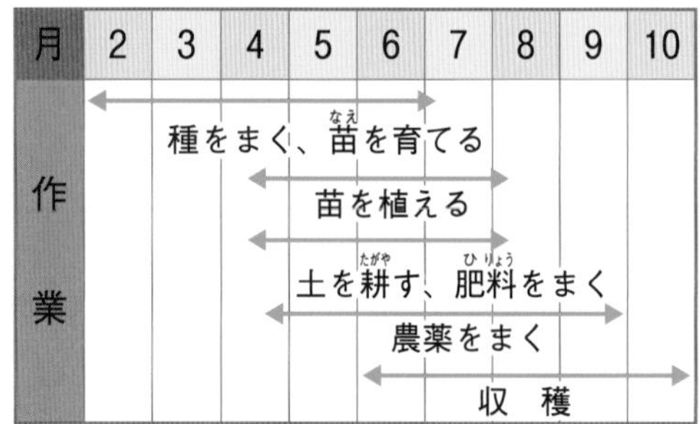

月
2
3
4
5
6
7
8
9
10
作業
種をまく、苗を育てる
苗を植える
土を耕す、肥料をまく
農薬をまく
収　穫

よみトク！資料

●⑧（　　　　）県産のキャベツの取りあつかいは、7月～10月に多い。

◆暑い地域で作るキャベツの出荷量が減る7月～10月ごろに、大都市の多い⑨（　　　　）地方や近畿地方などに出荷する。

◆7月～10月の嬬恋村の出荷量は、全国の半分ほど。

●嬬恋村の農家の多くは、⑩（　　　　）を通してキャベツを出荷している。

東京都の市場でのキャベツの月別取りあつかい量

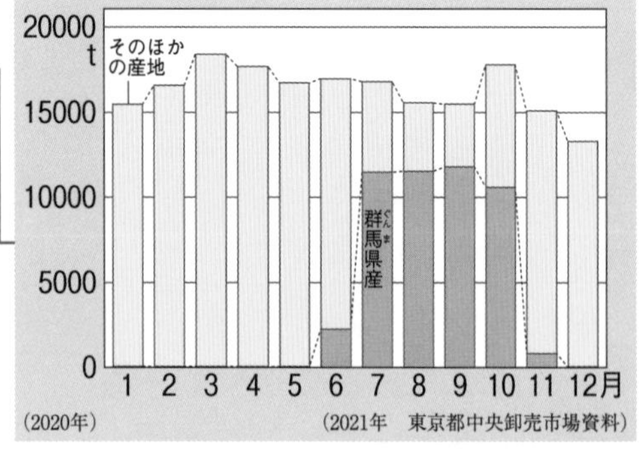

3 気候や自然環境を生かした観光業

●⑪（　　　　）…嬬恋村の重要な産業の1つ。

◆夏は、すずしい気候を求め、美しい湖や高原などを楽しむ。

◆冬も、温泉やスキー場があるため**観光客**が多い。

●2016年、嬬恋村をふくむ地域が**浅間山北麓**⑫（　　　　）に認定された。住民など160名ほどが関わって、自分たちの地域の自然や文化を守ろうと活動している。

嬬恋村をおとずれる月別観光客数

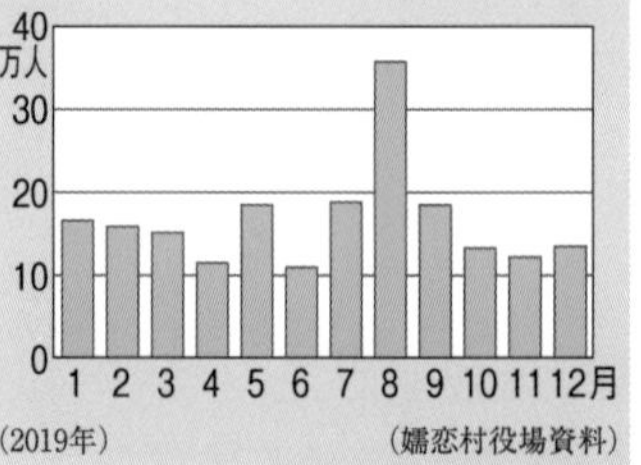

しゃかいか工場
標高が高く、夏でもすずしい高原などでさいばいするキャベツやレタスなどの野菜を、高原野菜というよ。嬬恋村のほかにも、長野県の野辺山高原などの有名な産地があるよ。

練習のワーク

教科書 58〜65ページ　答え 5ページ

1 群馬県嬬恋村について、次の問いに答えましょう。

(1) 右の**地図**は、嬬恋村の土地のようすを示しています。▒の畑で作られている農作物は何ですか。（　　　）

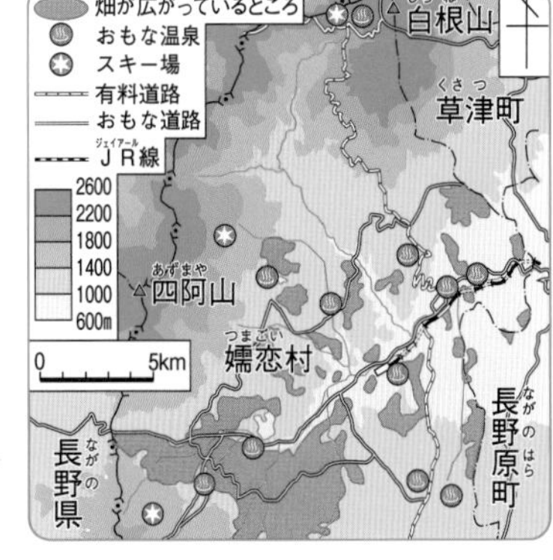

(2) 嬬恋村のようすについて、正しい説明を次から２つ選びましょう。（　　　）（　　　）

㋐ 600mより低い平地が広がっている。
㋑ 山々に囲まれた高い土地が多い。
㋒ 東を長野県と接している。　㋓ 温泉やスキー場が多い。

(3) 右の**グラフ**を見て、次の文の｛　　｝にあてはまる言葉に○を書きましょう。

●嬬恋村は、東京と比べて、月別平均気温が毎月およそ①｛ 10度　20度 ｝ほど低く、夏は②｛ 10度　20度 ｝をこえることはない。

●嬬恋村は、冬に月別平均気温がれい下になることが③｛ ある　ない ｝。

嬬恋村と東京の月別平均気温

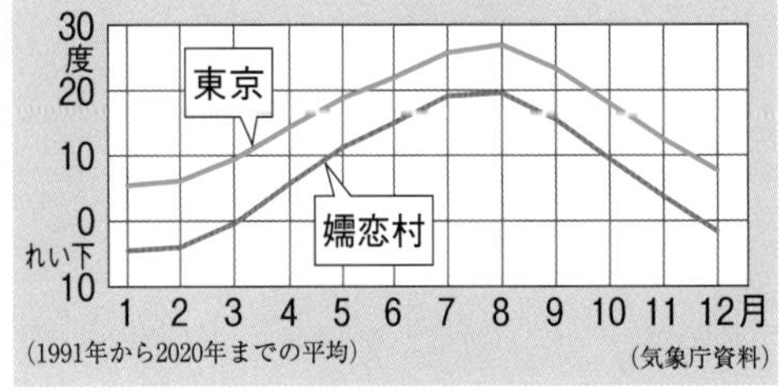

(1991年から2020年までの平均)　(気象庁資料)

2 次の問いに答えましょう。

(1) 右の**グラフ**を見てわかることを、次から選びましょう。（　　　）

㋐ 嬬恋村のキャベツは大都市が多い地域に出荷されている。
㋑ 嬬恋村のキャベツの出荷量は全国一である。
㋒ 嬬恋村のキャベツ農家はJAを通じて出荷している。

(2) 嬬恋村のキャベツの出荷量が多い時期を、次から選びましょう。（　　　）

㋐ 1〜5月　㋑ 7〜10月　㋒ 9〜12月

嬬恋村のキャベツの出荷先の内わけ

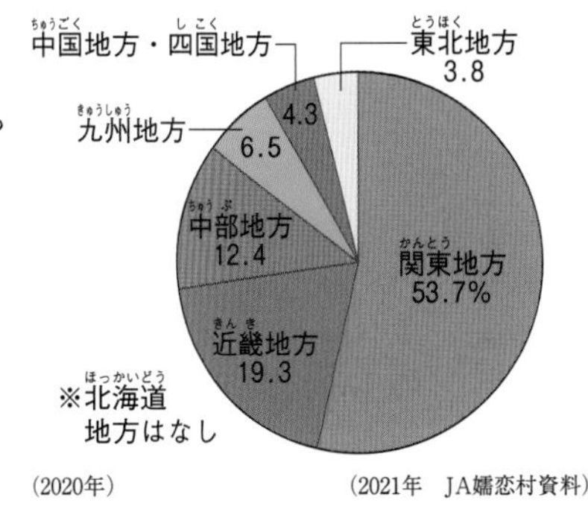

(2020年)　(2021年　JA嬬恋村資料)

3 嬬恋村の観光業について、次の問いに答えましょう。

(1) 右の**グラフ**を見て、正しい説明を次から選びましょう。（　　　）

㋐ 毎月20万人以上がおとずれる。
㋑ 最も観光客が多い月は６月である。
㋒ 30万人以上がおとずれる月がある。

(2) 次の文の｛　　｝にあてはまる言葉に○を書きましょう。

●嬬恋村には、夏は①｛ すずしい　あたたかい ｝気候を求め多くの観光客がおとずれる。冬は②｛ 海水浴場　スキー場 ｝をおとずれる人も多い。

嬬恋村をおとずれる月別観光客数

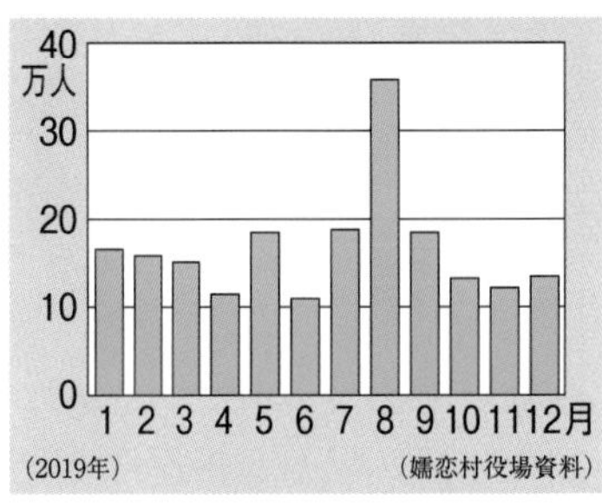

(2019年)　(嬬恋村役場資料)

嬬恋村では、夏のすずしい気候を利用してキャベツ作りがさかん。

まとめのテスト

◆3 さまざまな土地のくらし③
寒い土地のくらし―北海道旭川市―

勉強した日　月　日

時間20分　得点　/100点

教科書 50～57ページ　答え 5ページ

1 旭川市の気候とくらし　資料を見て、次の問いに答えましょう。　(3)12、ほか1つ10〔52点〕

(1) あについて、旭川市の平均気温が①20度を上まわる月と、②0度を下まわる月は、それぞれ年に何か月ありますか。

①(　　　　)
②(　　　　)

あ旭川市と東京の月別平均気温

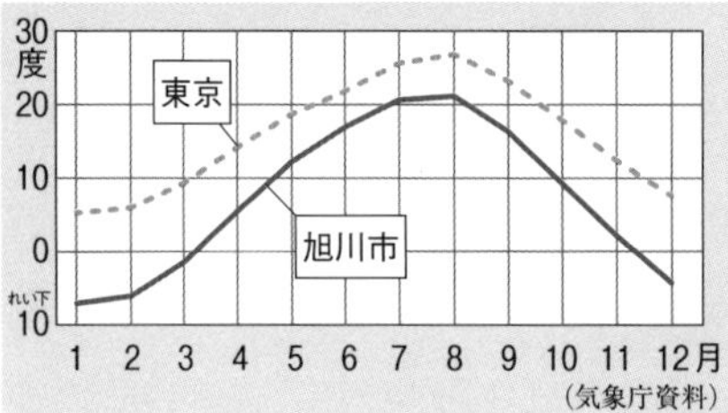

い旭川市と東京の月別降水量

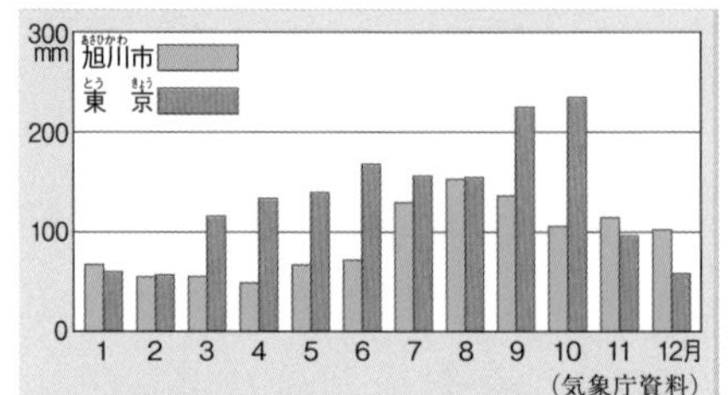
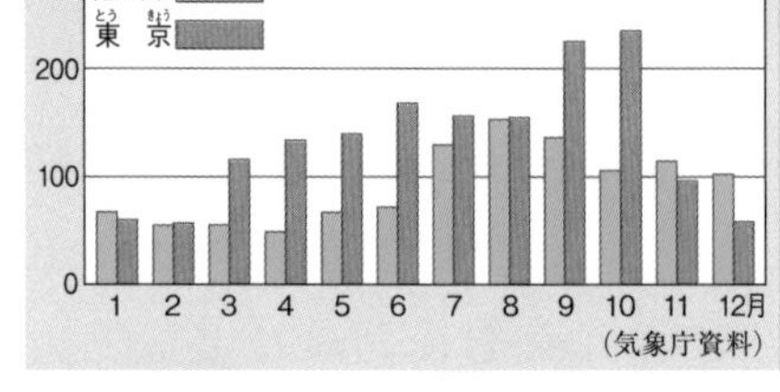

う旭川市の家の例

(2) あ・いからわかることを2つ選びましょう。　(　　)(　　)

ア 旭川市の夏の気温は東京よりも高い。
イ 旭川市の冬の気温は東京よりも低い。
ウ 旭川市の12月の降水量は東京よりも多い。
エ 旭川市は夏より冬の降水量が多い。

(3) うのような家のつくりにしている理由を、かんたんに書きましょう。

(　　　　　　　　　　　　　　　　　　　　)

2 旭川市の農業と観光業　次の問いに答えましょう。　1つ6〔48点〕

思考

(1) 次の{　　}にあてはまる言葉に○を書きましょう。また、それがわかる**資料**をあ～うからそれぞれ選びましょう。

①「旭川冬まつり」の来場者数は、約25年前と比べて30万人ほど{ 増えた　減った }。(　　)
②北海道のそばの作付面積は、山形県のそばの作付面積の約{ 3　5 }倍である。(　　)
③旭川市の米の作付面積は、約6000haで、{ 全国　北海道 }の中で2番目に広い。(　　)

あ北海道のおもな市町村の米の作付面積

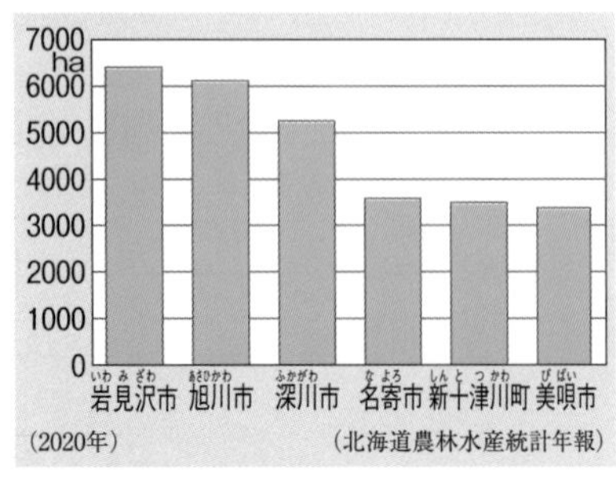

いそばのおもな産地の作付面積

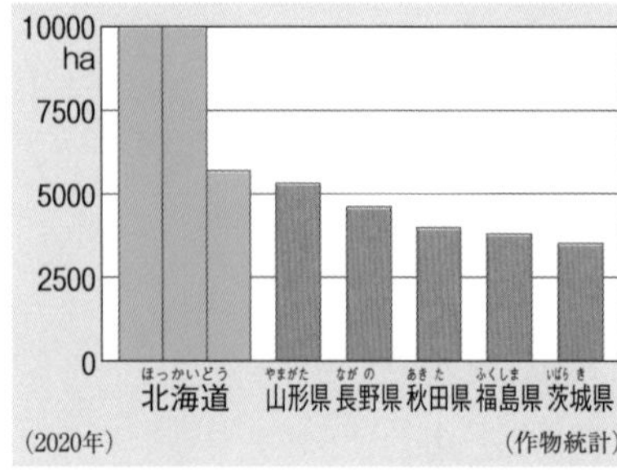

う「旭川冬まつり」の来場者数

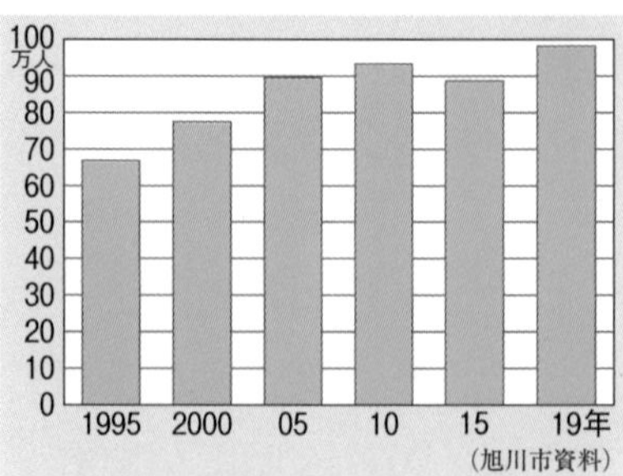

(2) 次の文の□にあてはまる言葉を書きましょう。

①(　　　　)　②(　　　　)

●いねは ① に弱い作物だが、さいばいのくふうによって北海道でも作られるようになった。また、 ② によって、安定的に収穫でき、味もよい品種が生み出された。

まとめのテスト

◆3 さまざまな土地のくらし④ 高い土地のくらし―群馬県嬬恋村―

時間20分

得点 /100点

教科書 58〜65ページ　答え 5ページ

1 高地の人々のくらし 次の問いに答えましょう。 1つ8〔64点〕

考 (1) 次のことがわかる**資料**をあとからそれぞれ2つずつ選びましょう。

① 嬬恋村は1000mをこえる高原が多く、夏はすずしく冬は寒い。（　　）（　　）

② キャベツ作りはおよそ140年前にはじまり、今では浅間山のふもとを中心に多くの畑が広がっている。（　　）（　　）

③ 嬬恋村は、1年を通じて気温が低く、6〜8月は東京よりも降水量が多い。（　　）（　　）

あ嬬恋村と東京の月別平均気温

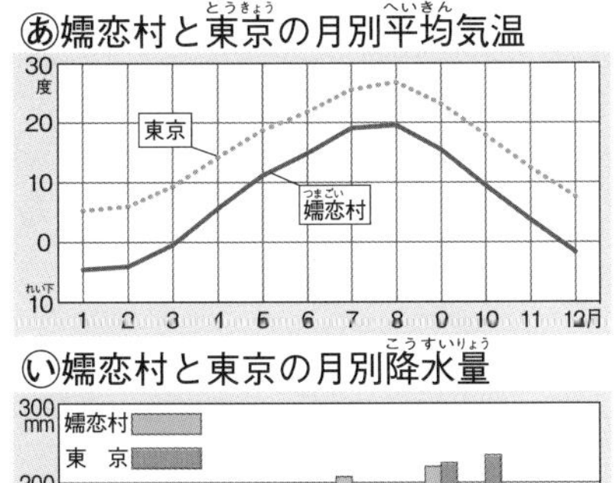

い嬬恋村と東京の月別降水量

300mm
嬬恋村
東　京
1 2 3 4 5 6 7 8 9 10 11 12月
（気象庁資料）

う嬬恋村の地形

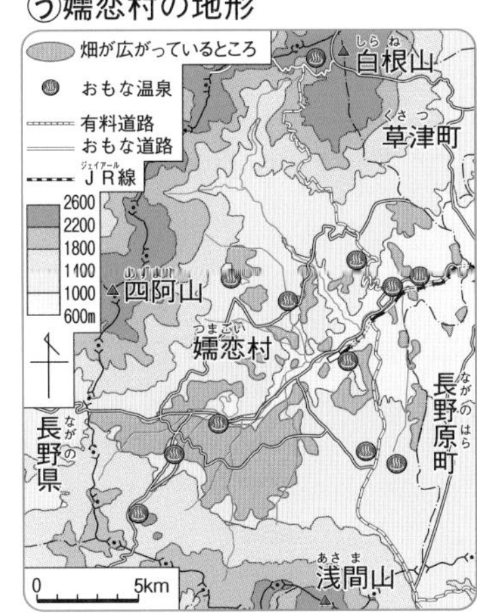

え嬬恋村の開たくと農業の歴史

年	できごと
1889	キャベツ作りが試験的にはじまる。
1937	さいばい面積が広がる。
1945	森林の開たくがはじまる。
1971	大規模な開発がはじまる。
1981	野菜のおいしさや新鮮さを保つためのしせつがはじめてつくられる。

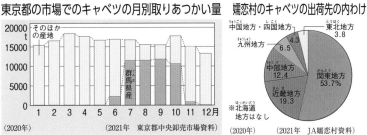

く (2) 嬬恋村のキャベツ作りについて、右の**資料**を見て次の問いに答えましょう。

① 嬬恋村でキャベツ作りがさかんな理由を、次から選びましょう。（　　）

㋐ 夏の気候がすずしいから。

㋑ 火山や温泉が多いから。

㋒ 冬には雪がふるから。

東京都の市場でのキャベツの月別取りあつかい量

20000t そのほかの産地 15000 10000 5000 0 群馬県産 1 2 3 4 5 6 7 8 9 10 11 12月

（2020年）　（2021年　東京都中央卸売市場資料）

嬬恋村のキャベツの出荷先の内わけ

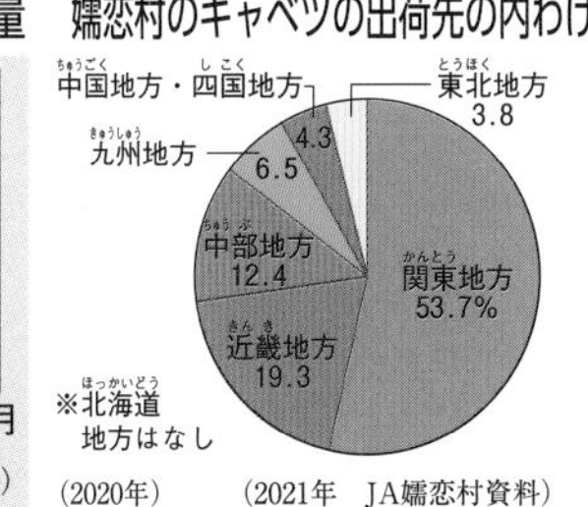

（2020年）　（2021年　JA嬬恋村資料）

述 ② 嬬恋村のキャベツの出荷の特ちょうを、**人口**、**ほかの産地**の言葉を使ってかんたんに書きましょう。（　　　　　　　　）

2 嬬恋村の観光業 右のグラフを見て、次の問いに答えましょう。 1つ12〔36点〕

(1) 8月に観光客数が多い理由を、次から選びましょう。（　　）

㋐ 有名な夏祭りや動物園のイベントを見に来る人が多いから。

㋑ さんごしょうの海や海水浴を目あてにした観光客が多いから。

㋒ 夏のすずしさや自然が豊かな高原を求める人が多いから。

嬬恋村をおとずれる月別観光客数

40万人 30 20 10 0　1 2 3 4 5 6 7 8 9 10 11 12月

（2019年）　（嬬恋村役場資料）

(2) 次の文の｛　｝にあてはまる言葉に○を書きましょう。

●嬬恋村のある地域は、浅間山の①｛ 噴火　洪水 ｝による大きな被害があった。浅間山北麓ジオパークへの認定をきっかけに、②｛ 住民　国 ｝の人たちが中心となって、復興の歴史を伝え、環境を守る取り組みをおこなっている。

勉強した日　月　日

1　食生活を支える食料の産地

学習の目標
日本の食料は、どこで、何が作られているのかを確かめよう。

基本のワーク

教科書 68〜75ページ　答え 5ページ

1 給食で使われている食料品

●給食には、いろいろな**農作物**・**水産物**・**畜産物**が使われ、調理されている。
- ①(　　　　)…田畑で作られるこく類（米や小麦など)、野菜、くだものなど。
- ②(　　　　)…魚、海そう（わかめなど)、貝などと、それらを加工した食品。
- **畜産物**…③(　　　　)やたまご、牛乳、乳製品など。

2 産地マップをつくってみると／農作物などの産地の広がり

よみトク！資料　産地**マップ**…食料の④(　　　　)を調べるために、店のちらしに書かれた産地をメモして地図に示す。

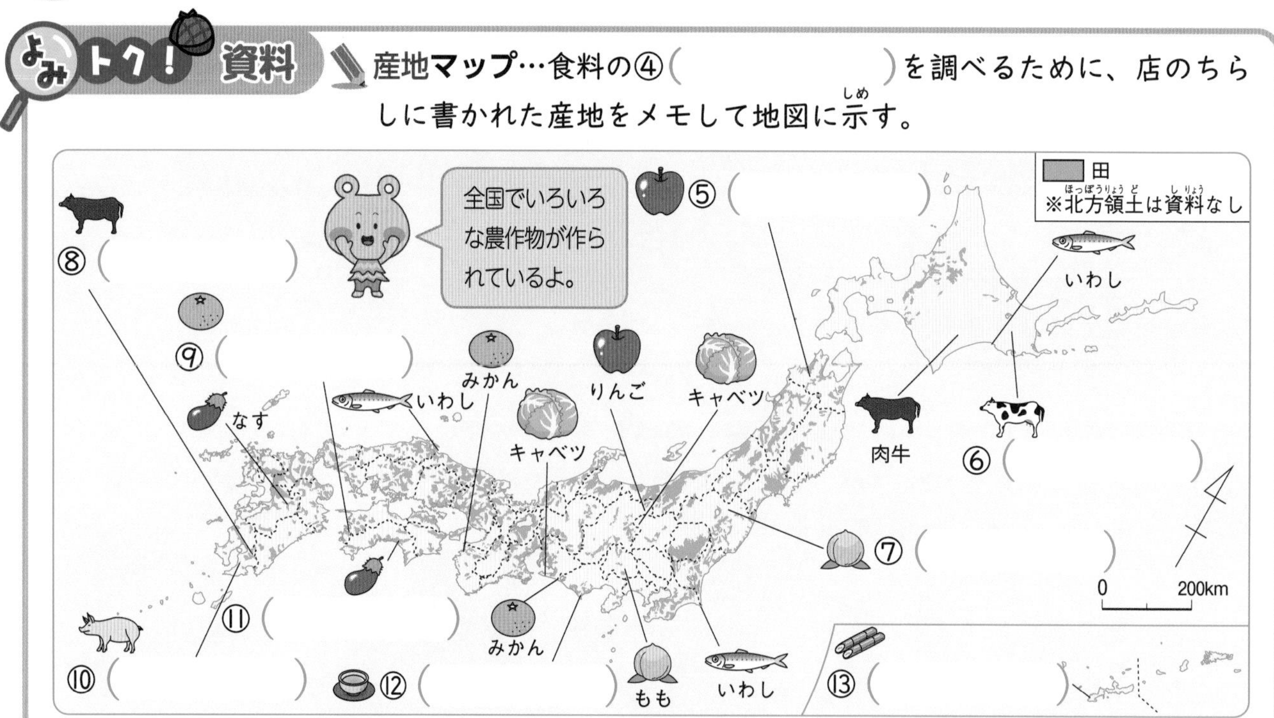

●⑭(　　　　)は全国で作られている。特に北海道や東北地方での生産が多い。
●**野菜**は、地域の地形や気候に合わせて全国で作られている。なかでも、北海道や関東地方で多い。**くだもの**は気候のえいきょうが大きく、さいばいされる地域が限られる。
●**水産物**の産地は、太平洋側に多い。日本のまわりは、暖流と寒流がぶつかるため、よい漁場。
●**畜産物**は、広い土地のある⑮(　　　　)や九州地方での生産が多い。

3 食料の生産

●米や魚かい類の生産額が減ってきている。野菜や畜産物の生産額は、20年ほど前から増えている。
●⑯(　　　　)…国内で消費した食料のうち、国内で生産された食料をわりあいであらわしたもの。日本では、60年間で約半分になった。

日本のおもな作物などの生産額の変化

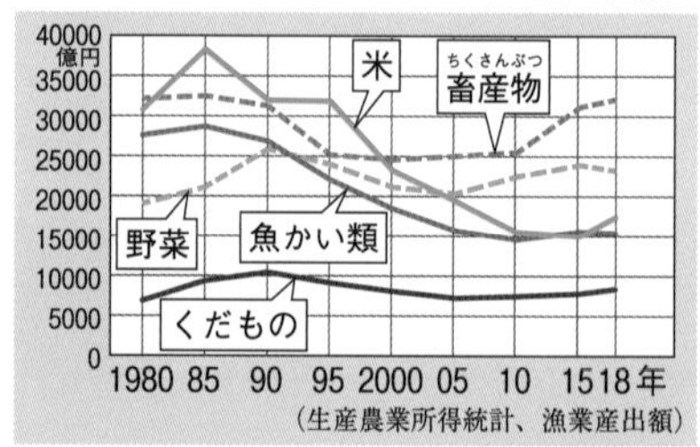

（生産農業所得統計、漁業産出額）

しゃかい工場　食料自給率が低いということは、食料を外国にたよっているということだよ。食料を安定して確保するために、国産の食料を増やすことが課題になっているんだ。

できた数 ／15問中

教科書 68〜75ページ　答え 5ページ

1 次の食材を、農作物、水産物、畜産物に分けましょう。

農作物（　　　）水産物（　　　）畜産物（　　　）

㋐ 
㋑ 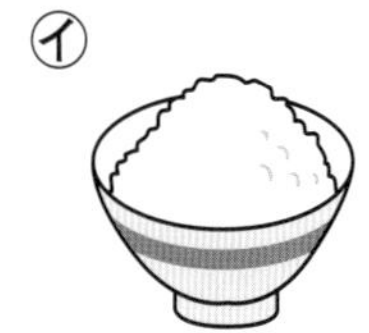
㋒ 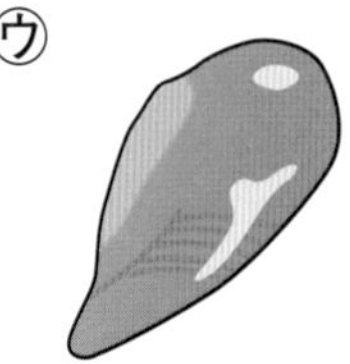
㋓ 
㋔ 
㋕ 

2 食料の産地について、次の問いに答えましょう。

(1) 右の**地図**を見て、次の文の（　　）にあてはまる土地の使われ方を、**地図**の□から選びましょう。

①（　　　）
②（　　　）
③（　　　）

① （　　）は、北海道に多い。
② （　　）は、全国の平野にある。
③ 福島県や山梨県にももの（　　）がある。

(2) **地図**を見て、次の文にあてはまる農作物や家畜を書きましょう。

① 静岡県や和歌山県、愛媛県でさかんに作られている。（　　　）
② 鹿児島県、北海道でたくさん飼育されている。（　　　）
③ 青森県や長野県でさかんに作られている。（　　　）
④ 高知県や熊本県でさかんに作られている。（　　　）

産地マップ

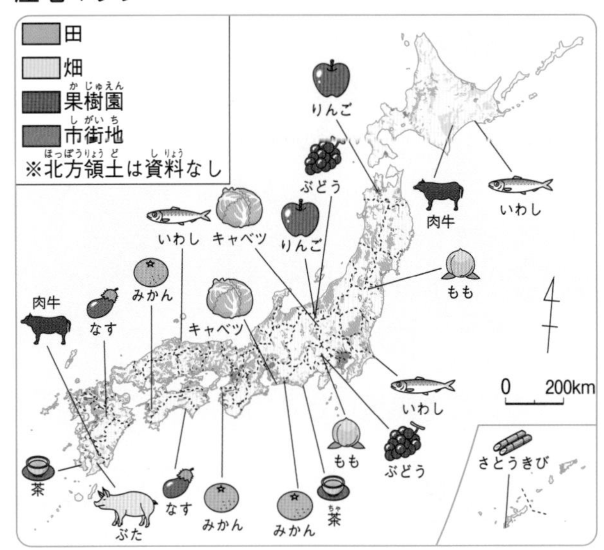

3 次の問いに答えましょう。

(1) 右の**資料**の①〜③にあてはまるものを、次から選びましょう。

㋐ くだもの　㋑ 米　㋒ 畜産物

①（　　）②（　　）③（　　）

(2) 日本の食料の生産について、次の文の｛　　｝にあてはまる言葉に○を書きましょう。

●40年ほど前と比べると、米やⒶ｛ 魚かい類　野菜 ｝の生産額は低下している。

●日本の食料自給率は、60年ほど前のⒷ｛ 約２倍　約半分 ｝になった。

日本のおもな作物などの生産額の変化

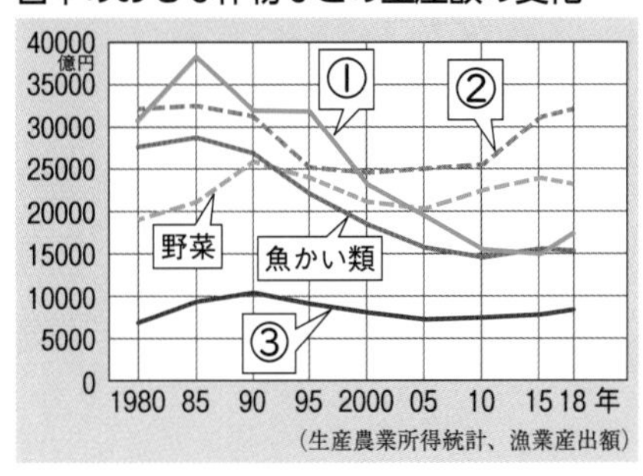

農作物などの産地は、地形や気候のようすと関係している。

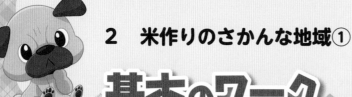

勉強した日 月 日

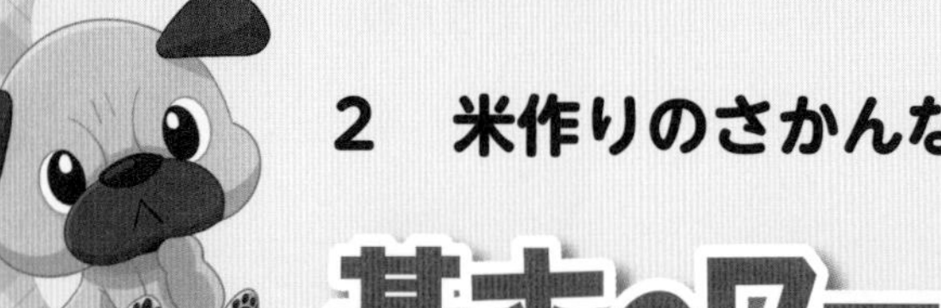

2 米作りのさかんな地域①

基本のワーク

学習の目標
米の食べ方や、米作りがさかんな地域を確かめよう。

教科書 76〜79ページ　答え 6ページ

1 わたしたちの食生活と米

●日本では、①(　　　　　)を主食としてきた。
- 米…昔から日本各地で作られてきた。
- 必要な栄養がバランスよくふくまれ、長く②(　　　　　)することができる。
- 米は、たいて食べるだけでなく、おかしや酒、調味料など、さまざまな食品に③(　　　　　)されている。
- 秋田県の④(　　　　　)など、各地に昔から伝わる、米を使った料理がある。

●いねは、もともと赤道を中心にした、1年中暑く、⑤(　　　　　)が豊かな地域でよく育つ植物。
●2400年ほど前に日本に米作りが伝わった。
●現在、日本のほかに⑥(　　　　　)、インド、インドネシアなどの多くの国々で作られている。

主食
食事の中心となる食べ物のこと。米やパン、めん類など。

米が作られている地域

2 米の生産地はどこ

よみトク！資料

●米は全国で作られているが、特に新潟県や北海道、⑦(　　　　　)地方で生産量が多い。
- 米の生産量が多い上位3道県…新潟県、北海道、⑧(　　　　　)。

●あたたかいところでよく育ついねが、日本では⑨(　　　　　)地域で多く作られる。
●作付面積が10万ha以上の都道府県は、北海道と⑩(　　　　　)。
●山形県は、米の生産量が多く、10aあたりのとれ高も多い。
- 山形県の⑪(　　　　　)平野を中心に米作りがさかん。

米の生産量と作付面積

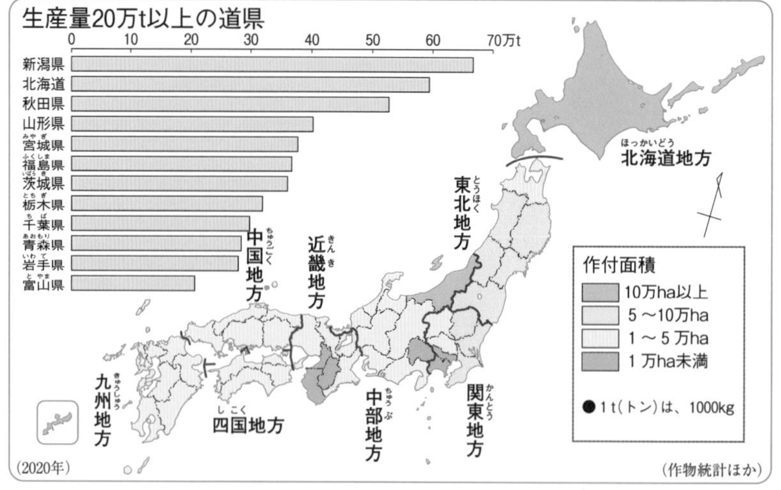

10aあたりの米のとれ高の多い県

県	
青森県	
山形県	
長野県	
秋田県	
北海道	

(kg 0〜700)　(2020年)　(作物統計)

日本では北の寒い地域でも米がたくさん作られているよ。

しゃかい工場　最近では、お米を細かくくだいて粉状にした米粉を使ったパンやめんもつくられているよ。小麦を使ったものと比べると、もちもちした食感になるんだ。

練習のワーク

教科書 76〜79ページ　答え 6ページ

できた数　／16問中

1 次の問いに答えましょう。

(1) 次の文の□にあてはまる言葉を書きましょう。　①(　　　)　②(　　　)

●日本では米を ① にしてきた。最近は米を加工した ② からつくるパンやめんもある。

(2) 米の特ちょうを、次から2つ選びましょう。(　　)(　　)

㋐ 栄養のバランスがとれた食料である。

㋑ 大部分を外国から運んできている。

㋒ 長く保存(ほぞん)することができる。

㋓ 米がとれるいねは、もともと寒い地域(ちいき)で育てられていた植物である。

㋔ 現在(げんざい)、米は日本以外の国や地域ではほとんど作られていない。

(3) 米を使った食品を、次から3つ選びましょう。(　　)(　　)(　　)

㋐うどん　㋑もち　㋒そば　㋓きりたんぽ　㋔せんべい

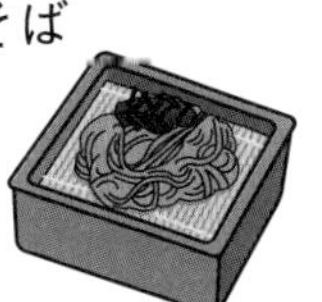

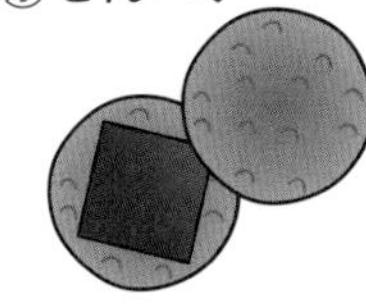

(4) 米からつくられた調味料を、右の□から3つ選びましょう。(　　　)(　　　)(　　　)

料理酒　みりん
ソース　米酢(こめず)　しょうゆ

2 右の図を見て、次の問いに答えましょう。

(1) 米の生産量が多い都道府県を3つ書きましょう。(　　　)(　　　)(　　　)

(2) 作付面積が5万ha(ヘクタール)以上の都道府県の数が最も多い地方は、どこですか。(　　　)

(3) 正しい文を、次から2つ選びましょう。(　　)(　　)

米の生産量と作付面積

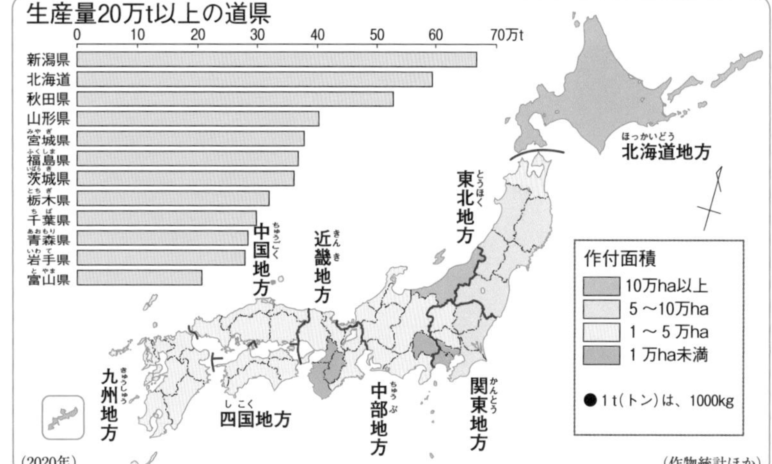

㋐ 米の生産量が多い都道府県は、日本の北に多い。

㋑ 米の作付面積が広い都道府県は、日本の南に多い。

㋒ 米の生産量が20万t以上の道県に、中部(ちゅうぶ)地方の県は入っていない。

㋓ 東京都(とうきょうと)と大阪府(おおさかふ)の米の作付面積は、1万ha未満である。

ポイント 米の生産量が多いのは、新潟県・北海道・東北地方。

勉強した日 月 日

2 米作りのさかんな地域②

基本のワーク

学習の目標
庄内平野の気候や米作りの作業を確かめよう。

教科書 80〜85ページ　答え 6ページ

1 庄内平野のようす

●①(　　　)…山形県の北西部にある平野。

◆②(　　　)や赤川など大きな川がある。高い山から栄養分をふくんだ③(　　　)が運ばれるので、よい土になる。

庄内平野の位置

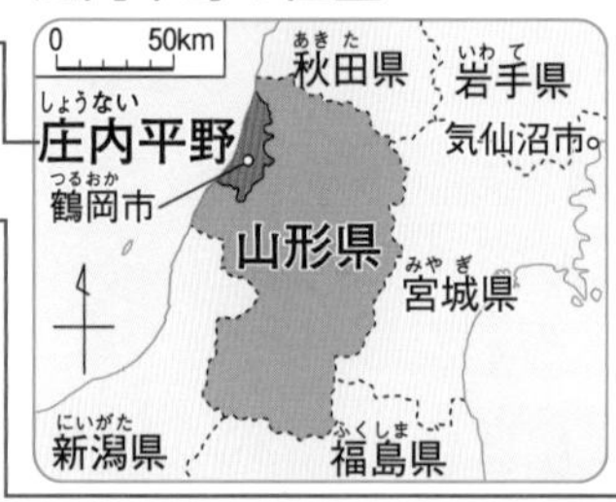

庄内平野の土地の使われ方

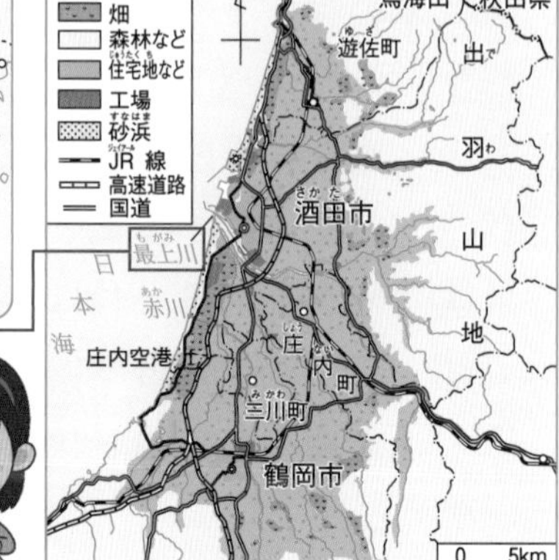

庄内平野の気候

●庄内平野の気候は、④(　　　)のえいきょうをうける。

●**夏**…⑤(　　　)**季節風**によって晴れた日が続き、⑥(　　　)が長く、いねを大きく生長させる。

●⑦(　　　)…**北西季節風**によって多くの雪がふり、春には雪どけ水となって豊かなめぐみをもたらす。

●昼と夜の⑧(　　　)の差が大きいため、おいしい米になる。

田が広がっているね。

鶴岡市と気仙沼市の月別日照時間

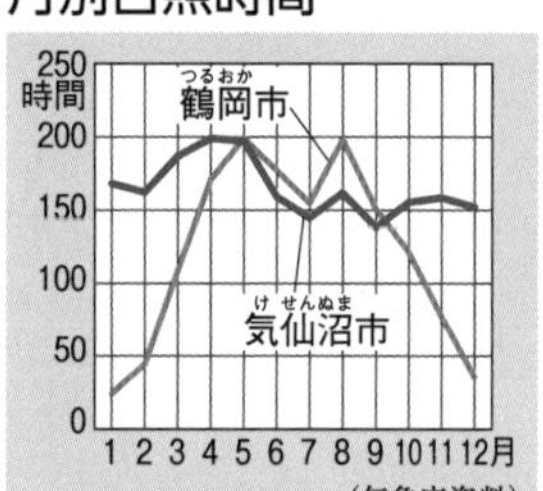

鶴岡市と気仙沼市の月別平均気温

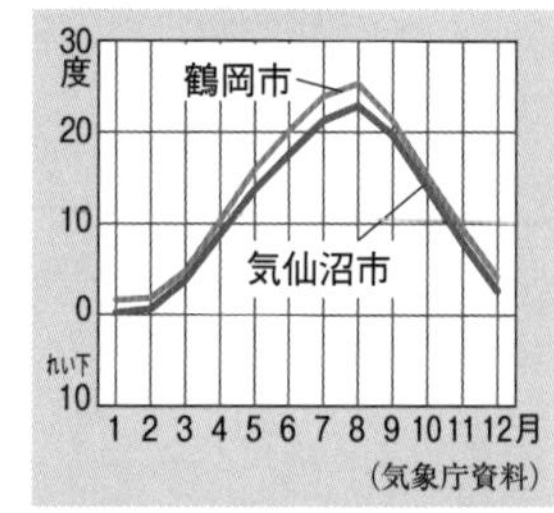

2 米作りのようす

よみトク！資料　米作りの農事ごよみ

コンバインでいねをかる。

トラクターで田を耕す。

田植え機で苗を植える。

給水せんで水を調整。

田の水をぬく。

しゃかいか工場　4月下旬〜5月上旬ごろになると、山形県と秋田県の県境にある鳥海山の雪がとけて、山肌が種をまくおじいさんの姿に見えるんだ。昔から、農作業を始める目安になっていたよ。

練習のワーク

教科書 80〜85ページ　答え 6ページ

できた数 ／15問中

1 次の問いに答えましょう。

(1) 右の**地図**を見て、庄内平野の説明として正しい文を、次から２つ選びましょう。 (　　)(　　)

㋐ 太平洋に面している。

㋑ 耕地面積の90％近くを畑がしめている。

㋒ 大きな川が流れ、栄養分の豊富な水がたくさんある。

㋓ 米作りに向いた平らな土地が広がっている。

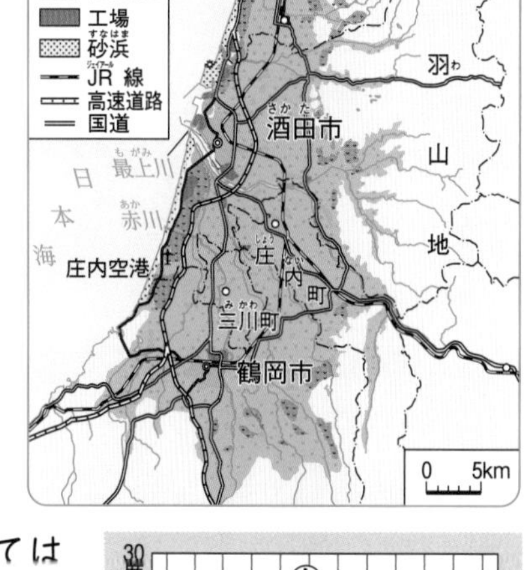

(2) 右の**グラフ**は、山形県鶴岡市と宮城県気仙沼市の月別平均気温です。次の問いに答えましょう。

① 鶴岡市の**グラフ**は㋭と㋴のどちらですか。 (　　)

② 鶴岡市の気候と米作りについて、次の文の{　　}にあてはまる言葉に○を書きましょう。

●Ⓐ{ 夏　冬 }には、Ⓑ{ かわいた　しめった }季節風がふき、晴れた日が続くため、日照時間がⒸ{ 長い　短い }。

●昼と夜の気温の差がⒹ{ 大きい　小さい }ため、おいしい米ができる。

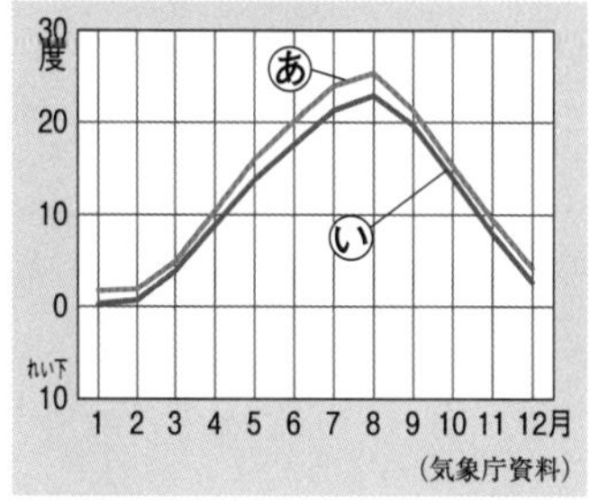

2 右の資料を見て、次の問いに答えましょう。

(1) **資料**の①〜④にあてはまる作業を、次からそれぞれ選びましょう。

①(　　)
②(　　)
③(　　)
④(　　)

米作りの農事ごよみ

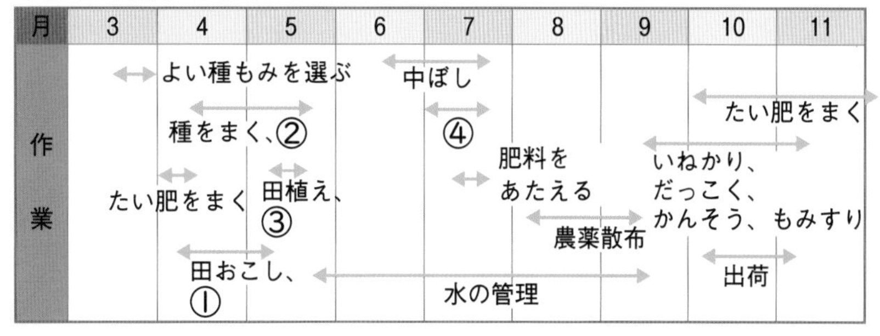

㋐ 草取り　㋑ 苗を育てる　㋒ しろかき　㋓ みぞをほる

(2) ①〜④の作業のようすにあてはまるものを、次からそれぞれ選びましょう。

①(　　) ②(　　) ③(　　) ④(　　)

Ⓐ

Ⓑ

Ⓒ

Ⓓ

ポイント 米作りにたいせつなことは、夏の日照時間と豊富な水。

勉強した日　月　日

2　米作りのさかんな地域③

基本のワーク

学習の目標
おいしい米作りのためにどんなくふうをしているかを確かめよう。

教科書 86〜91ページ　答え 6ページ

1 機械化とほ場整備

●65年ほど前から農作業で農業機械を使うようになった。

➡農作業にかかる①(　　　　　)が短くなった。

●農業機械はねだんが高く、②(　　　　　)代や修理代もかかるため、農家の大きな負担となっている。

◆ほかの農家と③(　　　　　)で機械を買い入れたり、収穫した米を共同でかわかしたりして、かかる費用を少なくしている。

10aの水田にかかる1年間の費用の内わけ（農家1戸の全国平均）

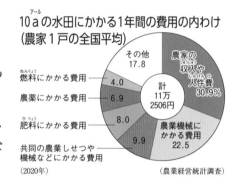

農家の収入や人件費 30.9%
農業機械にかかる費用 22.5
共同の農業しせつや機械などにかかる費用 9.9
肥料にかかる費用 8.0
農薬にかかる費用 6.9
燃料にかかる費用 4.0
その他 17.8
計 11万2506円
(2020年)　(農業経営統計調査)

よみトク！資料

●庄内平野では、60年ほど前から④(　　　　　)がおこなわれてきた。

◆田や農道が広くなるので、大型の⑤(　　　　　)が使いやすくなる。

◆⑥(　　　　　)や**はい水路**がととのえられるため、川からはなれた土地でも水が十分に使えるようになる。

ほ場整備
いろいろな形の小さな田を、長方形の広い田につくりかえたり、用水路をととのえたりすること。

ほ場整備の前と後

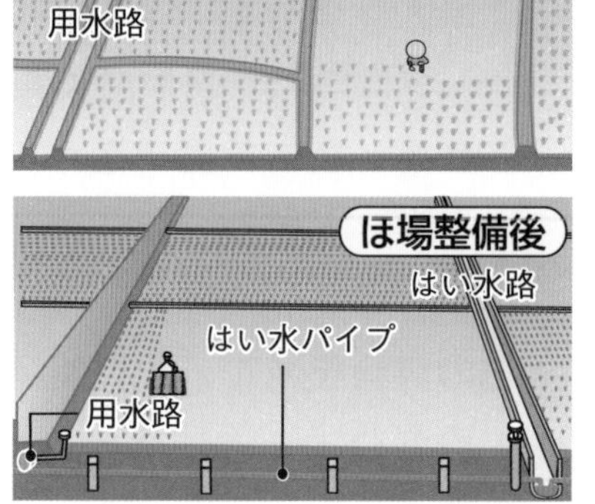

2 米作りを支える人たち／おいしい米をとどける

●東北地方では、夏の気温が十分高くならないことが原因で、いねの生長が悪くなる⑦(　　　　　)になやまされてきた。

◆冷害に強く、地域を代表する⑧(　　　　　)をつくるために、**品種改良**を重ねた。➡**つや姫**などの品種を開発。

●せまい農地で収穫量を増やすために、⑨(　　　　　)や**化学肥料**を使ってきたが、自然や人体への悪いえいきょうが心配。

◆最近では、⑩(　　　　　)などを使用。

◆⑪(　　　　　)**さいばい**…農薬や化学肥料を使わずに、農作物をさいばいすること。

●庄内平野で作られた米は、⑫(　　　　　)で保管される。⑬(　　　　　)の計画にしたがい、トラックや鉄道などで全国各地に出荷される。

●⑭(　　　　　)を利用して、米を直接、消費者に売る農家も増えている。

庄内平野のおもないねの品種別作付面積のわりあいのうつり変わり

1980年	ササニシキ 88.2%、キヨニシキ 9.6、あさあけ 0.7、その他 1.5
1990年	ササニシキ 95.4%、はなの舞 1.9、キヨニシキ 0.6、その他 2.1
2000年	はえぬき 65.9%、ひとめぼれ 15.3、ササニシキ 7.1、その他 11.7
2010年	はえぬき 58.9%、ひとめぼれ 21.9、コシヒカリ 5.3、その他 13.9
2020年	はえぬき 61.5%、つや姫 17.3、ひとめぼれ 10.0、その他 11.2

（山形県資料ほか）

しゃかいか工場　農薬を使うかわりに、アイガモを田に放して害虫や雑草を食べてもらう「アイガモ農法」をおこなっている農家もあるよ。ふんもそのまま肥料になるんだよ。

勉強した日　　月　　日

できた数
／14問中

教科書　86～91ページ　　答え　6ページ

1 次の問いに答えましょう。

(1) 農作業で農業機械を使うようになったことで、どのような変化がありましたか。次から2つ選びましょう。　（　　）（　　）

㋐ 農作業にかかる時間が短くなった。　㋑ 米の生産量が減った。

㋒ 機械代や燃料代・修理代など、農家の負担が増えた。

㋓ 力のいる作業や危険な作業が増えた。

(2) 右の図の①、②にあてはまる言葉を書きましょう。

①（　　　　）②（　　　　）

(3) 右の図のように、いろいろな形をした小さな田を、形の整った広い田につくりかえることを何といいますか。（　　　　）

(4) (3)によって変わったことを、次から2つ選びましょう。

（　　）（　　）

㋐ 農作業にたくさんの人が必要になった。

㋑ 田が広くなったため、水はけが悪くなった。

㋒ 大型の機械が使いやすくなった。

㋓ 川からはなれた場所でも水を十分に使えるようになった。

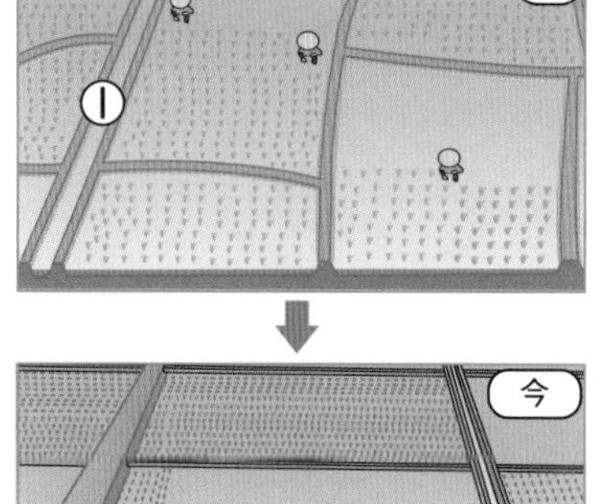

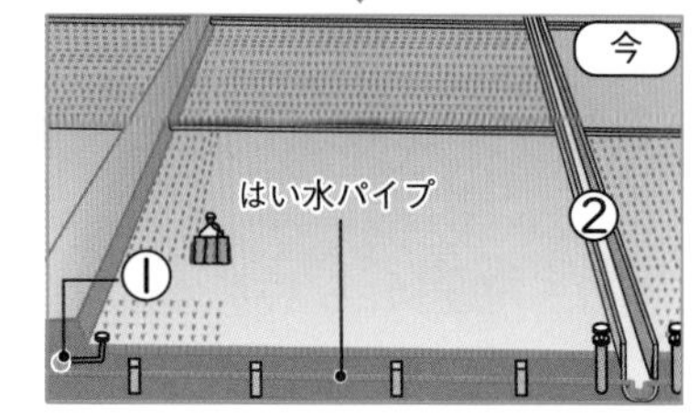

2 次の問いに答えましょう。

(1) 次の文の①・②にあてはまる言葉をそれぞれ書きましょう。

●東北地方では、夏の①（　　　　）が十分に高くならず、いねの生長が悪くなる②（　　　　）になやまされてきた。

(2) (1)の文から、右の**グラフ**の品種はどのような特ちょうをもっていると考えられますか。次から選びましょう。（　　）

㋐ 暑さに強い。　㋑ 寒さに強い。　㋒ 大雨に強い。

(3) (2)のように、すぐれた特ちょうをもつ新しい品種をつくることを何といいますか。（　　　　）

(4) 農薬や化学肥料の使用をできるだけ減らす農家が増えている理由を、次から選びましょう。（　　）

㋐ ねだんが高いから。　㋑ 大量生産ができないから。

㋒ 自然や人に害をおよぼすことが心配されるから。

㋓ 田畑にまくのに時間がかかるから。

(5) 右の図の㋐、㋑にあてはまる言葉を、次からそれぞれ選びましょう。　㋐（　　）㋑（　　）

㋐ 市町村役場　㋑ インターネット

㋒ 水田農業試験場　㋓ ＪＡ

庄内平野でつくられるいねの品種別作付面積のわりあい

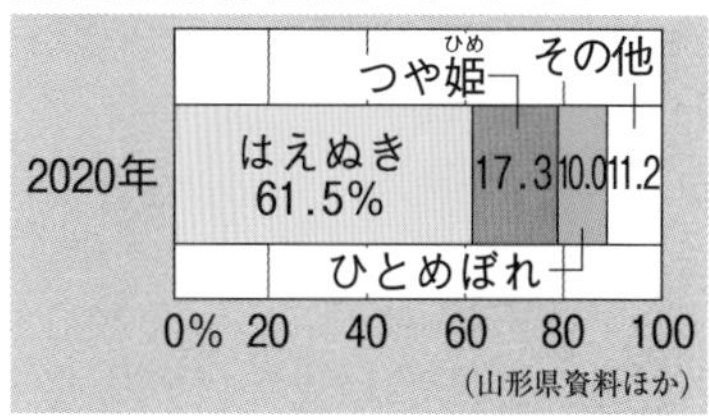

米がわたしたちのもとにとどくまで

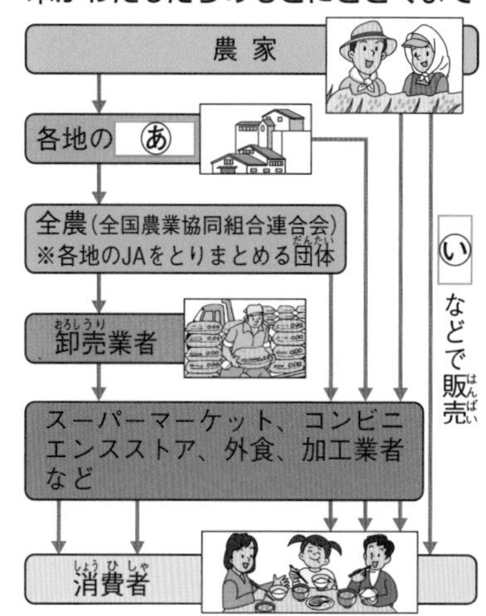

ほ場整備で機械化が進み、作業時間が減った。

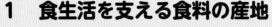

まとめのテスト

1 食生活を支える食料の産地
2 米作りのさかんな地域

時間20分

教科書 68～91ページ　答え 6ページ

1 食料の産地 次の問いに答えましょう。

1つ3〔21点〕

よく出る

(1) 次の食料は、それぞれどのように分類されますか。[ ]からそれぞれ選びましょう。

①(　　　)
②(　　　)
③(　　　)

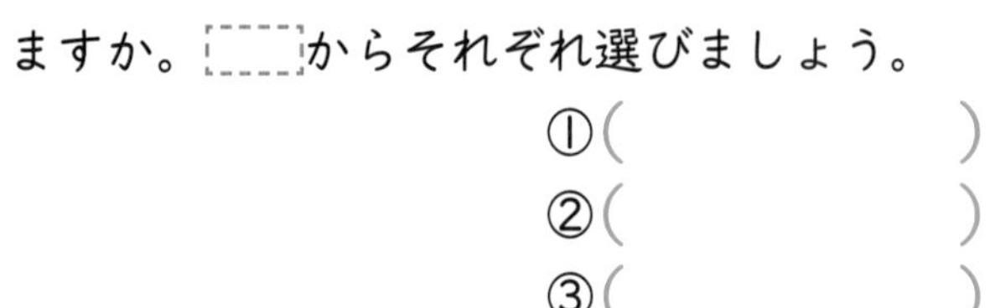

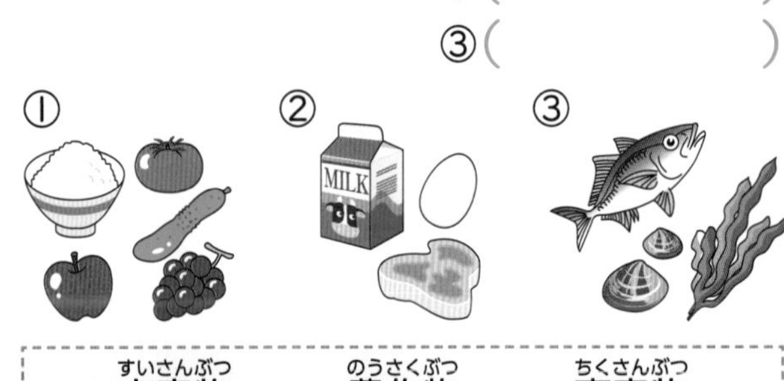

水産物　農作物　畜産物

(2) **地図**からわかることを、次から2つ選びましょう。(　　)(　　)

㋐ りんごはすずしい地域で作られている。　㋑ 米は日本各地で作られている。
㋒ 肉牛は大都市の近くで飼育されている。　㋓ 水産業はあたたかい地域でさかん。

(3) 米作りが特にさかんな地方を、次から2つ選びましょう。(　　)(　　)

㋐ 東北地方　㋑ 近畿地方　㋒ 九州地方　㋓ 北海道地方

2 庄内平野のようす 右の地図とグラフを見て、次の問いに答えましょう。

(5)5、ほか1つ3〔17点〕

(1) **地図**の[ ]にあてはまる川の名前を書きましょう。(　　　)

(2) **地図**の[ ]の部分は、何に利用されていますか。次から選びましょう。(　　)

㋐ 畑　㋑ 田
㋒ 森林　㋓ 住宅地

(3) 山形県鶴岡市の**グラフ**を、㋐・㋑から選びましょう。(　　)

(4) 庄内平野にふく季節風は、夏にはどの方位からふきますか。(　　　)

庄内平野の土地の使われ方

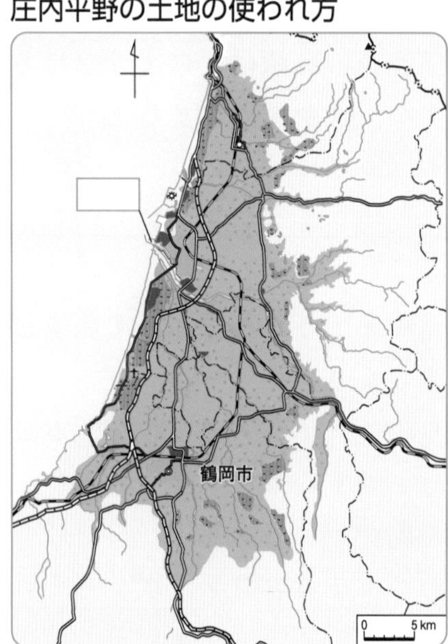

鶴岡市と気仙沼市の月別日照時間

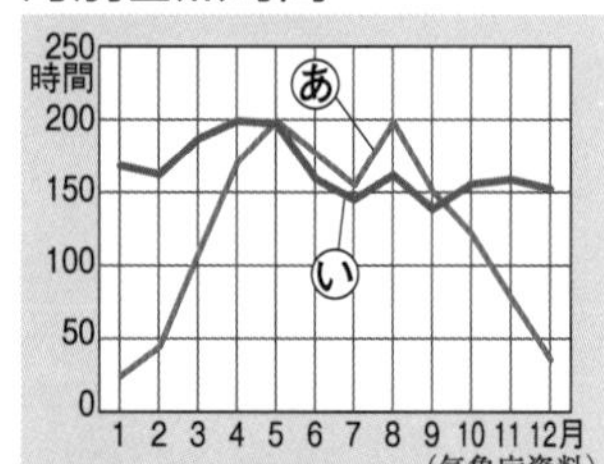

鶴岡市と気仙沼市の月別平均気温

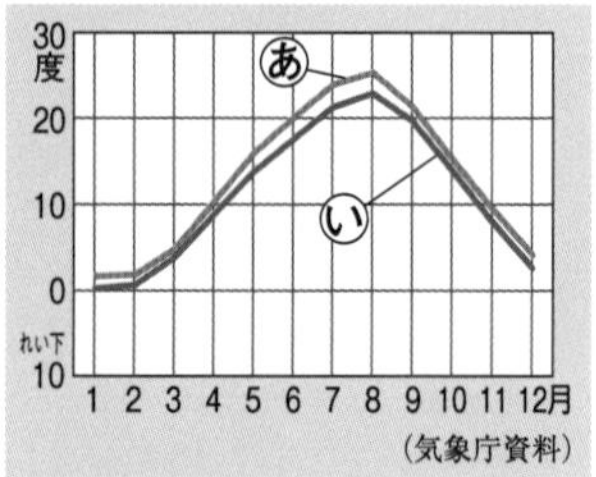

記述

(5) 右の3つの**資料**を見て、庄内平野が米作りに向いている理由を、**川**、**日照時間**の言葉を使ってかんたんに書きましょう。

(　　　　　　　　　　)

3 米作りの１年　次の資料を見て、あとの問いに答えましょう。　1つ4〔32点〕

Ⓐ 田おこし

Ⓑ しろかき

Ⓒ カントリーエレベーター

Ⓓ 田植え

(1) 次の文にあてはまるようすを、上からそれぞれ選びましょう。

①(　　) ②(　　) ③(　　) ④(　　)

① 田植え機で苗を植える　　② トラクターで田を耕す

③ 収穫した米を保管する　　④ 土をかきまぜ平らにする

(2) 次の**図**は、米作りの流れをあらわしています。**図**の(　　)のようすにあてはまる資料を、上からそれぞれ選びましょう。　①(　　) ②(　　) ③(　　) ④(　　)

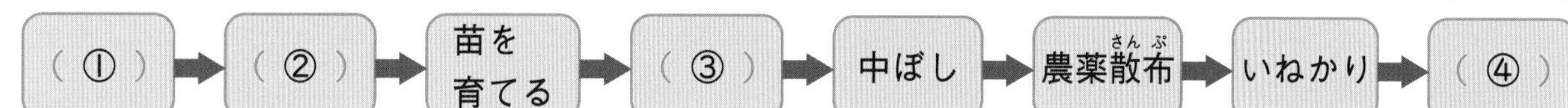

4 米作りの変化　次の資料を見て、あとの問いに答えましょう。　1つ5〔30点〕

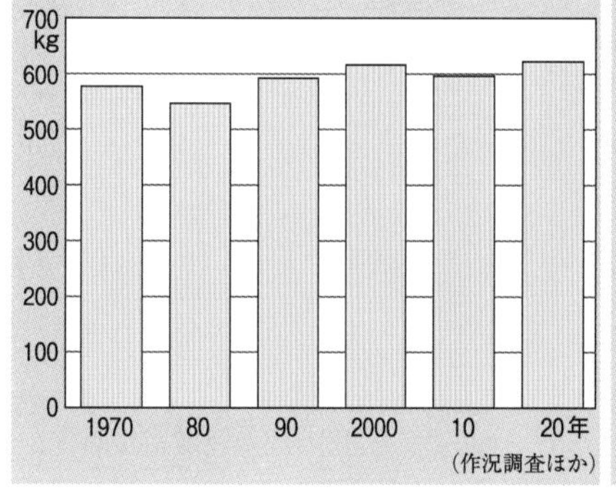

Ⓐ山形県の10aあたりの米の生産量のうつり変わり

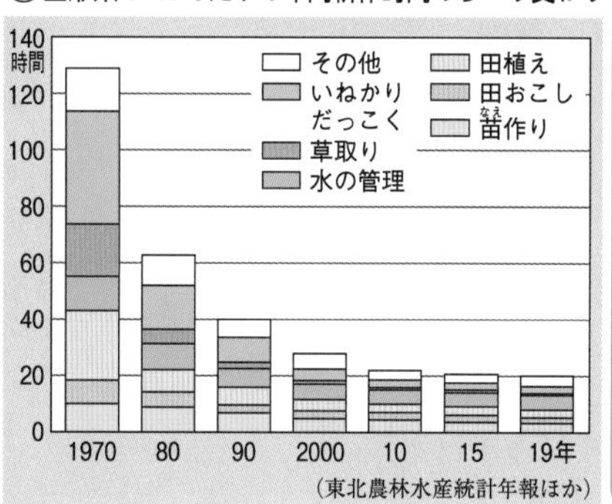

Ⓑ山形県の10aあたりの年間耕作時間のうつり変わり

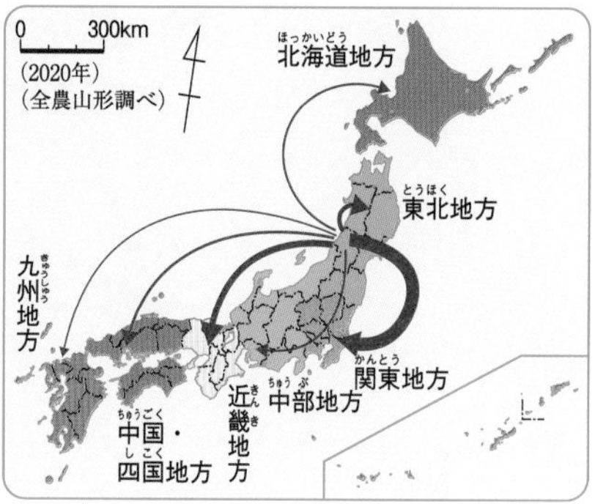

Ⓒ庄内米の地方別出荷量

(1) 次のぎもんの答えがわかる**資料**を、上からそれぞれ選びましょう。①(　　) ②(　　)

① 米作りにかかる時間は、昔と今で変わってきているのかな。

②

庄内平野で作られた米は、どこで多く食べられているのかな。

(2) 米作りの変化について、３つの**資料**からわかることを、次から選びましょう。(　　)

㋐ ほ場整備の結果、田や農道が広くなり、水はけもよくなった。

㋑ 同じ面積、同じ作業時間で生産できる米の量が増えている。

㋒ インターネットなどを利用して全国の消費者に米をとどける農家がある。

(3) 米作りの取り組みを次の**カード**にまとめました。これらの取り組みをおこなう理由を、あとからそれぞれ選びましょう。　①(　　) ②(　　) ③(　　)

① 化学肥料や農薬の使用量を減らす。

② ほかの農家と共同で機械を買い入れる。

③ いろいろな品種を組み合わせて、新しい品種をつくる。

㋐ 米作りにかかる費用を少なくするため。

㋑ 自然や人体への悪いえいきょうを少なくするため。

㋒ 味がよく、暑さ・寒さや病気に強い米を作るため。

勉強した日　月　日

3　水産業のさかんな地域①

学習の目標
水あげ量の多い漁港はどのような地域に多いか確(たし)かめよう。

基本のワーク

教科書 92〜95ページ　答え 7ページ

1 わたしたちの食生活と水産物

●海に囲(かこ)まれた日本では、多くの場所でさまざまな①（　　　　）の魚がとれる。

●特に、太平洋(たいへいよう)側で②（　　　　）量が多い。

水あげ量
とった魚かい類のうち、港に水あげされた重さ。

おもな漁港の水あげ量と海流のようす

③（　　　　）海

まわりより温度の低い④（　　　　）

暖流と寒流のぶつかる⑤（　　　　）には、**プランクトン**が多く魚が集まる。

まわりより温度の高い⑥（　　　　）

オホーツク海　親潮（千島海流）　リマン海流　黒潮（日本海流）　対馬海流　東シナ海　太平洋

釧路(くしろ) 15.2　八戸(はちのへ) 5.0　宮古(みやこ) 1.7　境(さかい) 8.3　唐津(からつ) 1.6　松浦(まつうら) 4.5　長崎(ながさき) 4.0　枕崎(まくらざき) 7.3　焼津(やいづ) 13.7　銚子(ちょうし) 26.0　石巻(いしのまき) 8.3　女川(おながわ) 3.2　気仙沼(けせんぬま) 3.1

暖流　寒流　水あげ量（単位 万t）（2020年）　0　400　800km

（水産物流通調査）

大陸だな

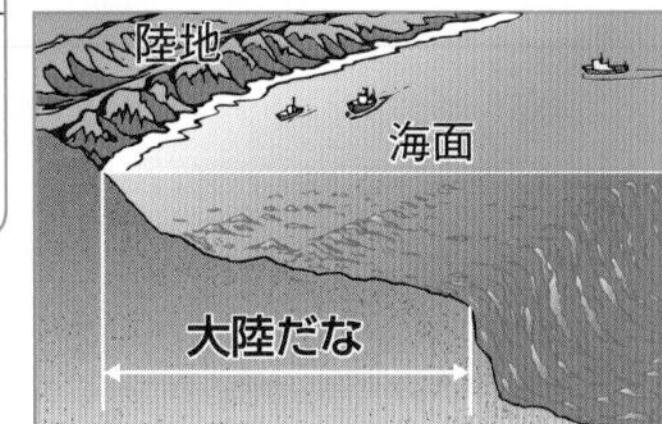

●日本の近海には、**暖流(だんりゅう)**と**寒流(かんりゅう)**が流れる。
- あたたかい海と冷たい海の両方にすむ魚が集まる。

●水深200mくらいまでのけいしゃがゆるやかな海底である⑦（　　　　）が広がる。
- ⑧（　　　　）がたくさん発生し、海そうもよく育つ。

2 まきあみ漁のようす

●日本一水あげ量が多い⑨（　　　　）漁港のある千葉(ちば)県銚子市では、**まきあみ漁**がさかん。
- ⑩（　　　　）…遠くの海まで出かけて長期間おこなう漁業。
- ⑪（　　　　）…日本近海でおこなう漁業。
- ⑫（　　　　）…海岸やその近くでおこなう漁業。
- **養(よう)しょく業(ぎょう)**…魚かい類を人の手で育てて出荷する漁業。

●⑬（　　　　）では、魚をさがす船、あみをはる船、魚を港まで運ぶ船の３種類の船で１つの船団(せんだん)を組む。
- スキャニングソナーや⑭（　　　　）を使って、魚の群(む)れを見つける。
- 群れを見つけると、あみを海に投げ入れ、あみを引っぱりながら群れを囲(かこ)み、あみの底をとじて引き上げる。

まきあみ漁のしくみ

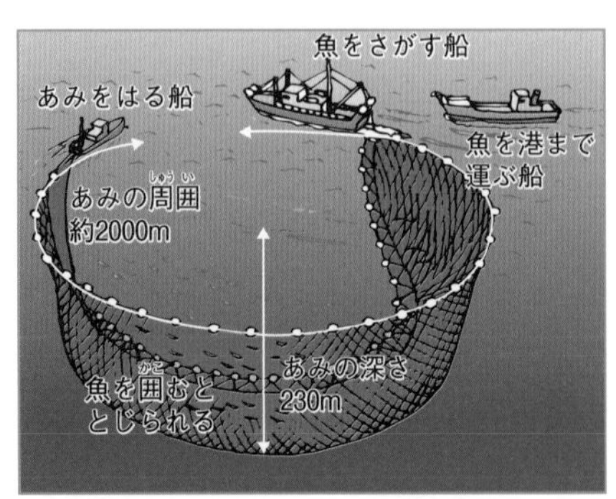

大陸だなは、東シナ海から日本海にかけて広がっているよ。水深が浅い大陸だなでは、海底まで太陽の光がとどくから、魚のえさになるプランクトンが育ちやすいんだ。

練習のワーク

できた数　／16問中

教科書 92～95ページ　答え 7ページ

1 右の地図を見て、次の問いに答えましょう。

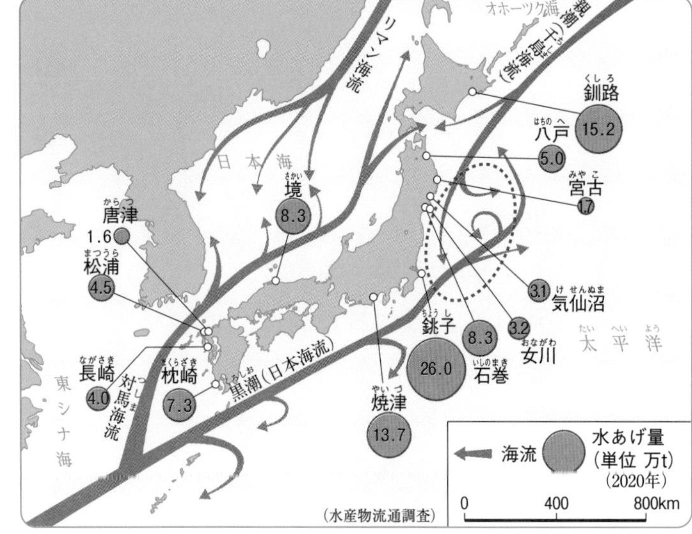

(1) 次の海流を、**地図**から２つずつ選びましょう。① 暖流（　　）（　　）
② 寒流（　　）（　　）

(2) 水あげ量が多い上位２つの漁港を書きましょう。（　　）（　　）

(3) **地図**の〔点線〕の海域について、次の文の□にあてはまる言葉を書きましょう。①（　　）②（　　）

●暖流と寒流がぶつかる潮目には、［①］が多く、それを食べる［②］がたくさん集まってくる。

(4) 東シナ海には、右の**図**のようなけいしゃがゆるやかな海底が広がっています。次の問いに答えましょう。

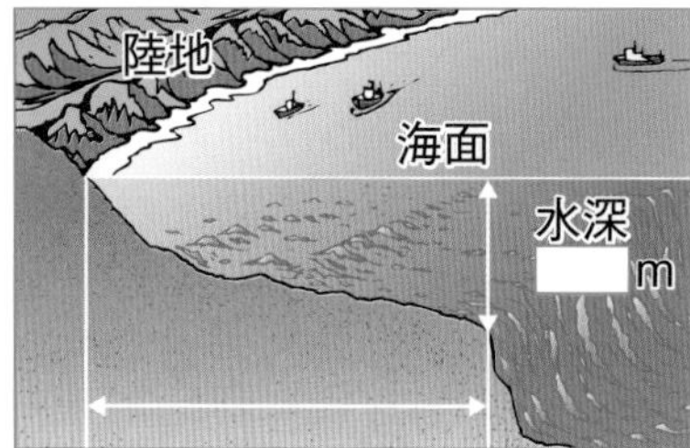

① このような海底を何といいますか。（　　）

② 右の**図**の□にあてはまる数字を書きましょう。（　　）

2 右の図を見て、次の問いに答えましょう。

(1) 右の**図**のような漁法を何といいますか。（　　）

(2) (1)などの漁法で使う右の機械は、何をするためのものですか。次から選びましょう。（　　）

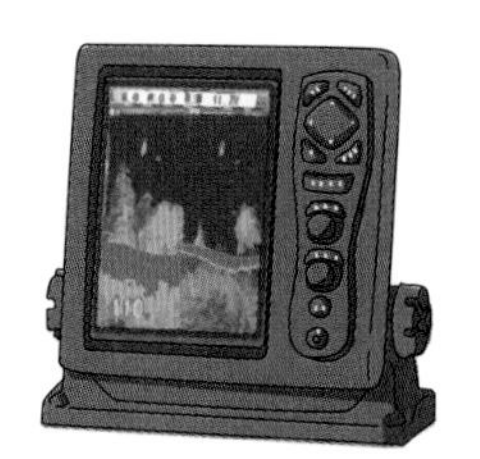

㋐ 船が向かっている方角を確かめる。
㋑ 魚の群れの場所を確かめる。
㋒ 天気予報と風向きを確かめる。
㋓ 海の水温を確かめる。

(3) 次の漁業にあてはまるものを、あとからそれぞれ選びましょう。

① 沖合漁業（　　）　② 養しょく業（　　）
③ 遠洋漁業（　　）　④ 沿岸漁業（　　）

㋐ 近くの海でおこなう漁業。　㋑ 遠くの海まで出かけて、長期間おこなう漁業。
㋒ 魚や貝などを人の手で育てる漁業。　㋓ 海岸やその近くでおこなう漁業。

ポイント 水あげ量が多い漁港は、潮目や大陸だなの近くに多い。

勉強した日　月　日

3　水産業のさかんな地域②

学習の目標

漁業のくふうと水産物の流通のようすを確かめよう。

基本のワーク

教科書 96～99ページ　答え 7ページ

1 銚子漁港のようす

●①(　　　　)漁港で水あげされる魚はサバやイワシが多い。

●銚子漁港には、３つの②(　　　　)があり、魚の③(　　　　)によって水あげされる**卸売市場**がちがう。

◆卸売市場に水あげされた魚は、種類や大きさで選別・④(　　　　)、箱づめされる。

銚子漁港の水あげの内わけ

数量

ブリ類 2.7
その他 6.6
約 27.2 万t
サバ 32.7
マイワシ 58.0%

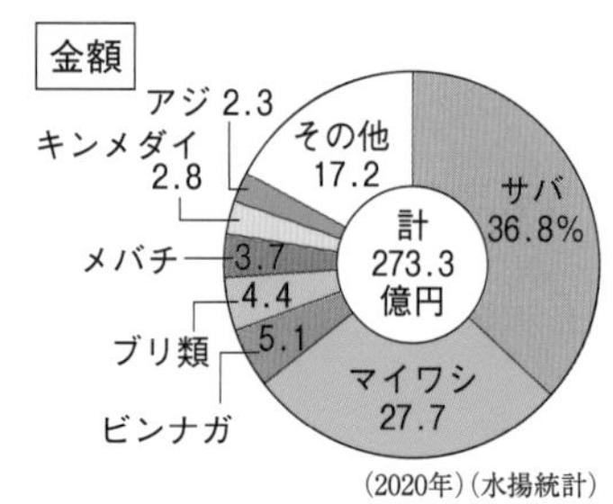

(2020年)(水揚統計)

◆魚を買いたい人が札に⑤(　　　　)を書いて入札箱に入れ、最も高いねだんをつけた買い手に売る**入札**がおこなわれる。

●買われた魚は、⑥(　　　　)**倉庫**や**加工しせつ**へ運ばれたり、⑦(　　　　)なまま東京などへ出荷されたりする。

●漁船は、水あげのあと、⑧(　　　　)の積みこみをしたり、給油をしたりする必要があるので、銚子漁港には製氷工場や⑨(　　　　)がある。

2 魚がわたしたちのもとへとどくまで

よみトク！資料

魚がわたしたちのもとへとどくまで

1 ⑩(　　　　)

2 ⑪(　　　　)

3 トラックなどで運ぶ

4 冷とう業者、加工業者、鮮魚小売業者などへ

5 わたしたちのもとへ

●水あげされた魚のほとんどは、冷とうされ、**冷とう倉庫**で保存される。また、出荷されたり、⑫(　　　　)**しせつ**に運ばれたりする。一部はアジアなどに**輸出**する。

●新鮮なまま東京などの消費地へ運ばれるものもある。

●輸送するときは、品質を保つための⑬(　　　　)管理が重要である。

●持続可能な漁業のために、⑭(　　　　)の取り組みが行われている。

◆水あげ量が決まった量をこえた場合は、次の日は漁を休むなど。

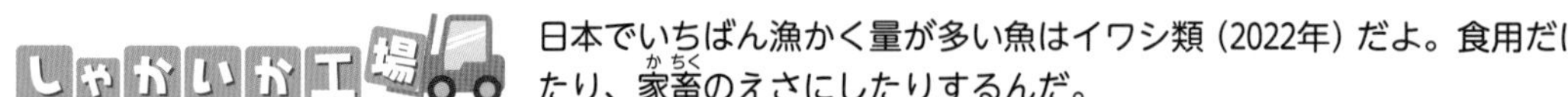

しゃかい工場　日本でいちばん漁かく量が多い魚はイワシ類（2022年）だよ。食用だけでなく、魚油をとったり、家畜のえさにしたりするんだ。

練習のワーク

できた数　／15問中

教科書 96〜99ページ　答え 7ページ

1 次の問いに答えましょう。

(1) 右のグラフを見て、銚子(ちょうし)漁港で多く水あげされる魚を2つ書きましょう。　（　　）（　　）

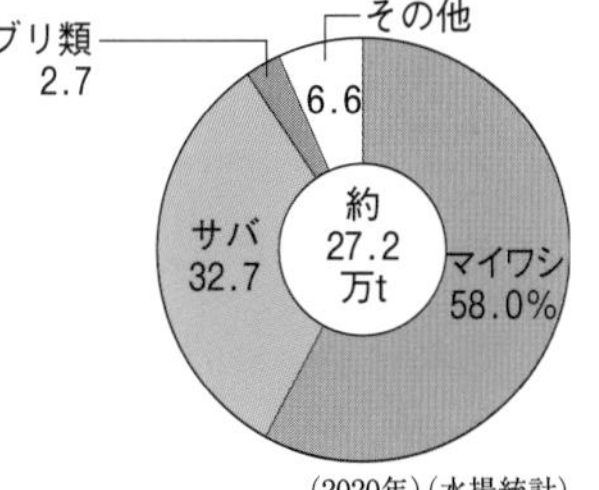

(2) (1)の2つで全体の約何%をしめているか、次から選びましょう。

㋐ 30%　㋑ 50%　㋒ 70%　㋓ 90%　（　　）

(3) 次の文の｛　｝にあてはまる言葉に○を書きましょう。

●銚子漁港には3つの卸売(おろしうり)市場があり、魚のⒶ｛ 大きさ　種類 ｝によって水あげされる卸売市場がちがう。

●卸売市場では魚を買いたい人が札にねだんを書いて入札箱に入れ、最もⒷ｛ 高い　安い ｝ねだんをつけた買い手に売る。

(4) 銚子漁港やそのまわりにある、次の①〜③のしせつのやくわりを、あとからそれぞれ選びましょう。

① 製氷(せいひょう)工場（　　）　② 冷とう倉庫（　　）　③ 給油タンク（　　）

㋐ 魚を冷とうして保存(ほぞん)する。　㋑ 漁船の燃料をたくわえる。

㋒ 漁船に積みこむ氷をつくる。　㋓ 水あげされた魚の選別や、入札を行う。

2 次の問いに答えましょう。

(1) 次の①〜④のようすにあてはまるものを、あとからそれぞれ選びましょう。

①（　　）②（　　）③（　　）④（　　）

㋐ トラックなどで運ぶ　㋑ 入札　㋒ 水産物の加工　㋓ 魚の水あげ

(2) 次の文の□にあてはまる言葉を書きましょう。

①（　　）②（　　）

●銚子漁港に水あげされた魚のほとんどは、①され、①倉庫に保存(ほぞん)される。そのうちの一部は、船でアジアなどへ②される。

(3) 銚子市が持続可能(じぞくかのう)な漁業のためにおこなっている資源(しげん)管理の取り組みを、次から選びましょう。　（　　）

㋐ 魚をとりすぎた場合は、次の日は漁を休む。

㋑ 魚は毎日とりたいだけとる。

㋒ 銚子漁港には3つの卸売市場がある。

㋓ 魚は輸出(ゆしゅつ)しないで、国内ですべて消費(しょうひ)する。

ポイント　銚子漁港は、サバとイワシの水あげがさかん。

勉強した日　月　日

3　水産業のさかんな地域③

学習の目標
有明海ののりの養しょくのようすを確かめよう。

基本のワーク

教科書 100〜105ページ　答え 7ページ

1 のりの養しょくがさかんな佐賀県／有明海での養しょく

●佐賀県では、①（　　　　　）でのりの養しょくがさかん。
◆長さ10mもある支柱にあみをはったのりの漁場が広がる。
◆流れこむ川の栄養分が豊富。最大で６mの②（　　　　　）の差がある。
◆のりのあみが海水にもぐったり、水面から出たりして、のりが海水の③（　　　　　）と太陽の④（　　　　　）をかわるがわるすいこむ➡やわらかく、おいしいのりになる。

のりの漁場があるところ

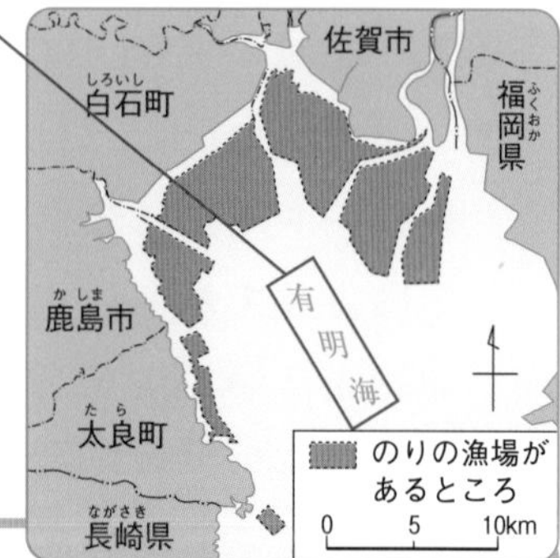

よみトク！資料　のりの⑤（　　　　　）のこよみ

月	4	5	6	7	8	9	10	11	12	1	2	3	4		
								あみをはる時期（1回目）		あみをはる時期（2回目）					
								かり取りの時期の仕事							
								海上	加工場				漁業組合		
作業	←カキのからにのりの胞子をつけて、育てる→					漁場に支柱を立てる	あみを支柱に取りつけ、のりを育てる／あみに取りつけたふくろへ、のりの胞子がついたカキのからを入れる	生長したのりを、機械でかり取る→	かり取ったのりを、細かく切る→	水でよくあらう→	わくに流しこみ、かんそうさせる→	たばねて出荷する→	検査員が格づけをおこなう	入札→	店頭へ

●のりの⑥（　　　　　）は時期を分けておこない、計画的に出荷できるようにしている。

●有明海ののりは、⑦（　　　　　）が生産者にアドバイスをしたり、研究機関と連携したりして、収穫量が増えた。選ばれたのりは高いねだんで取り引きされる。
●近年は⑧（　　　　　）が上がり、かり取りの時期が短くなって収穫量が減っている。

2 養しょく業の問題

●⑨（　　　　　）業…稚魚から人の手で育てる。
◆船を沖合まで出して漁をする必要がない。
◆計画的に安定した⑩（　　　　　）を得ることができる。
◆プランクトンが異常に増える⑪（　　　　　）の発生や、油などの海への流出がおこると、育てた魚が死んでしまうこともある。
◆えさの原料の魚粉を⑫（　　　　　）にたよる。そのねだんも高く、養しょく業者の大きな負担になっている。

養しょく業のさかんな地域

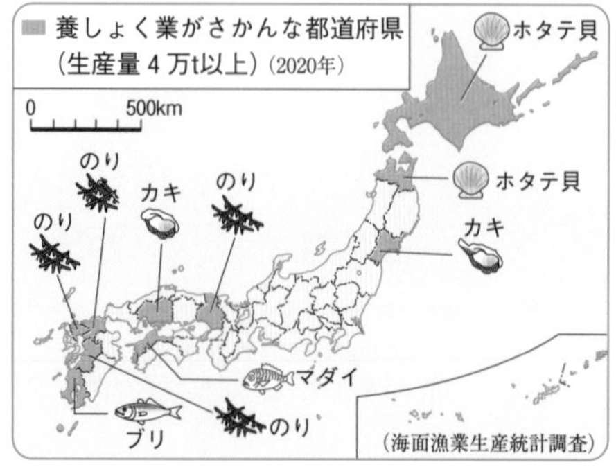

魚などをたまごから育てて海に放流し、成長してからとる漁業をさいばい漁業というよ。養しょく業と合わせて「育てる漁業」といって、今、注目されているんだ。

勉強した日　月　日

練習のワーク

教科書　100〜105ページ　答え　7ページ

1 右の地図を見て、次の問いに答えましょう。

(1) **地図**のⒶの海の名前を書きましょう。　（　　　　　）

(2) 海の水が引いて、海水面が最も低くなることを何といいますか。　（　　　　　）

(3) Ⓐの海でのりの養しょくがさかんな理由を、次から2つ選びましょう。　（　　）（　　）

㋐ 潮目にあたるので、海水の栄養分が豊富である。

㋑ 大きな干満の差を利用して、のりに海水の栄養と太陽の光の両方をあたえることができる。

㋒ 流れこむ川の栄養分が豊富である。

㋓ 干満の差が小さいので、のりを安定して育てることができる。

佐賀県
福岡県
Ⓐ
長崎県
のりの漁場があるところ
0　5　10km

(4) 次の**絵**は、のりの養しょくの作業です。何の作業かをあとからそれぞれ選びましょう。

①（　　）　②（　　）　③（　　）　④（　　）

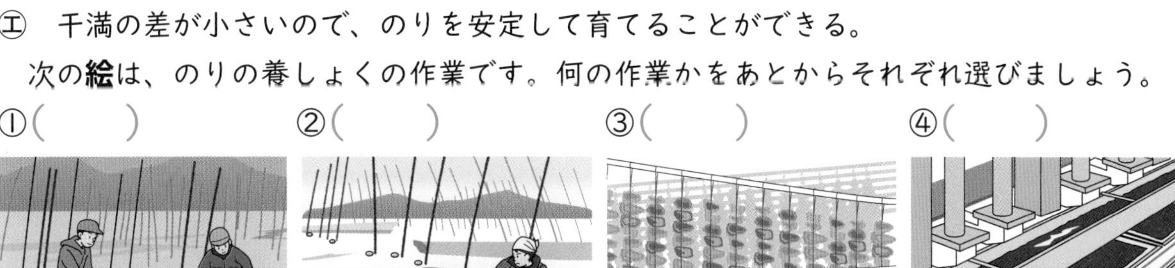

㋐ のりをわくに流しこみ、かんそうさせている。　㋑ のりのかり取りをおこなっている。

㋒ あみを支柱に取りつけて、はっている。　㋓ のりの胞子を育てている。

2 次の問いに答えましょう。

(1) 右の**地図**を見て、のりとカキの養しょくがさかんな都道府県の組み合わせを、次から選びましょう。

のり（　　　）　カキ（　　　）

㋐ 熊本県・兵庫県　㋑ 北海道・青森県

㋒ 宮城県・広島県　㋓ 愛媛県・鹿児島県

(2) 養しょく業の①よい面と②悪い面を、次からそれぞれ選びましょう。　①（　　）　②（　　）

㋐ 海の中のプランクトンが異常に増える赤潮が発生して、育てた魚や海そうなどが死んでしまうことがある。

㋑ 養しょく業は、船を沖合に出して漁をする必要がないので、どんな環境でも安定して生産できる。

㋒ 稚魚から育てるので、安定した収入を得ることができる。

㋓ えさの原料の魚粉はほとんど国産なので、えさ代が安くすむ。

養しょく業のさかんな地域

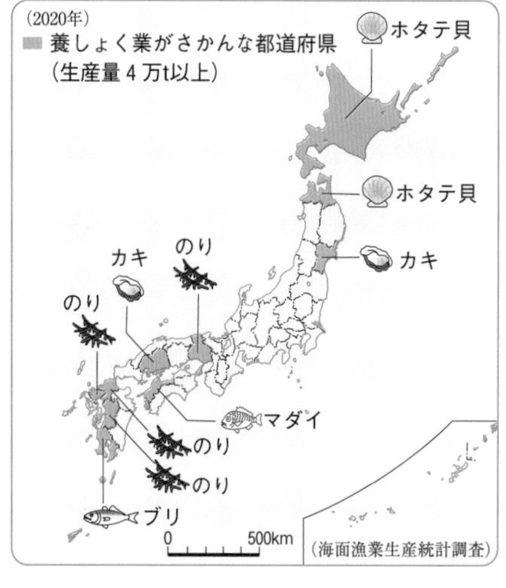

ポイント　養しょく業は、安定して収入を得られるが、たいへんなこともある。

勉強した日　月　日

3　水産業のさかんな地域

時間 20分

得点　/100点

教科書 92〜105ページ　答え 8ページ

1 めぐまれた漁場　右の地図を見て、次の問いに答えましょう。

(1)完答、1つ5〔20点〕

作図　(1) **地図**のⒶ〜Ⓓの海流を、寒流(かんりゅう)の場合は青色、暖流(だんりゅう)の場合は赤色でぬりましょう。

よく出る　(2) **地図**の（点線の円）のように、寒流と暖流がぶつかる海域(かいいき)を何といいますか。
（　　　　）

(3) **地図**を見て、正しい文を次から選びましょう。（　　）

㋐ 水あげ量が最も多い漁港は、静岡県(しずおか)にある。

㋑ 水あげ量の多い漁港は、日本海側(にほんかい)より太平洋側(たいへいよう)に多い。

㋒ 中国地方(ちゅうごく)には、水あげ量が5万t以上の漁港がない。

㋓ 九州地方(きゅうしゅう)には、水あげ量が5万t以上の漁港がない。

おもな漁港の水あげ量と海流のようす

オホーツク海、日本海、太平洋、東シナ海

Ⓐ Ⓑ Ⓒ Ⓓ

釧路 15.2、八戸 5.0、宮古 1.7、気仙沼 3.1、女川 3.2、石巻 8.3、銚子 26.0、焼津 13.7、境 8.3、唐津 1.6、松浦 4.5、長崎 4.0、枕崎 7.3

⇦海流　○水あげ量（単位 万t）(2020年)

0　400　800km

（水産物流通調査）

記述　(4) 日本の近海がよい漁場となっている理由を、**プランクトン**、**海底**の言葉を使って、かんたんに書きましょう。
（　　　　）

2 まきあみ漁　次の問いに答えましょう。

1つ4〔20点〕

(1) 次の話にあてはまる**資料**(しりょう)を、右からそれぞれ選びましょう。
①（　　）②（　　）

①

同じ魚でも、時期によってちがう漁場でとるんだね。

②

役わりのちがう船が協力して漁をしているんだね。

Ⓐまきあみ漁の船団が漁をするおもな漁場

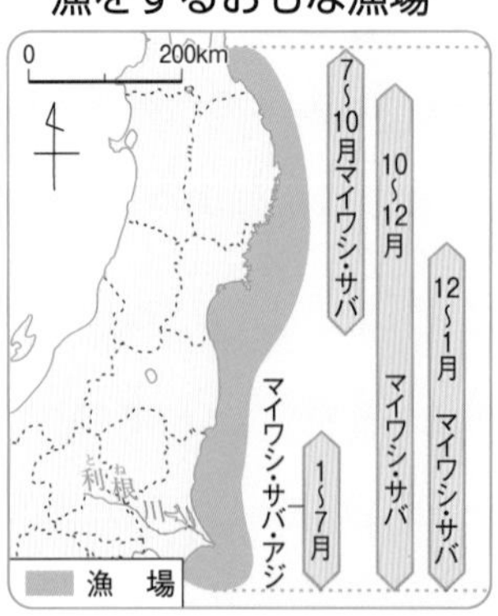

Ⓑまきあみ漁のしくみ

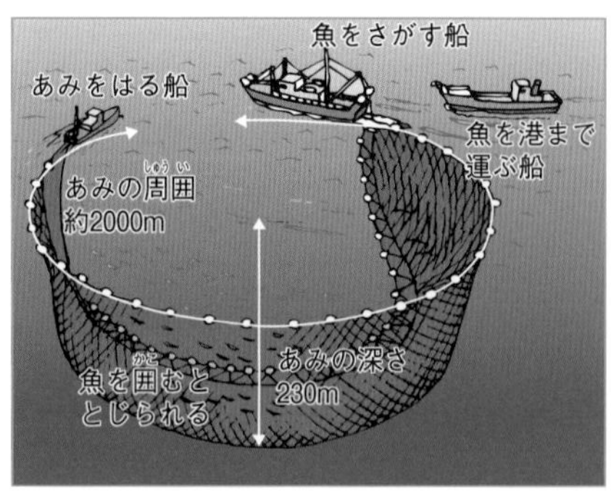

(2) 次のような漁業を何といいますか。右の（点線の枠）からそれぞれ選びましょう。

① 大型の船で、遠くの海まで出かけて長期間おこなう漁業。
（　　　　）

② 小型船で海岸やその近くでおこなう漁業。（　　　　）

③ 日本の近海でおこなう漁業。数日かかることもある。
（　　　　）

遠洋漁業(えんよう)
沖合漁業(おきあい)
沿岸漁業(えんがん)

3 漁港のようす　右の資料を見て、次の問いに答えましょう。　(3)完答、1つ6〔36点〕

(1)　銚子漁港のまわりにあるしせつを、右のような**表**にまとめました。銚子漁港について正しいものを、次から選びましょう。（　　）

㋐　とった魚は、魚の種類によって水あげされる卸売市場が変わる。

㋑　漁船が給油できる場所は、漁港のまわりにはない。

㋒　銚子漁港ではサバとイワシしか水あげされていない。

㋓　水産加工しせつでは、1日約1万tの魚を処理する。

銚子漁港のまわりのしせつ

しせつ	ようす
第1卸売市場	カジキ、マグロが水あげされる。
第2卸売市場	サバ、イワシ、アジが水あげされる。
第3卸売市場	サンマ、キンメダイなどが水あげされる。
製氷工場	魚を冷やす氷をつくる。市内に7か所ある。
給油タンク	漁に出る船にすぐ給油できるようになっている。
水産加工しせつ	漁港と連携して1日約4000tの魚の処理をする。

(2)　右の**図**は、何をしているようすですか。あとからそれぞれ選びましょう。

ⓐ（　　）　ⓘ（　　）
ⓤ（　　）　ⓔ（　　）

㋐　買われた魚を冷とう倉庫に保存している。

㋑　魚を買いたい人がねだんを書いた札を箱に入れる入札をする。

㋒　魚を漁港に水あげする。

㋓　とった魚をトラックなどで冷とう業者などへ運ぶ。

ⓐ

ⓘ

ⓤ

ⓔ

(3)　**図**のⓐ～ⓔを、わたしたちのもとに魚がとどくまでの順にならべましょう。

（　　→　　→　　→　　）→わたしたちのもとへ

4 養しょく業　右の地図を見て、次の問いに答えましょう。　1つ6〔24点〕

(1)　**地図**のⓐにあてはまる水産物は何ですか。

（　　　　）

(2)　有明海が(1)の養しょくに適している理由を、次から選びましょう。（　　）

㋐　干満の差が大きいこと。

㋑　流れこむ川が短いこと。

㋒　夏の気候がすずしいこと。

(3)　海の中のプランクトンが異常に増えて右のようになることを何といいますか。（　　　　）

有明海周辺のようす

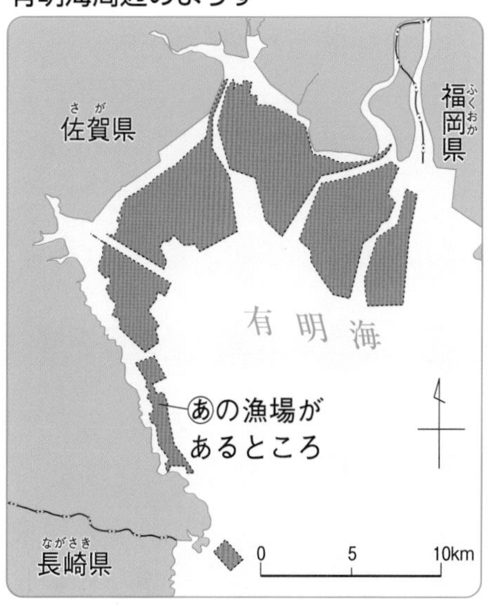

(4)　(3)などが原因で育てている魚が死んでしまうことがあるほかに、養しょく業にはどのような問題がありますか。**えさ**、**費用**の言葉を使ってかんたんに書きましょう。

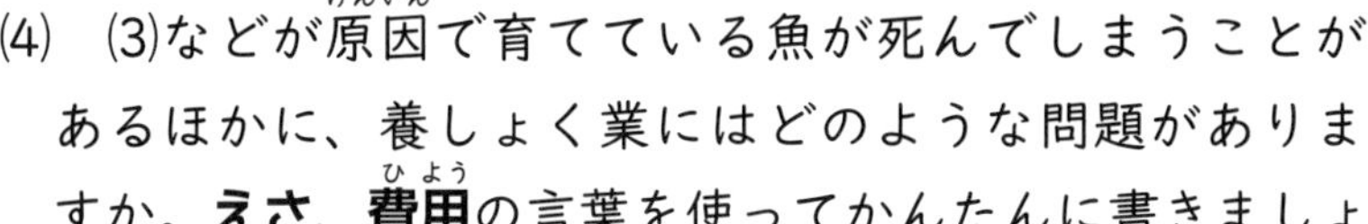

（　　　　　　　　　　　　　　　　　　）

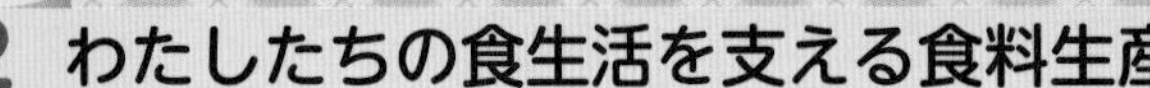

勉強した日　月　日

◆ 畜産業のさかんな宮崎県

学習の目標 宮崎県の畜産業の特ちょうや畜産農家の仕事を確かめよう。

基本のワーク

教科書 106～111ページ　答え 8ページ

「水産業のさかんな地域」(36 ～ 43ページ) とおきかえて学習できます。

1 世界にみとめられた宮崎牛／はんしょく農家の仕事

よみトク！資料

- 宮崎牛は、世界でみとめられており、和牛の品評会の全国大会で日本一をとったことがある。
- 宮崎県は、①(　　　　　)業をおし進めてきた。
  - あたたかい気候のため、牛のえさがよく育つ。
  - 農業に比べて②(　　　　　)のえいきょうが少ない。

畜産業は、北海道と九州でさかんだよ。

肉牛の飼育頭数の内わけ

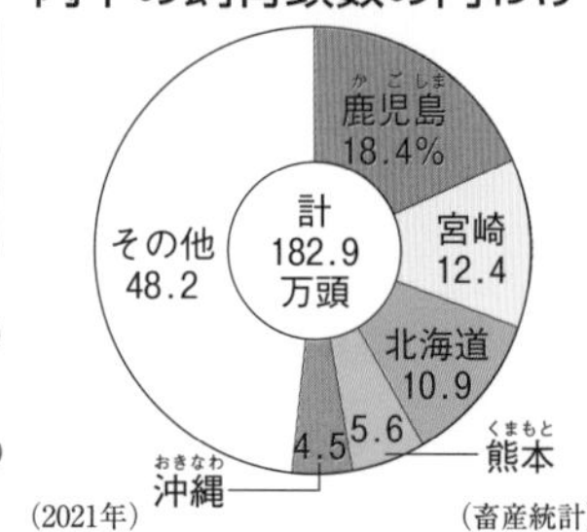

- 肉牛を育てる農家には、子牛を生産する③(　　　　　)と、子牛を育てて肉牛として出荷する④(　　　　　)がある。

はんしょく農家の仕事

- 母牛が子牛を産むまでは、⑤(　　　　　)やりに注意する。
- 母牛に⑥(　　　　　)をつけて体温を測ることで、にんしんが可能な時期や出産する時期をメールで知らせるようにしている。
- 子牛は、病気の早期発見・予防を心がけて、9 ～ 10か月飼育したあと出荷する。

2 肥育農家の仕事／わたしたちのもとへ運ばれるまで

- **肥育農家**では、牛のために清潔で静かな環境をととのえている。また、⑦(　　　　　)を防ぐために、関係者以外の牛舎への立ち入りをできるだけ少なくしている。
- 働く人の⑧(　　　　　)やあとつぎ不足で、やめるはんしょく農家が増えている。
  - 育てる子牛の数が減り、子牛のねだんが高くなっている。

牛肉が出荷されるまでの流れ

⑨(　　　　　)場

肥育農家で18～20か月育てられた肉牛 ➡ じゅう医師の検査、検査員による品質の評価と等級の判定 ➡ ⑩(　　　　　)・処理作業 ➡ パックづめにし、だんボール箱につめる ➡ 一定⑪(　　　　　)に保ったトラックで出荷

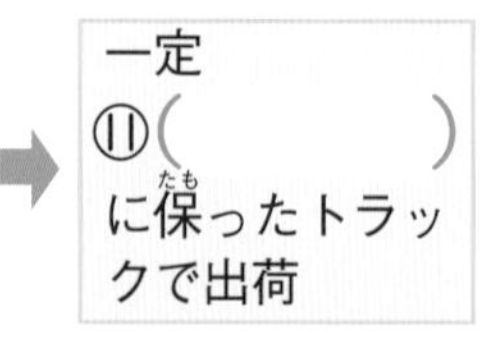

3 口蹄疫の被害からの復興／ブランド牛「宮崎牛」と輸出の取り組み

- 2010年、宮崎県で⑫(　　　　　)という**伝染病**が発生。29万7808頭もの牛やぶたなどを処分して、病気の感染をとめた。
- 現在、宮崎県では、家畜の伝染病の発生を防ぐ取り組みや、伝染病の発生に備えた訓練などをしている。
- 外国でも**宮崎牛**の**ブランド**力がみとめられてきたので、宮崎県も宮崎牛の⑬(　　　　　)を進めている。

宮崎県産牛肉の輸出量のうつり変わり

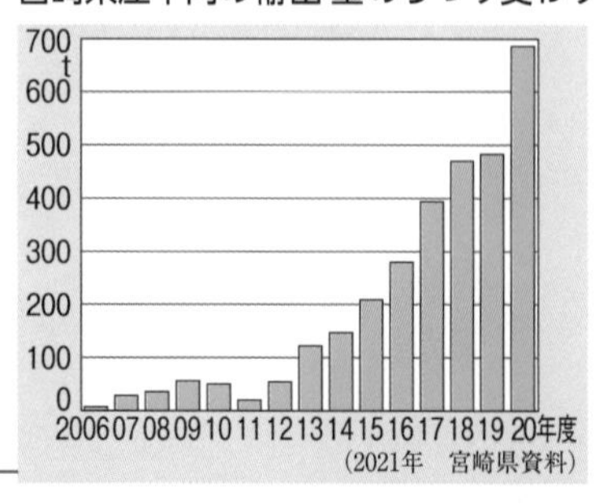

しゃかい工場 鹿児島県から熊本県南部、宮崎県南部にかけて広がる火山ばいが積もってできたシラス台地という土地が米作りに向いていないから、古くから畜産業がおこなわれてきたんだ。

練習のワーク

できた数 ／13問中

教科書 106〜111ページ　答え 8ページ

1 右のグラフを見て、次の問いに答えましょう。

肉牛の飼育頭数の内わけ

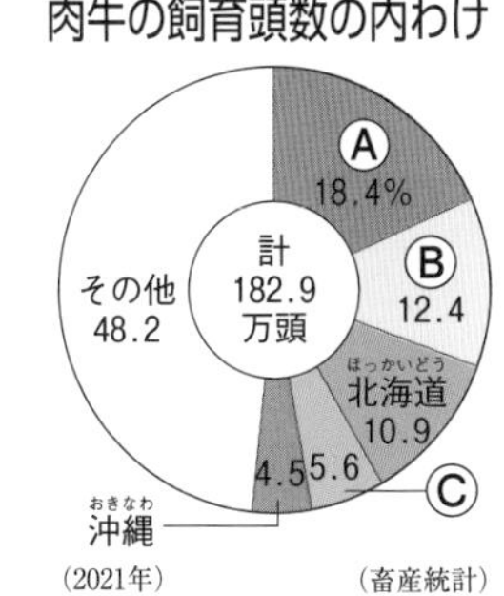

(1) 宮崎県はⒶ〜Ⓒのどれですか。（　　）

(2) 宮崎県で畜産業がさかんな理由を、次から２つ選びましょう。（　　）（　　）

㋐ 平野が広がり、畜産業を営みやすいから。

㋑ ほかの地域よりも日照時間が長く、家畜がよく育つから。

㋒ 畜産業はほかの農業より台風のえいきょうを受けにくいから。

㋓ あたたかい気候のため、牛などのえさがよく育つから。

2 次の問いに答えましょう。

(1) 右の農家がおこなう仕事を、次からそれぞれすべて選びましょう。

①（　　　）②（　　　）

㋐ 子牛を18 〜 20か月育て、食肉処理場へ出荷する。

㋑ 買った子牛がストレスをためないように環境をととのえる。

㋒ 生まれた子牛を９〜 10か月間飼育したあと、せりに出す。

㋓ 母牛を飼育し、子牛を生産する。

(2) 牛肉の食肉処理場について、次の文の□にあてはまる言葉を右の□からそれぞれ選びましょう。①（　　　）

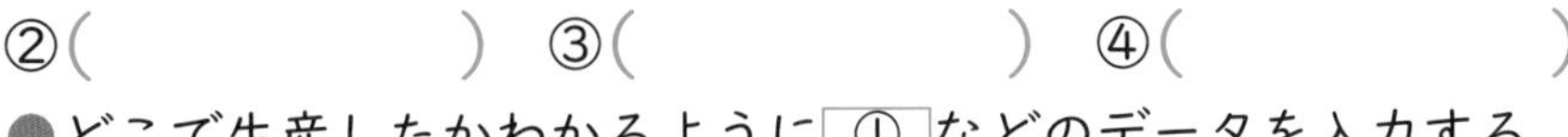

②（　　　）③（　　　）④（　　　）

- どこで生産したかわかるように ① などのデータを入力する。
- ② 面に気をつけて解体・処理し、トラックで全国に出荷する。
- 安心・安全のため ③ が検査をおこない、検査員が ④ の評価と等級を判定している。

消費者　生産者　じゅう医師　品質　衛生

3 次の問いに答えましょう。

(1) 家畜の伝染病を防ぐための取り組みを、次から２つ選びましょう。（　　）（　　）

㋐ 温度センサーで母牛の体温を測り、出産する時期を確かめる。

㋑ 牛肉のブランド力を高める。

㋒ 空港に消毒マットを設置する。

㋓ 感染をとめるために、家畜を処分することがある。

宮崎県産牛肉の輸出量のうつり変わり

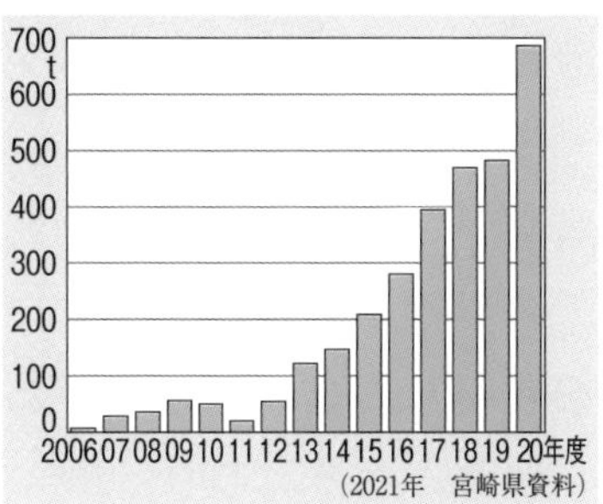

(2) 右の**グラフ**を見て、次の文の{　　}にあてはまる数字や言葉に○を書きましょう。

- 宮崎県産牛肉は、2020年度には、Ⓐ{ 500　700 } t近く輸出された。
- 輸出量は、2013年度以降Ⓑ{ 増え続けて　減り続けて }いる。

ポイント 畜産業がさかんな地域は、北海道と九州地方。

勉強した日　月　日

くだもの作りのさかんな和歌山県
野菜作りのさかんな高知県

学習の目標
くだもの作りや野菜作りのくふうを確かめよう。

教科書 112～119ページ　答え 8ページ

1 みかん作りがさかんな有田市／有田市のみかん作り

よみトク！資料

●和歌山県では、みかんは、①（　　　　）気候で雨が少なく、水はけのよい、山の南の②（　　　　）で多く作られている。

●**有田市**は、③（　　　　）が近く、夜の気温があまり下がらない。

◆酸味のバランスがよく、あまみの増したみかんができる。

くだものの生産額

0　300km
500億円以上
200～500億円
100～200億円
(2019年)
(生産農業所得統計)

●おいしいみかんを作るために、7～9月によぶんな④（　　　　）をつむ作業がたいせつ。

●みかんを使ったジャムなどの⑤（　　　　）をつくる会社もある。外国へ輸出もしている。

SDGs ◆みかんの皮なども調味料などに加工することで、みかんの廃棄量を減らすことにつながる。

みかん作りの農事ごよみ

4月	5月	6月	7月	8月	9月	10月	11月	12月	1月	2月	3月
芽が出る	花がさく	肥料をまく	よぶんな実をつむ（摘果作業）			肥料をまく	収穫する・出荷する			せん定	せん定

2 安芸市のなす作り／なす作りのくふう

●高知県では、冬になすの出荷量が多い。

◆冬の**北西**⑥（　　　　）が**中国山地**や**四国山地**で弱められることや、太平洋をあたたかい⑦（　　　　）が流れていることで、冬でも⑧（　　　　）な気候。

◆冬に雨が少なく⑨（　　　　）が長い。

◆⑩（　　　　）は、日光がよく当たるように南北方向にそろえてつくられている。

SDGs ●**ビニールハウス**に害虫を食べる虫を入れ、できるだけ⑪（　　　　）を使わないようにする。

●⑫（　　　　）を発生させる装置を使って、冬の収穫量を増やす。

●収穫したなすは、風があたらないように、集出荷場に運ぶときに⑬（　　　　）をかける。

●⑭（　　　　）のできるトラックで全国へ出荷。

野菜の生産額

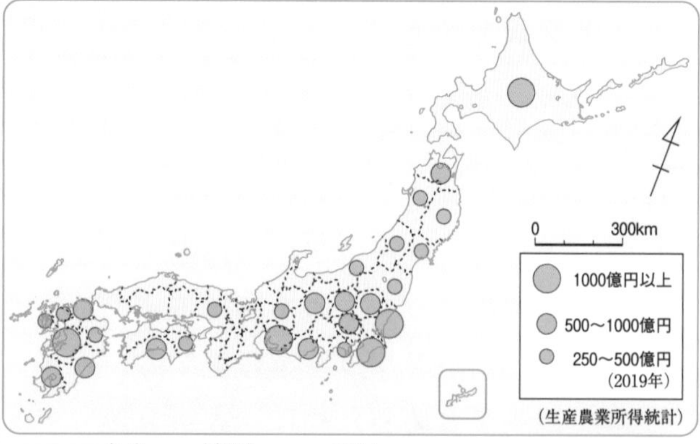

安芸市と東京の月別平均気温(左)と月別日照時間(右)

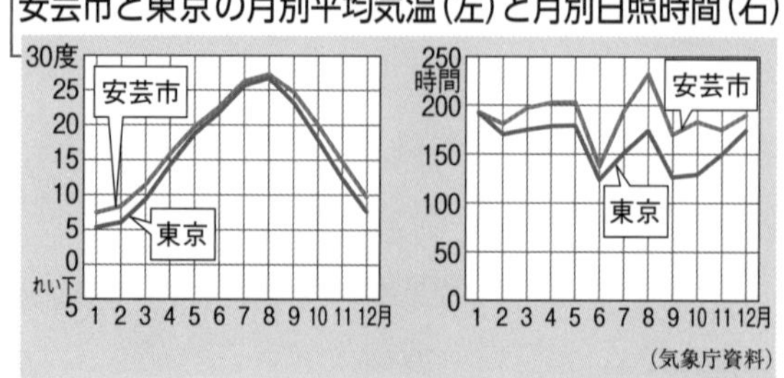

しゃかい工場　ふつうより収穫時期を早めることをそくせいさいばい、収穫時期をおくらせることをよくせいさいばいというよ。野菜やくだものを高いねだんで売ることができるんだ。

教科書　112～119ページ　答え　9ページ

1 くだもの作りのさかんな地域について、次の問いに答えましょう。

(1) 右の**資料**を見て、くだものの生産額が500億円以上の府県を、[　　]から３つ選びましょう。

(　　　　)(　　　　)
(　　　　)

長野県	熊本県	愛知県
青森県	和歌山県	大阪府

くだものの生産額

500億円以上
200～500億円
100～200億円
(2019年)
0　300km
(生産農業所得統計)

(2) みかんの生産に適しているのは、どのような土地ですか。次から選びましょう。(　　)

㋐　夏でもすずしい気候で、昼と夜の気温差が大きい高原。
㋑　夏は日照時間が長く、大きな川が流れる海ぞいの平野。
㋒　あたたかく雨が少ない気候で、水はけのよい山のしゃ面。

(3) 次の作業をする時期を、あとから選びましょう。

①　よぶんな実をつむ(　　)　②　みかんを収穫する(　　)

㋐　２月から５月まで　㋑　７月から９月まで　㋒　10月から次の年の１月まで

2 野菜作りのさかんな地域について、次の問いに答えましょう。

(1) 右の**資料**を見て、高知県の野菜の生産額を、次から選びましょう。(　　)

㋐　250 ～ 500億円
㋑　500 ～ 1000億円　㋒　1000億円以上

野菜の生産額

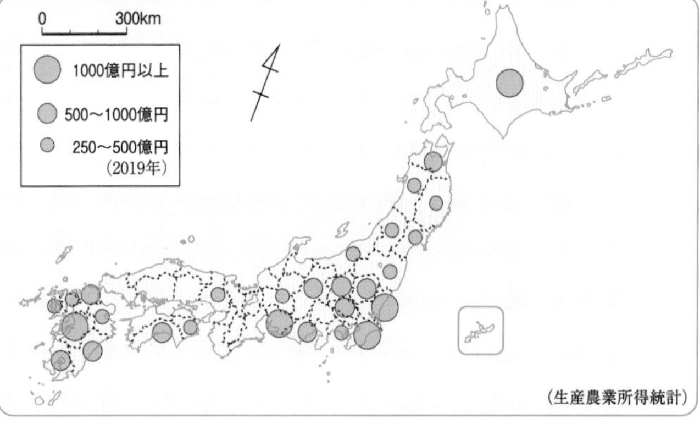

(2) 太平洋を流れるあたたかい海流を何といいますか。(　　　　)

(3) 右下の**グラフ**で、高知県安芸市のグラフはㇵとㇶのどちらですか。(　　)

(4) 次の文の[　　]にあてはまる言葉を書きましょう。①(　　　　)②(　　　　)

●安芸市では、[①]が最大限作物に当たるように、ビニールハウスは、[②]方向にそろえてつくられている。

安芸市と東京の月別日照時間

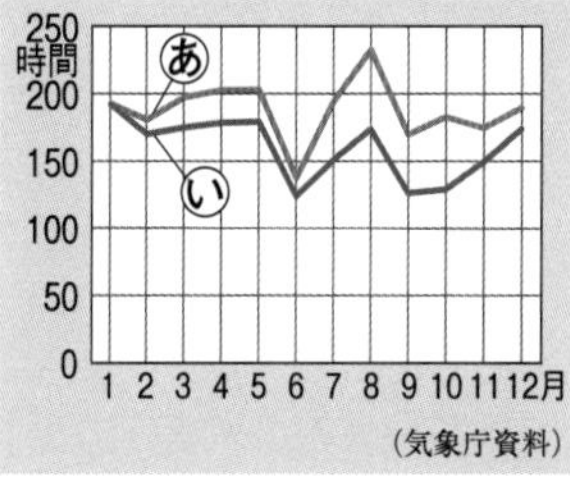

(5) 高知県の野菜作りの特ちょうを、次から選びましょう。(　　)

㋐　夏が旬の野菜を、ほかの産地からの出荷が少ない冬に出荷している。
㋑　冬が旬の野菜を、ほかの産地からの出荷が少ない夏に出荷している。
㋒　大都市に近いことを生かして、新鮮な野菜をたくさん出荷している。

高知県は、冬のあたたかい気候で夏の野菜をさいばい。

勉強した日　月　日

4　これからの食料生産①

基本のワーク

学習の目標
日本は、食料をどれくらい輸入しているのか確かめよう。

教科書 120〜123ページ　答え 9ページ

1 食料の輸入先を調べる

おもな食料の輸入先と輸入量のわりあい

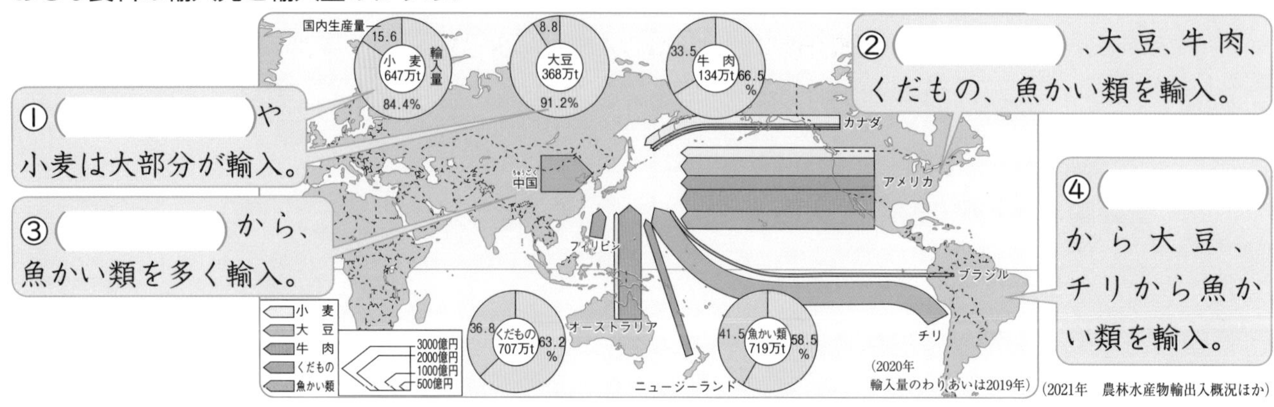

（2021年　農林水産物輸出入概況ほか）

●国産よりも外国産の食料品のほうが⑤（　　　　　）が安いことが多い。

よみトク！SDGs　食生活と食料自給率

●⑥（　　　　　）が変化した。
- 米や魚が中心の食事から、パンや肉などに変わった。
- 米の消費量は、50年前と比べて半分ほどに減った。

●⑦（　　　　　）が下がった。
- 50年ほど前と比べて特に、くだものや肉類、⑧（　　　　　）の食料自給率が低くなっている。
- 食料の⑨（　　　　　）量が増えている。

日本のおもな食料の自給率のうつり変わり

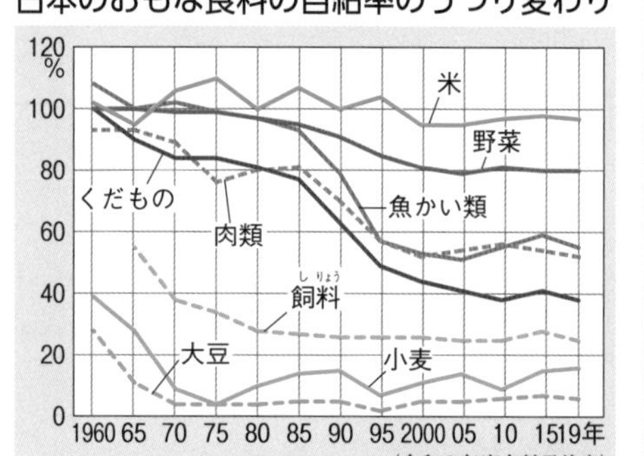

（令和２年度食料需給表）

2 日本の食料生産をめぐる問題

●漁獲量が減っている。
- 日本近海で、産卵する場所やすみかが減少する⑩（　　　　　）がおきるなど、漁場の環境が悪化している。また、とりすぎなどのえいきょうで、魚が少なくなっている。
- 外国から安い魚を輸入することが増えた。

●水産業でも農業でも、働く人が減って⑪（　　　　　）が進んでいる。
- 農業では、そのえいきょうで⑫（　　　　　）**放き地**が増えている。

●日本の食料自給率は、ほかの国よりも⑬（　　　　　）。

年齢別農業人口のうつり変わり

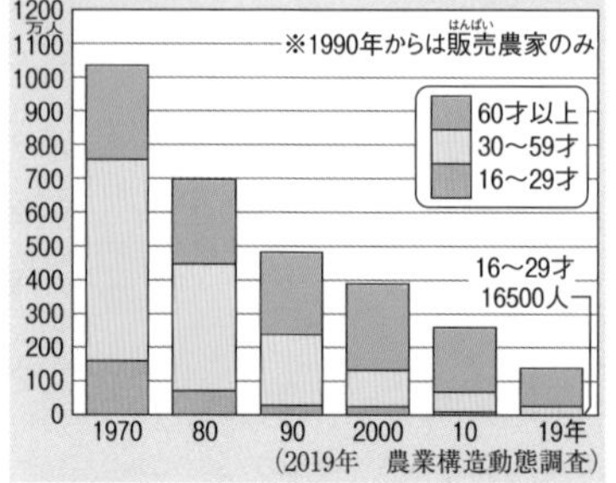

（2019年　農業構造動態調査）

日本とおもな国の食料自給率

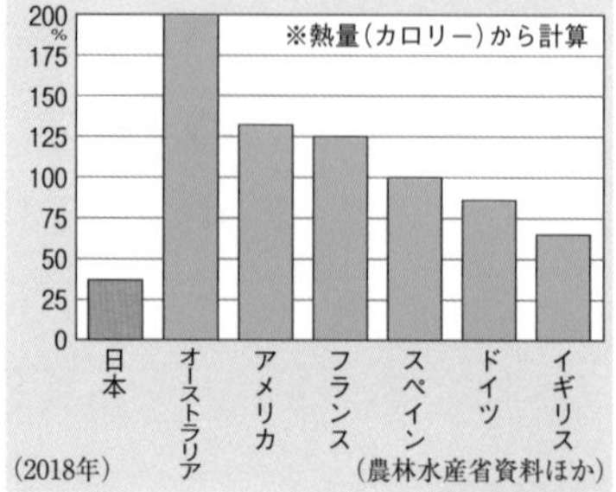

（2018年）　（農林水産省資料ほか）

しゃかい工場　日本では、せまい耕地で、人手や肥料などをたくさん使って農作物を生産するので、外国産の農作物よりもねだんが高くなってしまうことが多いんだ。

勉強した日　月　日

練習のワーク

教科書 120〜123ページ　答え 9ページ

できた数　／12問中

1 右のグラフを見て、次の問いに答えましょう。

(1) Ⓐの**グラフ**を見て、正しい文を次から選びましょう。（　　）

㋐ 小麦は、90％以上を輸入(ゆにゅう)にたよっている。

㋑ 牛肉、くだもの、魚かい類は、50％以上を輸入にたよっている。

㋒ Ⓐのなかで最も国内生産のわりあいが高い食料は、大豆である。

㋓ Ⓐのなかで最も輸入のわりあいが高い食料は、魚かい類である。

(2) Ⓑの**グラフ**の農作物のねだんは外国産と国産のどちらが安いですか。（　　）

(3) Ⓒの**グラフ**を見て、次の①・②にあてはまる食料をそれぞれ２つ書きましょう。

① 1965年から2019年にかけて消費量(しょうひりょう)が減(へ)った食料（　　）（　　）

② 1965年から2019年にかけて消費量が２倍以上増(ふ)えた食料（　　）（　　）

(4) 日本の食料自給率(じきゅうりつ)について、次の文の｛　｝にあてはまる言葉に○を書きましょう。

●おもな食料のうち、①｛ 米　小麦 ｝は、自給率がほぼ100％となっている。

●50年ほど前と比(くら)べて特にくだものや肉類、魚かい類の食料自給率が②｛ 高く　低く ｝なった。

Ⓐおもな食料の輸入量のわりあい

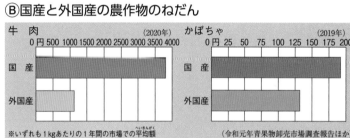

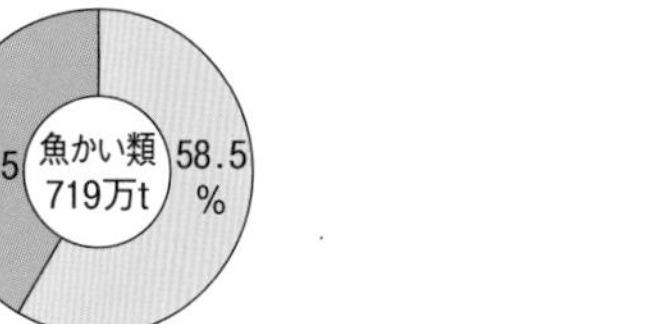

Ⓑ国産と外国産の農作物のねだん

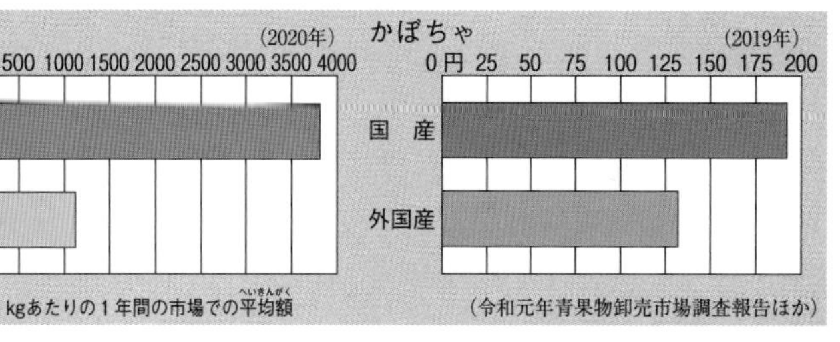

Ⓒ1人1日あたりのおもな食料の消費量の変化

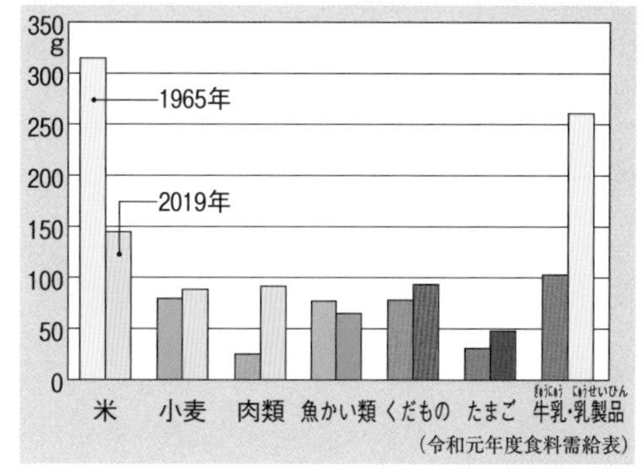

2 次の問いに答えましょう。

(1) 日本の漁獲量(ぎょかくりょう)が減っている原因(げんいん)に**あてはまらないもの**を、次から選びましょう。（　　）

㋐ 日本の近海は大陸だなが広がっているから。　㋑ 魚をとりすぎたから。

㋒ 日本の近海でいそやけがおきているから。　㋓ 外国からの魚の輸入が増えたから。

(2) 過去１年間、農作物を作っておらず、今後数年のあいだで作る意志(いし)のない農地のことを何といいますか。（　　）

(3) (2)が増えてきている原因を、次から２つ選びましょう。（　　）（　　）

㋐ 農業で働く人が減ったから。　㋑ 国産の農作物はねだんが安いから。

㋒ 農作物の輸入が減っているから。　㋓ 農業で働く人の高齢化(こうれいか)が進んでいるから。

ポイント 日本の食料自給率は、外国と比べて低い。

勉強した日　　月　　日

4　これからの食料生産②

基本のワーク

学習の目標
日本の水産業や農業の問題と、新たな取り組みを確かめよう。

教科書 124〜127ページ　答え 9ページ

1 魚をとりながら保つ取り組み

●水産物の①(　　　　)…**水産資源**の量を保ち続けたり、回復させたりする取り組み。
◆漁師たち…魚をつる時間やつり針の本数を制限したり、20.5cm以下の魚は海にもどしたりして、自主的な**資源管理**をおこなう。
◆国…サンマ、マアジなどの７種類の魚種について、１年間にとることができる②(　　　　)を決めている。

持続可能な漁業のための取り組みがあるんだね。

よみトク! SDGs さいばい漁業

●各地で、魚や貝などの数を増やすために⑤(　　　　)漁業に取り組んでいる。
◆自然のなかでは、たまごやたまごからかえった魚がほかの魚に食べられるなどして数が減ってしまう。
◆たまごから育て、少し大きくなると海に⑥(　　　　)し、大きくなったらとる。

●⑦(　　　　)のついた水産物を買うことは、水産資源を守ることにつながる。

2 新しい農業技術と６次産業化

●農家の収入を増やし、農業をさかんにする取り組みが進んでいる。
◆⑧(　　　　)**米**が各地で生産されている。
◆作業の時間や費用を減らすために、⑨(　　　　)を使った水の管理や、種もみを直接田にまくさいばい方法が広がっている。

●⑩(　　　　)**化**によって安全・安心な農作物をとどける。
◆農業をしている人が集まり、米などの生産から加工、⑪(　　　　)までをおこなう。

●さらに付加価値をつける取り組みが進んでいる。
◆食品⑫(　　　　)や販売などの関連産業のしせつを、生産するところの近くに集める。

●新しいしせつや生産技術により、生産量が増加。
◆⑬(　　　　)型のトマトハウスでは、トマトを育てるのに必要な温度やしつ度などの情報を計測し、それらをもとに生産する。

６次産業化
１次産業（農業や漁業）と、２次産業（製造）、３次産業（販売など）を１つにまとめて、あらたな価値を生み出す取り組み。

農業の６次産業化

生　産	加　工	販売・流通
農家の人が農作物を作る	ジュースをつくる パティシエが農作物を使っておかしをつくる	ネット通販 直売店 ケーキ屋で販売

しゃかいか工場　海の自然環境を考えた方法でとられた水産物には、「海のエコラベル」をつけることができるんだ。このラベルのついた水産物を買うことで、水産資源を守ることにつながるよ。

練習のワーク

できた数　／15問中

教科書 124～127ページ　答え 9ページ

1 右の図を見て、次の問いに答えましょう。

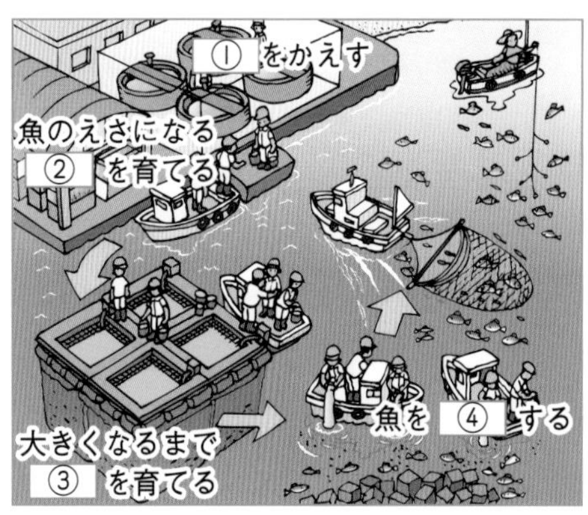

(1) 右の**図**のような漁業を何といいますか。

（　　　　　）

(2) **図**の□にあてはまる言葉を、次の□からそれぞれ選びましょう。

①（　　　　　）②（　　　　　）
③（　　　　　）④（　　　　　）

プランクトン　稚魚　放流　たまご

(3) **図**の漁業をおこなう理由について、次の文の□にあてはまる言葉をそれぞれ書きましょう。

あ（　　　　　）い（　　　　　）

● あ の量を保ち、魚や貝を い 続けるため。

(4) 水産物の資源管理について、**あやまっているもの**を次から選びましょう。（　　）

ア　つる時間やつり針の本数を制限している。
イ　大きい魚は海にもどすようにしている。
ウ　1年間の漁獲量が決められている魚種がある。

2 次の問いに答えましょう。

あ

(1) あの取り組みについてのべた次の文の□にあてはまる言葉を書きましょう。（　　　　　）

●インターネットを使って、□の管理をおこなっている。

(2) あの取り組みの目的を、次から選びましょう。（　　）

ア　作業にかかる時間を減らす。　イ　寒さに強い米をつくる。
ウ　食料の輸入を増やす。　エ　水産資源を守る。

(3) いは、農業の6次産業化についてあらわしています。いの**図**中の□にあてはまる言葉をそれぞれ書きましょう。

①（　　　　　）②（　　　　　）
③（　　　　　）

い

①
農家の人が
農作物を作る

②

③ ・流通

(4) 次世代型ハウスでの野菜の生産について、次の文の□にあてはまる言葉をそれぞれ書きましょう。

①（　　　　　）②（　　　　　）

●次世代型ハウスでは、野菜を育てるのに必要な ① やしつ度、二酸化炭素などのハウス内の環境に関する ② を計測し、それらをもとに生産している。

これからの水産業では、水産物の資源管理がたいせつ。

勉強した日　月　日

4 これからの食料生産③

基本のワーク

学習の目標
日本の食料のよさや、これから必要なことを確かめよう。

教科書 128〜133ページ　答え 9ページ

1 国内の食料品のよさを知らせる

●生産者と①（　　　　）を結びつける取り組みが進んでいる。

SDGs ●**産地直売所**…地域で生産したものを地域で消費する②（　　　　）の取り組みの１つ。

◆地元の新鮮で安全・安心な農産物を③（　　　　）ねだんで買うことができる。

●④（　　　　）…消費者が安心して食料品を買えるよう、食料品がいつ、どこで、どのように生産され、どのような⑤（　　　　）で店にならんだかを、確かめることができる。

よみトク！資料 農産物の輸出

●世界で⑥（　　　　）ブームがおこっている。

●日本の農産物は高品質なので、日本の農産物の⑦（　　　　）が、アジアの国々やアメリカを中心に増えている。

農産物の輸出額のうつり変わり

（億円）縦軸：0〜7000／横軸：2004、06、08、10、12、14、16、18、20年

（農林水産物・食品の輸出に関する統計情報）

日本の食料品のよさを知ってもらうことで、日本の農業がさかんになるね。

SDGs 2 全国に広がるスマート農業／これからの日本の食料生産のあり方を考えよう

●日本の農業は、⑧（　　　　）化と人手の確保が課題。

●ロボット技術や情報通信技術（ICT）などの先進技術を使った⑨（　　　　）を活用する。

➡作業時間や負担が減り、新しく農業をする人が⑩（　　　　）ことが期待されている。

●**スマート農業**による効果。

◆少ない⑪（　　　　）で、より広い耕地で農作物をつくることができる。

◆ICTを活用することで、農業技術がわかい農家の人に受けつがれる。

◆データの活用により、農作物の生育や病気を正確に⑫（　　　　）し、よりよい農業経営ができる。

●国は、スマート農業を広めるため、研究会を開いたり、必要な機械やしせつを買うための⑬（　　　　）を出したりしている。

スマート農業
ロボット技術や**情報通信技術（ICT）**などの先進技術を活用して、人の作業を減らし、品質の高い生産をすすめる農業。

スマート農業導入による作業時間の変化

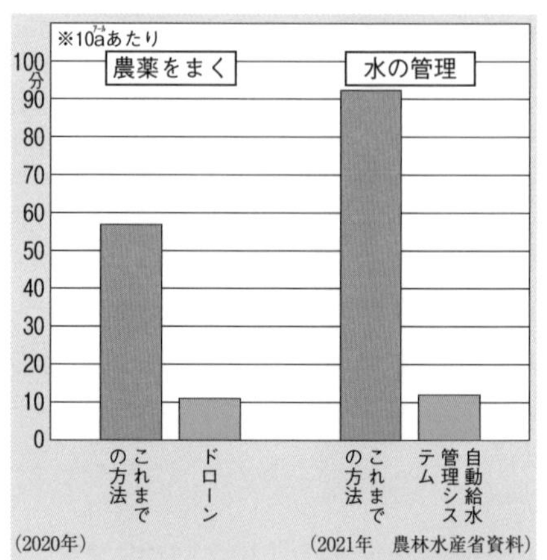

しゃかいか工場 和食のごはん、汁物、肉や魚などの主菜と、野菜などの副菜2品をあわせて「一汁三菜」というよ。いろいろな食材を使うから、栄養バランスがよいんだ。

練習のワーク

教科書 128～133ページ　答え 9ページ

できた数　／13問中

1 次の問いに答えましょう。

(1) その地域で生産したものを、その地域で消費することを何といいますか。
（　　　）

(2) 地域の生産者が、地元でとれた農産物を直接、消費者に販売するところを何といいますか。
（　　　）

(3) (2)の特ちょうを、次から２つ選びましょう。（　　）（　　）

㋐ 農作業を手伝った人だけが買うことができる。
㋑ 新鮮な農産物を安いねだんで買うことができる。
㋒ 地元の生産者なら少量の農産物でも出荷できる。
㋓ １年じゅう、日本全国の農産物が手に入る。

米トレーサビリティ法スタート
お米の産地がわかります！
当店のご飯はすべて
山形県 産の
お米を使用しています。

(4) 右の**図**のような食料品のトレーサビリティのしくみで確かめられる情報を、次から２つ選びましょう。（　　）（　　）

㋐ 生産者　㋑ 消費者　㋒ 産地　㋓ 店の売り上げ

(5) トレーサビリティのしくみが結びつける人を、次から選びましょう。（　　）

㋐ 生産者と生産者　㋑ 生産者と消費者　㋒ 生産者と輸送業者

(6) 右の**グラフ**のように、日本の農産物の輸出額が増えている理由を、次から２つ選びましょう。（　　）（　　）

農産物の輸出額のうつり変わり

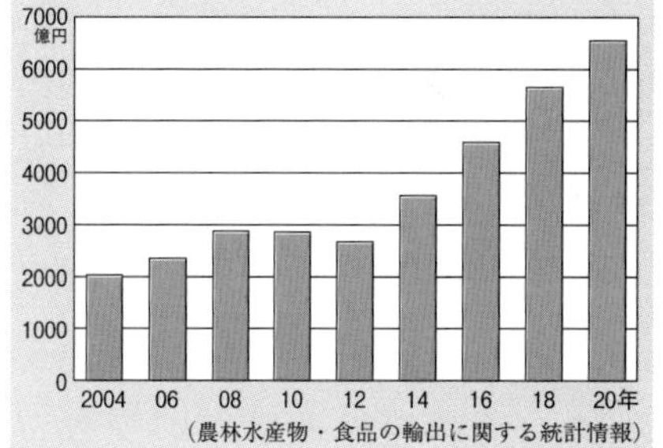

㋐ 日本の農産物の品質がよいから。
㋑ 日本の農産物はねだんが安いから。
㋒ 日本には農産物があまっているから。
㋓ 世界で和食ブームがおこっているから。

2 右の資料を見て、次の問いに答えましょう。

(1) ㋐や㋑などの先進技術を活用する農業を何といいますか。
（　　　）

あ人が乗る必要のないトラクター

いドローンによる薬の散布

(2) ㋐や㋑の活用による良い点を、次から２つ選びましょう。
（　　）（　　）

㋐ 農業の作業時間が減る。　㋑ 食料品の輸入量が増える。
㋒ 農業で働く人の負担が減る。　㋓ 農業にかかる費用が減る。

(3) 次の文の□にあてはまる言葉をアルファベット３字で書きましょう。（　　　）

● □を活用することで、農業技術をわかい世代に受けつぐことや、農作物の生育や病気を正確に予測することができる。

ポイント　**地産地消やトレーサビリティは生産者と消費者をつなぐ。**

まとめのテスト

4　これからの食料生産

時間 20分

得点 /100点

教科書 120〜133ページ　答え 10ページ

1 食料の輸入先 **次の資料を見て、あとの問いに答えましょう。** 1つ4〔24点〕

おもな食料の輸入先と輸入量のわりあい

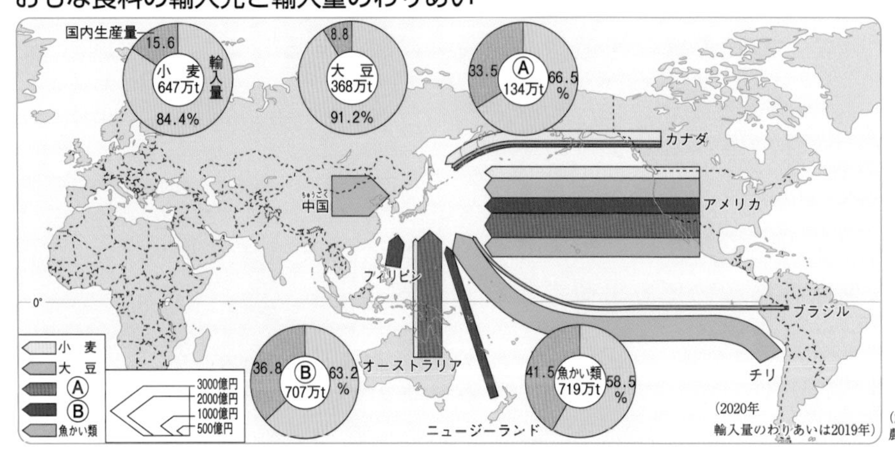

(1) 次の①・②について、**地図**の中で最も多くの額を輸入している輸入先の国はどこですか。

①大豆（　　　　）　②魚かい類（　　　　）

(2) **地図**のⒶ、Ⓑと、**円グラフ**のⒶ、Ⓑは、それぞれ同じ食料を示しています。あてはまる食料を次からそれぞれ選びましょう。　Ⓐ（　　）　Ⓑ（　　）

㋐ 野菜　㋑ 牛肉　㋒ くだもの
㋓ 米　㋔ 牛乳・乳製品

よく出る

(3) 国内で消費する量を国内でほぼまかなえている食料を、右の**グラフ**から選びましょう。（　　　　）

(4) 食料自給率が右の**グラフ**のように変化した理由の1つについて、次の文の□にあてはまる言葉を書きましょう。（　　　　）

日本のおもな食料の自給率のうつり変わり

120% / 100 / 80 / 60 / 40 / 20 / 0
米　野菜　くだもの　肉類　魚かい類　飼料　大豆　小麦
1960 65 70 75 80 85 90 95 2000 05 10 15 19年
(令和2年度食料需給表)

●パンや肉を多く食べるようになるなど□が変化したことで、食料の輸入量が増えた。

2 食料生産をめぐる問題 **次の問いに答えましょう。** 1つ4〔8点〕

記述

(1) 農業の問題について、**グラフ**を見て、**働く人**、**高齢化**の言葉を使ってかんたんに書きましょう。

（　　　　　　　　　　　　　　　　）

思考

(2) **グラフ**のような変化が進むことでおこる問題の1つを、次から選びましょう。（　　）

㋐ 外国への農産物の輸出が増え、国内の食料が足りなくなる。
㋑ 耕作放き地が増え、農作物をつくろうと思ってもつくれなくなる。
㋒ 外国産の食料品と比べて、国産の食料品のねだんが安くなりすぎる。

年齢別農業人口のうつり変わり

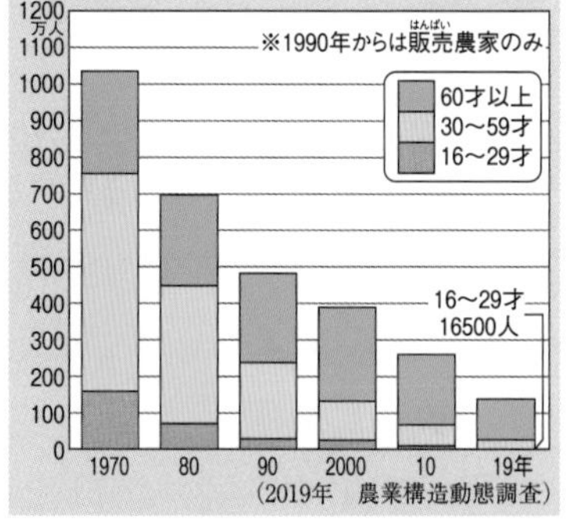

3 国内の食料品のよさを知らせる 次の問いに答えましょう。

1つ4〔28点〕

(1) 次の文で説明している取り組みをそれぞれ書きましょう。

①(　　　　) ②(　　　　)

①食料品が、いつどこでどのように生産されたのかわかる。

②地域で生産したものを、地域で消費する。

(2) 産地直売所は、消費者にとってどのような良い点がありますか。次から2つ選びましょう。

(　　)(　　)

㋐ 安いねだんで買うことができる。

㋑ 外国から輸入した農産物を買うことができる。

㋒ 新鮮で安全・安心な農産物を手に入れられる。

㋓ 安定して農産物を生産することができる。

(3) 右のグラフを見て、次の文の{　　}にあてはまる言葉や数字に○を書きましょう。

●世界で和食がブームになっていることや、日本の農産物は①{ 高品質　低価格 }なことから、日本の農産物の輸出は②{ 増えて　減って }おり、2020年の農産物の輸出額は、約③{ 5500　6600 }億円である。

農産物の輸出額のうつり変わり

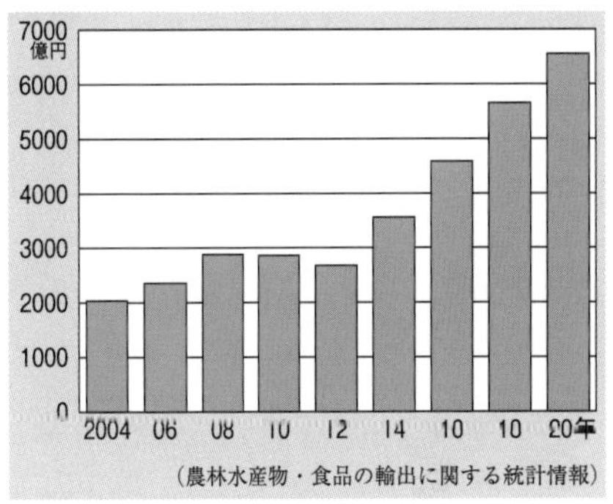

（農林水産物・食品の輸出に関する統計情報）

4 新しい農業生産 食料生産の取り組みについて、クラスで次のように話しています。あとの問いに答えましょう。

1つ5〔40点〕

①

ロボット技術や情報通信技術(ICT)などの先進技術を活用した[　　]の取り組みが進んでいるよ。

②

魚をたまごから育てて、海に放流してからとる[　　]など、水産物の資源管理がおこなわれているよ。

③

農産物の生産から加工、販売までをおこなう[　　]に取り組む農家も増えているよ。

(1) ①～③の[　　]にあてはまる言葉をそれぞれ書きましょう。

①(　　　　) ②(　　　　) ③(　　　　)

(2) ①～③の取り組みと関係が深いものを、次からそれぞれ選びましょう。

①(　　) ②(　　) ③(　　)

㋐ 国は、サンマ、マアジなどの魚について、1年間にとることができる量を決めている。

㋑ 農家の人が、自分の農園で生産したりんごを使ってジュースをつくり、ネット販売する。

㋒ 自動そうじゅうシステムを活用して、機械のそうじゅうに慣れていない人でも植え付けや収穫ができる。

(3) 右のグラフは、①～③のどの取り組みに関係が深いですか。

(　　)

(4) 右のグラフのような効果によって期待されることを、次から選びましょう。

(　　)

㋐ 農業を仕事とする人が増える。

㋑ 病気に強い農産物を作ることができる。

㋒ 消費者が安心して食料品を買える。

農業の作業時間の変化

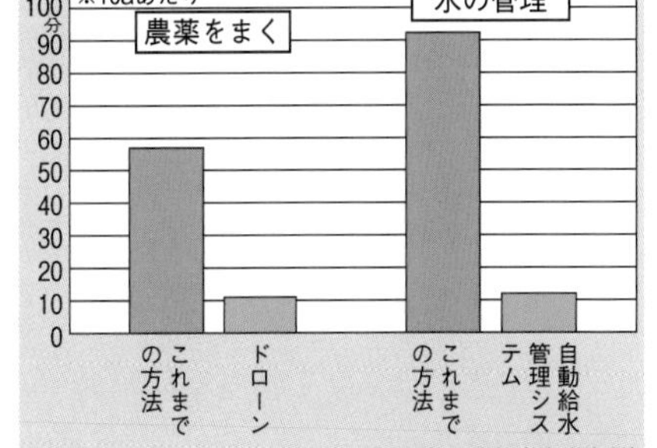

(2020年)　(2021年 農林水産省資料)

勉強した日　月　日

1 くらしや産業を支える工業生産

基本のワーク

学習の目標
工業のさかんなところの特ちょうを、確かめよう。

教科書 136〜143ページ　答え 10ページ

1 いろいろな工業製品

●①（　　　　　）とは、**原料**や材料を、機械や道具を使って加工し、くらしに必要な製品をつくる産業のこと。生産する製品によって分類できる。

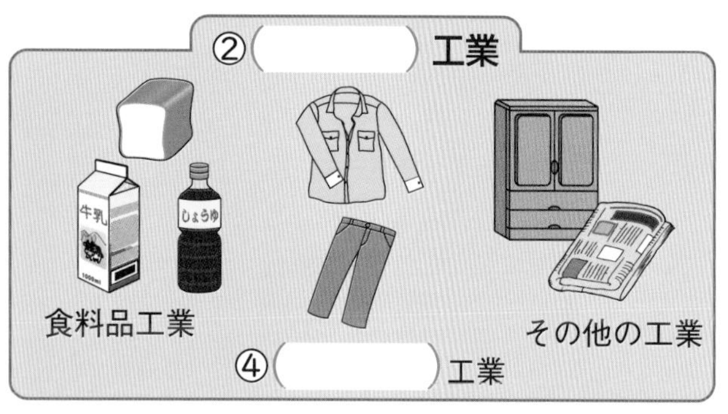

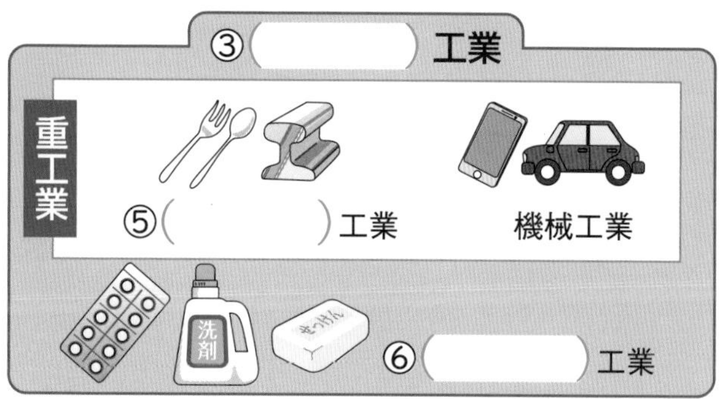

2 工場の集まるところ

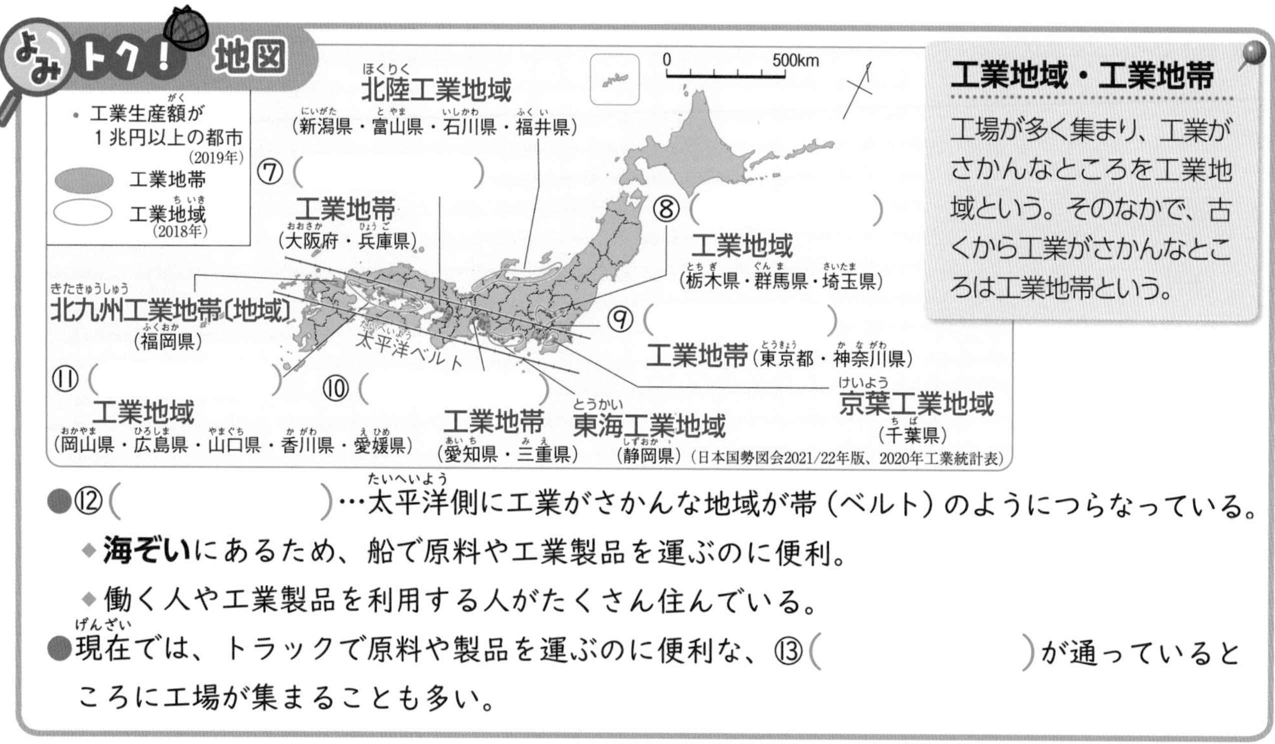

工業地域・工業地帯
工場が多く集まり、工業がさかんなところを工業地域という。そのなかで、古くから工業がさかんなところは工業地帯という。

●⑫（　　　　）…太平洋側に工業がさかんな地域が帯（ベルト）のようにつらなっている。
- **海ぞい**にあるため、船で原料や工業製品を運ぶのに便利。
- 働く人や工業製品を利用する人がたくさん住んでいる。

●現在では、トラックで原料や製品を運ぶのに便利な、⑬（　　　　）が通っているところに工場が集まることも多い。

3 大工場と中小工場

●工場には、働く人の数が多い⑭（　　　　）と、働く人の数が少ない**中小工場**がある。
- 日本の工場のほとんどが⑮（　　　　）である。
- 中小工場で働いている人の数は、大工場よりも多い。
- ⑯（　　　　）は、大工場のほうが多い。

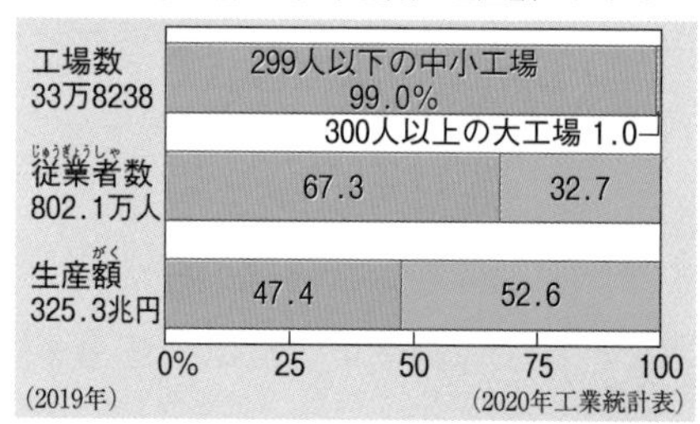
従業者数別工場数・従業者数・生産額のわりあい

	299人以下の中小工場	300人以上の大工場
工場数 33万8238	99.0%	1.0
従業者数 802.1万人	67.3	32.7
生産額 325.3兆円	47.4	52.6

（2019年）　（2020年工業統計表）

しゃかいか工場　北九州工業地帯は、明治時代にできた製鉄所を中心に発展したけれど、現在は工業生産額が少なくなっているので、北九州工業地域ともよばれるんだよ。

練習のワーク

教科書 136〜143ページ　答え 10ページ

1 工業について、次の問いに答えましょう。

(1)　①〜③の工業でつくられる工業製品を、右から選びましょう。

①食料品工業（　　）
②機械工業（　　）
③化学工業（　　）

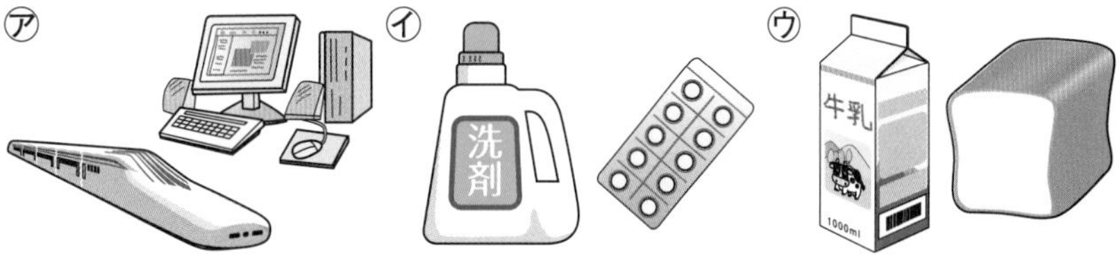

㋐　㋑　㋒

(2)　①・②の工業にあてはまるものを、あとからすべて選びましょう。

①軽工業（　　　　）　②重化学工業（　　　　）

㋐　せんい工業　㋑　食料品工業　㋒　金属工業　㋓　機械工業　㋔　化学工業

2 右のグラフを見て、次の問いに答えましょう。

(1)　グラフの□にあてはまる言葉を書きましょう。

①（　　　　）　②（　　　　）

(2)　グラフのⒶ・Ⓑにあてはまる工業の種類を書きましょう。Ⓐ（　　　　）　Ⓑ（　　　　）

(3)　右の工業地帯・工業地域をふくむ、日本の太平洋側に工業のさかんな地域がつらなるはんいを何といいますか。（　　　　）

(4)　工場がたくさん集まる場所の特ちょうを、次から2つ選びましょう。（　　）（　　）

㋐　外国から飛行機で原料を輸入するのに便利な空港の近く。
㋑　できた製品を船で輸送するのに便利な海ぞい。
㋒　働く人や製品を利用する人が多い都市の近く。
㋓　工場から出るそう音を心配しなくてよい山間部。

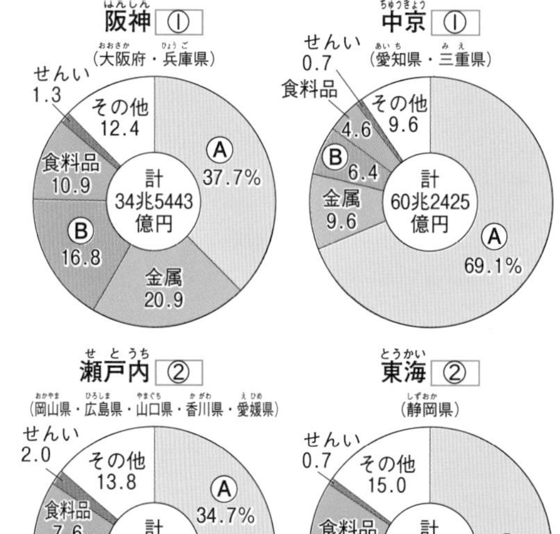

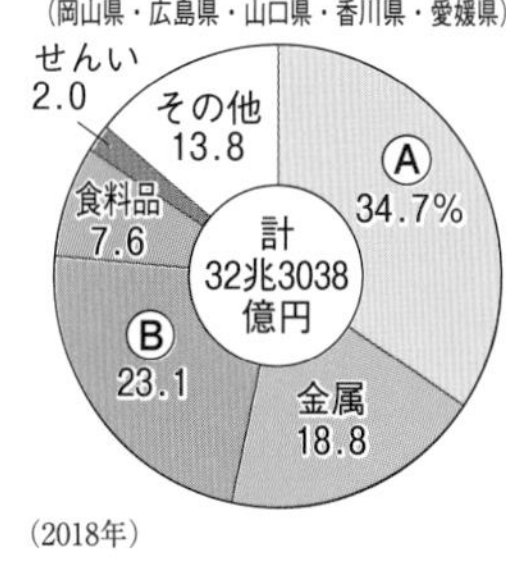

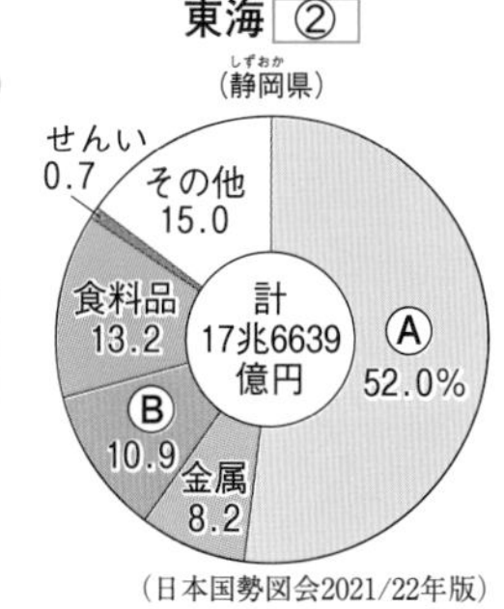

3 右のグラフを見て、次の問いに答えましょう。

(1)　次の①〜③が多いのは大工場と中小工場のどちらですか。Ⓐを見て書きましょう。

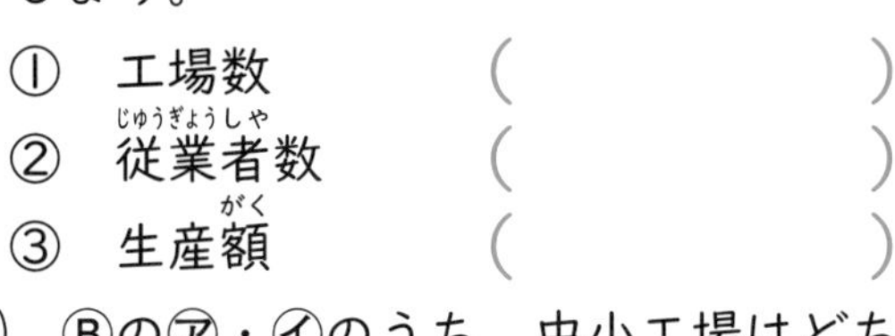

①　工場数（　　　　）
②　従業者数（　　　　）
③　生産額（　　　　）

(2)　Ⓑの㋐・㋑のうち、中小工場はどちらですか。（　　）

Ⓐ従業者数別工場数・従業者数・生産額のわりあい

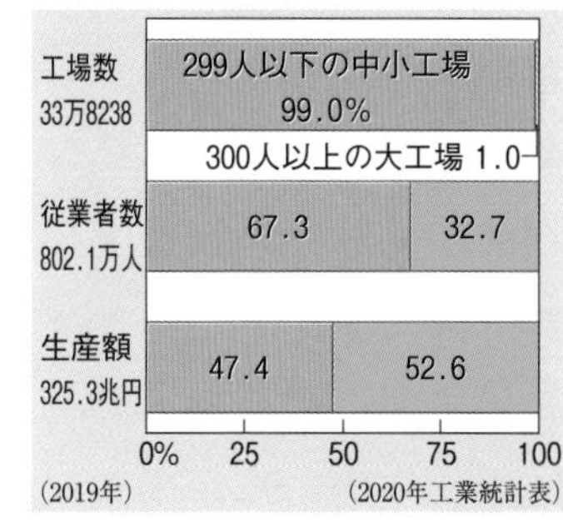

Ⓑ従業者1人あたりの生産額

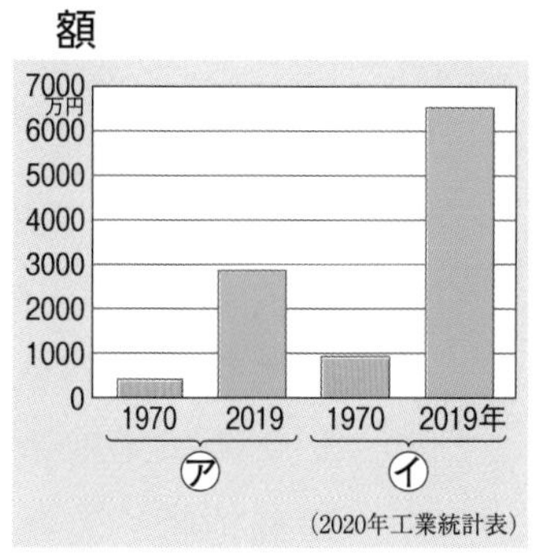

工業地帯・工業地域は、太平洋ベルトに集まっている。

まとめのテスト

1　くらしや産業を支える工業生産

時間 20分

得点 /100点

教科書 136〜143ページ　答え 11ページ

1 いろいろな工業製品　次の文を読んで、あとの問いに答えましょう。　1つ4〔24点〕

日本の工業は、140年ほど前にまず（ あ ）工業を中心とした ① 工業がさかんになり、その後、（ い ）工業や（ う ）工業、（ え ）工業などの ② 工業がめざましく発展した。

(1) 次の資料は、文のあ〜えの工業でつくられる製品の例を示しています。あてはまる工業の種類をあとの［　］から選びましょう。

あ（　　　）　い（　　　）　う（　　　）　え（　　　）

化学　食料品　せんい　機械　金属

(2) 文の［　］にあてはまる言葉をそれぞれ書きましょう。

①（　　　）　②（　　　）

2 工業がさかんな地域①　次の地図とグラフを見て、あとの問いに答えましょう。　1つ4〔48点〕

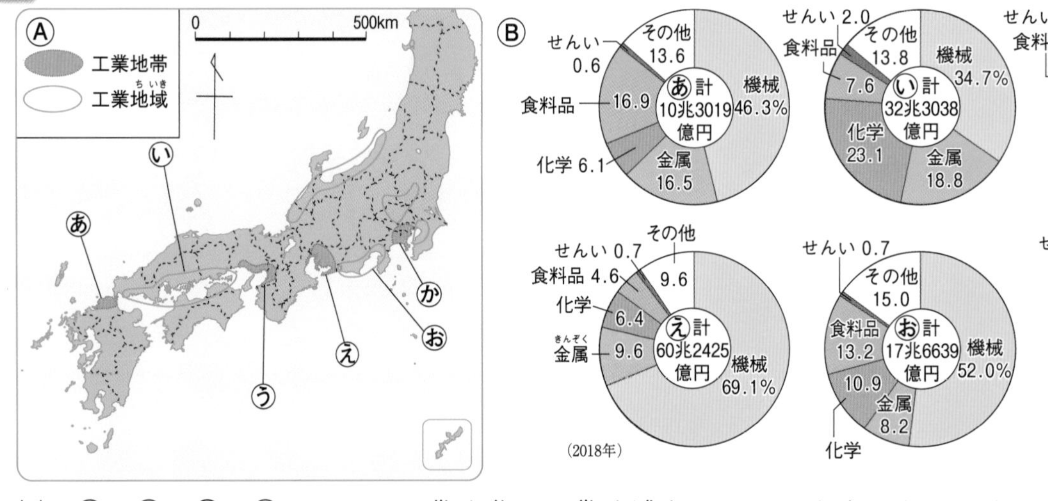

（日本国勢図会2021/22年版）

よく出る

(1) ⒶとⒷのあ〜かは、同じ工業地帯・工業地域を示しています。あてはまる名前をそれぞれ書きましょう。

あ（　　　）工業地帯　い（　　　）工業地域　う（　　　）工業地帯
え（　　　）工業地帯　お（　　　）工業地域　か（　　　）工業地帯

(2) 次の文を読んで、—線部が正しければ○を、あやまっていれば正しい言葉を書きましょう。また、それがわかる資料はⒶ・Ⓑのどちらですか。

① どこの工業地帯も<u>化学</u>工業の生産額が最も多い。（　　　）資料（　　）
② 工業地帯や工業地域は、<u>平野</u>が広がるところに多い。（　　　）資料（　　）
③ 最も生産額が<u>少ない</u>のは、えの工業地帯である。（　　　）資料（　　）

3 工業がさかんな地域② 次の問いに答えましょう。
1つ4〔16点〕

(1) **地図**の═══は、工業がさかんな地域を示しています。次の問いに答えましょう。

① 帯状にのびるこの地域を何といいますか。

（　　　　　）

② この地域で工業がさかんになった理由としてあてはまるものを、次からすべて選びましょう。

（　　　　　）

㋐ すずしく、すごしやすい気候だから。

㋑ 船で原料や工業製品を運べるから。

㋒ 人口が多く、働く人を見つけやすいから。

㋓ 農業に向いていない土地だから。

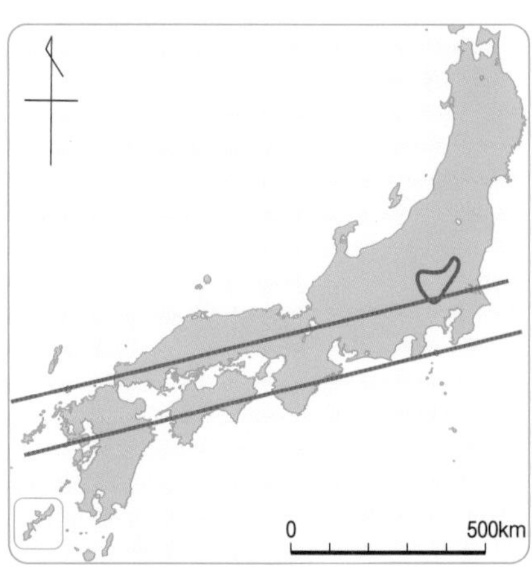

(2) **地図**の⬭の工業地域を何といいますか。

（　　　　　）

(3) 右の**写真**は、(2)のようすです。(2)のように、海からはなれた地域では、どのような場所に工場が集まっていますか。**写真**を参考に**便利**、**高速道路**の言葉を使ってかんたんに書きましょう。

（　　　　　　　　　　　　　　　　　　　　）

4 大工場と中小工場 右のグラフを見て、次の問いに答えましょう。
1つ3〔12点〕

(1) **グラフ**を見て、次の文の□にあてはまる数字を書きましょう。

（　　　　　）

・働く人が□人以上の工場を、大工場といいます。

(2) 2019年の従業者1人あたりの生産額が多いのは、大工場と中小工場のどちらですか。

（　　　　　）

従業者数別工場数・従業者数・生産額のわりあい

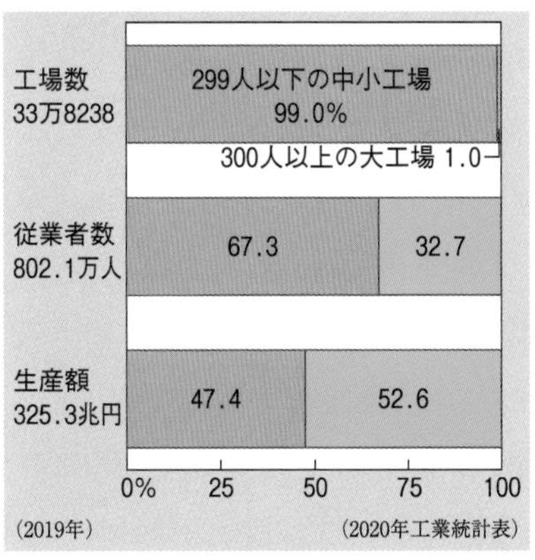

従業者1人あたりの生産額

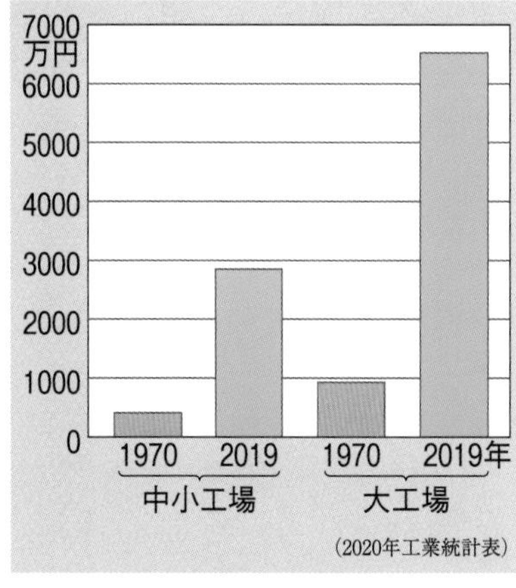

(3) **グラフ**を見てわかることを、次から2つ選びましょう。（　　）（　　）

㋐

工場数は、中小工場よりも大工場のほうが多いね。

㋑

中小工場で働く人の数は、全体の半分以上だね。

㋒

2019年の大工場の1人あたりの生産額は、7000万円よりも多いね。

㋓

2019年の中小工場の1人あたりの生産額は、1970年よりも増えたよ。

勉強した日　月　日

2　自動車工業のさかんな地域①

学習の目標
自動車工場のようすや、生産のくふうを確かめよう。

基本のワーク

教科書 144～149ページ　答え 11ページ

1 中京工業地帯のようす

中京工業地帯の特ちょう

●輸送用①(　　　　)の生産がさかん。
●愛知県豊田市や三重県鈴鹿市には、世界有数の②(　　　　)会社の工場があり、その周辺には自動車の③(　　　　)をつくる工場もたくさんある。
●伊勢湾ぞいの④(　　　　)では、鉄板やパイプなどをつくっている。
●三重県四日市市では、おもに⑤(　　　　)をつくっている。

中京工業地帯では自動車が多くつくられているよ。

2 自動車工場の見学

●三重県鈴鹿市の**自動車工場**では、１日に約⑥(　　　　)台の自動車を生産（2021年）。
●自動車１台に約２万個の**部品**が使われている。

自動車ができるまで

製鉄所　車体用の⑦(　　　　)をつくって自動車工場に運ぶ。

自動車工場

⑧(　　　　)工場
●プレス機械で車体の部品をつくる。
●プレスされた部品を**検査**する。

⑨(　　　　)工場
●車体の部品をようせつする。
●車体を、コンピューターで検査する。
ロボットが作業

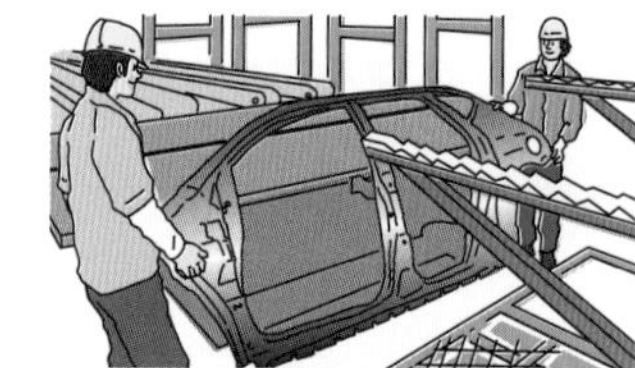

⑩(　　　　)工場
●車体をとそうする。
●とそうが終わった車体を検査する。
ロボットが作業

⑪(　　　　)工場
組み立てラインの**ベルトコンベヤー**に車体をのせたりして作業する
●エンジンの取りつけ
●シートの取りつけ
●ドアの取りつけ
●最終検査
流れ作業で進める

1台ずつ、約600項目の検査を最後は人がおこなう。

⑫(　　　　)

しゃかいか工場　愛知県豊田市は、日本で最も自動車工業がさかんな都市で、市内には多くの自動車工場と関連工場があるよ。住んでいる人も、自動車関係の会社で働いている人が多いんだ。

できた数
／14問中

教科書 144〜149ページ　答え 11ページ

1 **右の地図を見て、次の問いに答えましょう。**

(1) **地図**の中京工業地帯は、おもにどの都道府県に広がっていますか。２つ書きましょう。
(　　　　　)(　　　　　)

(2) **地図**のⒶにあてはまる言葉を書きましょう。
(　　　　　)用機械

(3) **地図**で工業生産額が最も多い都市はどこですか。
(　　　　　)

(4) **地図**の伊勢湾の周辺には、自動車などで使う鉄板やパイプなどをつくっている工場があります。このような工場を何といいますか。
(　　　　　)

(5) 四日市市でさかんにつくられているものを、**地図**を見て、次から選びましょう。(　　)
㋐ 化学　㋑ 電子部品　㋒ 鉄鋼　㋓ 電気機械

中京工業地帯のおもな工業と工業生産額が多い市町

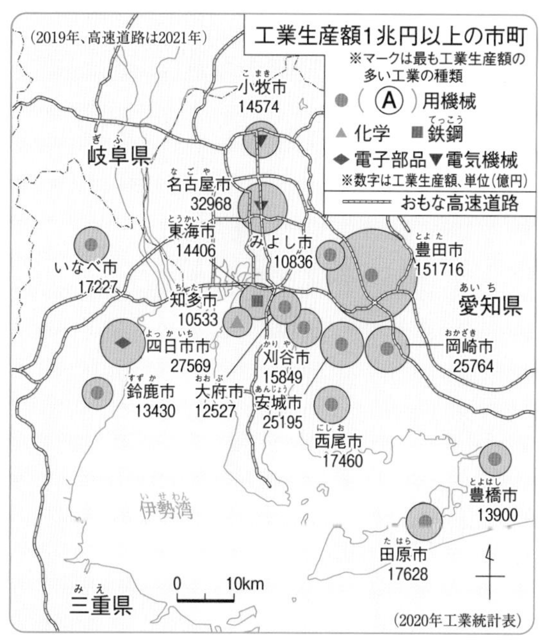

2 **右の図は、自動車ができるまでの流れを示しています。次の問いに答えましょう。**

(1) **図**の①〜④でおこなわれている作業を、次からそれぞれ選びましょう。
①(　　) ②(　　) ③(　　) ④(　　)
㋐ とりょうをふきつけて、車体に色をぬる。
㋑ 車体にエンジンやシート、ドアなどを取りつける。
㋒ 鉄板を曲げたり、打ちぬいたりして、ドアや屋根などの部品をつくる。
㋓ 部品をとかしてつなぎ合わせ、車体をつくる。

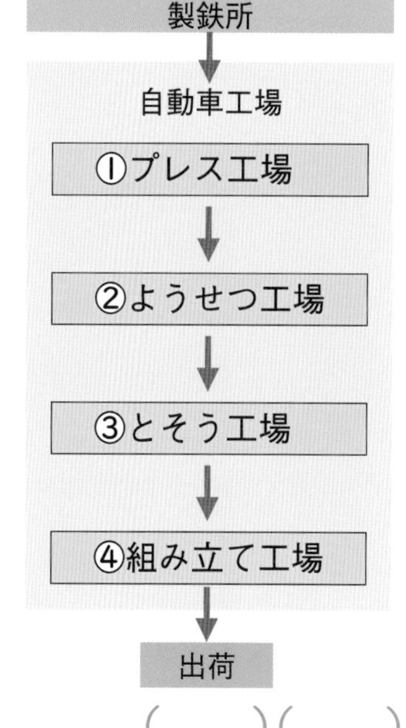

(2) ④の工場では、働く人が自分の持ち場で決められた作業をおこなっています。このような作業の進め方を何といいますか。
(　　　　　)

(3) ④の工場で車体を運んでいる機械を何といいますか。
(　　　　　)

(4) 自動車工場について正しいものを、次から２つ選びましょう。(　　)(　　)
㋐ １台の自動車には、約200個の部品が使われている。
㋑ 複雑な作業もすべてロボットがおこなう。
㋒ ロボットが作業したあとは、人が検査をする。
㋓ エンジンを取りつけるときは、作業しやすいように車体をつり上げる。

自動車工場では、機械と人が役わりを分担している。

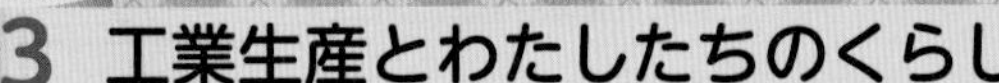

勉強した日　月　日

2 自動車工業のさかんな地域②

基本のワーク

学習の目標
自動車工場と関連工場の結びつきを確かめよう。

教科書 150～153ページ　答え 11ページ

1 働く人たちのようす

●働きやすい職場をつくるための提案や、自動車を①（　　　　）なく生産するための②（　　　　）や改善点について、働く人たちが考えを出し合い、よい提案は実行される。

●この自動車工場での勤務は、③（　　　　）になっている。

◆早朝から昼過ぎまで、または昼過ぎから夜中までの約８時間働く。

◆④（　　　　）週間ごとに朝からと夕方からの勤務を交替している。

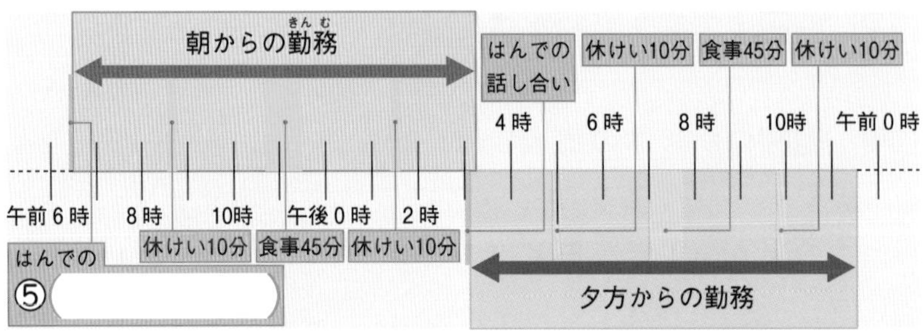

2 自動車工場を支える関連工場

たくさんの関連工場があるね。

よみトク！資料

●自動車工場で使われる部品のほとんどが、およそ340もの⑥（　　　　）でつくられている。

●関連工場は、自動車工場の⑦（　　　　）にたくさん集まっている。

ジャスト・イン・タイム
「必要なものを必要なときに必要な量だけ」とどけるという考え方。

三重県鈴鹿市周辺にあるおもな関連工場

自動車工場　関連工場　高速道路　国道　JR線　私鉄線　0　5km　(2021年)　四日市市　鈴鹿市　亀山市　津市　伊勢湾　（自動車会社資料）

●自動車工場は、⑧（　　　　）の考え方で動いている。

◆関連工場が、指定された時間に注文された数の⑨（　　　　）を自動車工場におさめないと、⑩（　　　　）**ライン**がとまってしまう。

◆自動車工場からは、3か月前に⑪（　　　　）が関連工場に送られ、さらに１か月前にくわしい注文が送られてくる。

◆自動車１台のシートには約400個の部品が使われている。
➡**外国**もふくめた、134の関連工場でつくられている。

●自動車工業で働く人の多くが、⑫（　　　　）をつくっている。

●自動車工場では、**むだなく**、**大量**の自動車をつくるために、関連工場と協力している。

日本の自動車工業で働く人の内わけ

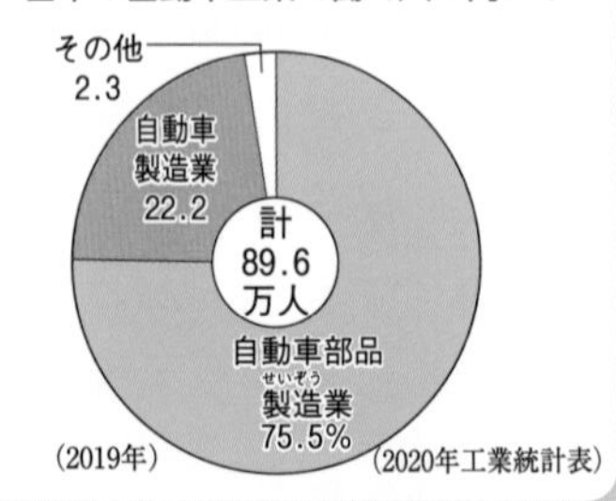

しゃかいか工場　ジャスト・イン・タイムの考え方は、日本の自動車会社で生み出されたものだよ。今では世界中の生産現場のほか、コンビニエンスストアなどにも取り入れられているよ。

できた数　／14問中

教科書　150〜153ページ　答え　11ページ

1 右の図は、自動車工場で働く人の勤務(きんむ)時間を示しています。次の問いに答えましょう。

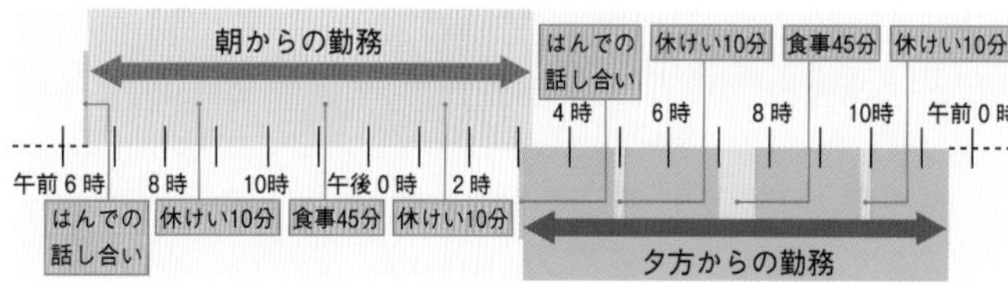

(1) 朝からの勤務も、夕方からの勤務も、休けいと食事をのぞいて、約何時間働きますか。　約(　　　)時間

(2) 自動車工場で働く人たちのようすについて、次の文の□にあてはまる言葉を、あとからそれぞれ選びましょう。　①(　　)　②(　　)　③(　　)

　①の意見を取り入れて、むだなく生産している。車体をきずつけないために車体に②を取りつけたり、車体といっしょに動く③にしたりする改善(かいぜん)は、①の提案(ていあん)から生まれたものである。

㋐ カバー　㋑ 作業台　㋒ 働く人

2 右の図・グラフを見て、次の問いに答えましょう。

自動車工場と(　　)とのつながり

① 自動車工場

サイドミラー　シート　ハンドル

② 第一次(　　)

③ 第二次(　　)

④ 第三次(　　)

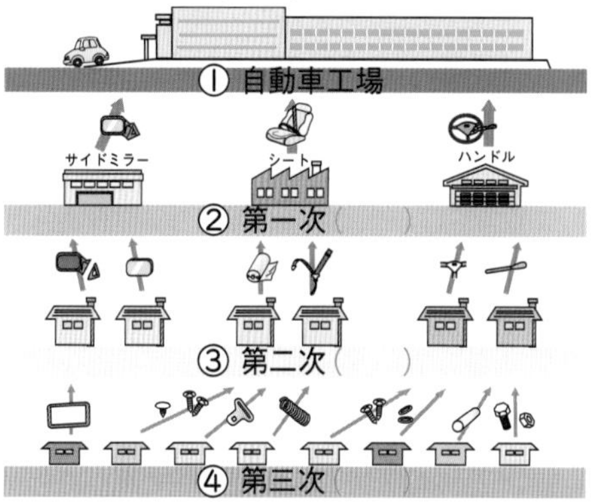

(1) **図**の(　　)に共通してあてはまる言葉を書きましょう。(　　　　)

(2) **図**の①〜④でおこなわれている作業を、次から選びましょう。

①(　　)　②(　　)　③(　　)　④(　　)

㋐ 部品を組み立てるねじをつくる。
㋑ シートを自動車本体に取りつける。
㋒ シートの布をつくる。
㋓ シートをつくる。

(3) 自動車工場に取り入れられているジャスト・イン・タイムの考え方について、次の文の□にあてはまる言葉をそれぞれ書きましょう。①(　　　)　②(　　　)

●「必要なものを、必要な①に、必要な②だけ」とどけるという考え方。

(4) 自動車工場と関連工場の結びつきについて、**あやまっているもの**を次から選びましょう。(　　)

㋐ 関連工場は、自動車工場から近いところにあることが多い。
㋑ 関連工場から自動車工場への部品の出荷がとまると、自動車の組み立てができなくなることがある。
㋒ 関連工場から自動車工場へ生産計画が送られる。

日本の自動車工業で働く人の内わけ

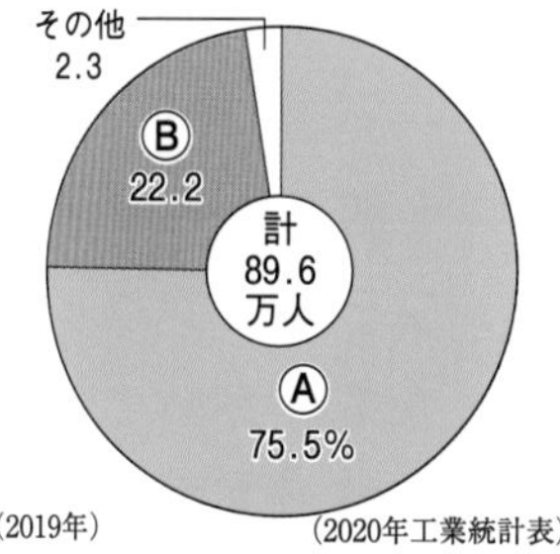

その他 2.3　Ⓑ 22.2　計 89.6万人　Ⓐ 75.5%

(2019年)　(2020年工業統計表)

(5) 右の**グラフ**のⒶ、Ⓑにあてはまるものを次から選びましょう。　Ⓐ(　　)　Ⓑ(　　)

㋐ 自動車製造(せいぞう)業
㋑ 自動車部品製造業

自動車工場は、ジャスト・イン・タイムで動いている。

勉強した日 月 日

2 自動車工業のさかんな地域③

学習の目標
人や環境にやさしい自動車をつくる努力やくふうを確かめよう。

基本のワーク

教科書 154～159ページ　答え 12ページ

1 自動車のゆくえ

●自動車工場でつくられた自動車を近い地域へ出荷するときは、①(　　　　　　)を使う。
●国内でも遠い地域や外国へは、自動車専用の②(　　　　　　)で運ぶ。

世界中に広がる日本の自動車会社の工場

よみトク！資料

日本の自動車会社の国内生産台数と輸出台数・現地生産台数のうつり変わり

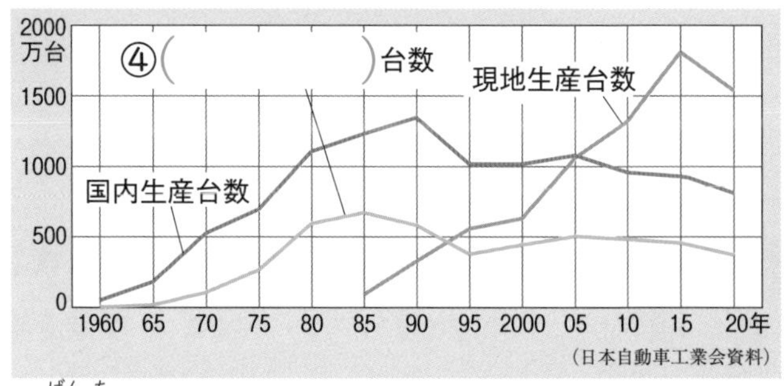

●③(　　　　　)台数が増えている。
- 日本からの自動車の**輸出**が増え、相手国の自動車が売れなくなったため、日本は輸出を減らすよう求められた。
- 日本の自動車会社は、⑤(　　　　　)に**工場**をつくった。➡その国の人たちをやとい、その国でつくられた部品を使って、**現地生産**をおこなうようになった。
- 現地生産するほうが、自動車をつくる⑥(　　　　　)を安くおさえられる。

2 安全で人にやさしい自動車づくり

だれもが安全で快適に運転できる自動車の開発

●自動車がしょうとつしたとき、乗っている人を守るように⑦(　　　　　)を取りつける。
●しょうとつ⑧(　　　　　)をして、乗っている人を守るような車体を設計する。
●足の不自由な人のために、⑨(　　　　　)だけでブレーキなどの操作ができる自動車を開発。

しょうとつ事故を防ぐためのさまざまな機能

SDGs 3 環境にやさしい自動車づくり

●はい出する⑩(　　　　　)の量を減らすか、出さない自動車。
- **ハイブリッドカー**…⑪(　　　　　)モーターとガソリンエンジンを組み合わせて走る自動車。➡**ガソリン**の使用量が少ない。
- **プラグインハイブリッドカー**、**電気自動車**……家庭用の電源を使って電気をためて走る。
- **天然ガス自動車**、**燃料**⑫(　　　　　)などの開発も進んでいる。

●資源をたいせつに使うために、自動車の⑬(　　　　　)も進んでいる。
- 古いものを再利用して、新しい部品をつくっている。

燃料電池自動車
水素と酸素で水をつくるときに発生する電気で、モーターを動かして走る自動車。

しゃかい工場　今、世界では、人が運転操作をしなくても、人工知能(AI)やカメラなどを活用して自動で走行できる自動運転車の開発も進んでいるよ。

できた数　／14問中

教科書 154〜159ページ　答え 12ページ

1 右の地図は、ある自動車会社の海外生産工場の分布を示しています。次の問いに答えましょう。

(1) 北アメリカ大陸には、この自動車会社の工場が何かしょありますか。
　　(　　　　　)かしょ

(2) 次の文の{　}にあてはまる言葉に○を書きましょう。

●日本の自動車は
①{ 品質がよい　ねだんが安い }
ので、多くの国で売られている。

●1980年ごろから、日本の自動車の②{ 輸入　輸出 }する台数を減らすように求める国が出てきたため、日本の自動車会社の多くは、外国に工場をつくった。

●③{ その国　日本 }の人をやとい、その国でつくられた部品を使って自動車を生産する、④{ 国内生産　現地生産 }をするようになった。

2 安全で人にやさしい自動車づくりについて、次の①〜④は何をあらわしたものですか。あとの説明からそれぞれ選びましょう。　①(　　) ②(　　) ③(　　) ④(　　)

㋐ 前方の自動車に近づいたら、自動でブレーキがかかるしくみ。
㋑ 事故がおきたときに、乗っている人を守るための装置。
㋒ ブレーキやアクセルなどの操作を手だけでできる自動車の運転席。
㋓ しょうとつしても、乗っている人を守れる車体を設計するための実験。

3 環境にやさしい自動車について、次の問いに答えましょう。

(1) 次の自動車の名前を、あとからそれぞれ選びましょう。
①(　　) ②(　　) ③(　　) ④(　　)

① 電気で動くモーターとガソリンで動くエンジンを組み合わせて走る自動車。
② ガソリンのかわりに天然ガスを燃料として走る自動車。
③ 水素と酸素が水になるときに発生する電気で、モーターを動かして走る自動車。
④ バッテリーにたくわえた電気でモーターを動かして走る自動車。

㋐ 燃料電池自動車　㋑ 天然ガス自動車　㋒ ハイブリッドカー　㋓ 電気自動車

(2) 次の文の□にあてはまる言葉を書きましょう。　(　　　　)
●資源をたいせつに使うために、自動車の□が進んでいる。

自動車を販売する現地での生産が増えている。

まとめのテスト

2　自動車工業のさかんな地域

時間 20分

得点　　/100点

教科書 144～159ページ

1 

次の資料を見て、あとの問いに答えましょう。　1つ4〔48点〕

(1)　Ⓐ～Ⓓにあてはまる作業を、次からそれぞれ選びましょう。

Ⓐ(　　　)　Ⓑ(　　　)　Ⓒ(　　　)　Ⓓ(　　　)

㋐　鉄板を曲げたり、打ちぬいたりして、ドアや屋根などの部品をつくる。

㋑　とりょうを車体にふきつけて、色をぬる。

㋒　エンジンやドアなどの部品を車体に取りつける。

㋓　部品をつなぎ合わせて、車体をつくる。

(2)　Ⓐ～Ⓓは、自動車工場のうち、どの工場でおこなわれる作業ですか。次の**図**から選びましょう。Ⓐ(　　　　)　Ⓑ(　　　　)　Ⓒ(　　　　)　Ⓓ(　　　　)

自動車工場　プレス工場 → ようせつ工場 → とそう工場 → 組み立て工場

(3)　自動車工場の作業のうち、必ず人がおこなうものを、次から選びましょう。　(　　　)

㋐　とそう　㋑　ようせつ　㋒　シートの取りつけ　㋓　最終検査

(4)　自動車の組み立て工場でおこなわれている①～③のくふうと関係が深いものを、あとからそれぞれ選びましょう。

①　道具をきちんと整理する。　(　　　)

②　車体にカバーをつけて作業する。　(　　　)

③　無人台車が部品などを運ぶ。　(　　　)

㋐　車体をきずつけない。　㋑　安全に仕事をする。　㋒　むだなく作業する。

2 自動車工場を支える関連工場　**次の発言を読んで、あとの問いに答えましょう。**　1つ3〔12点〕

①

必要なときに必要な数の部品をとどける□の考え方で生産しているよ。

②

部品は、自動車工場で組み立てる順と同じ順にならべて出荷されるよ。

③

自動車の部品をつくる関連工場は、自動車工場のそばにあるよ。

(1)　□にあてはまる言葉を書きましょう。　(　　　　　　)

(2)　①～③の理由を、次からそれぞれ選びましょう。　①(　　　)　②(　　　)　③(　　　)

㋐　部品を自動車工場にすぐにとどけることができるから。

㋑　組み立て工場で、ならべかえなくてもすぐに組み立てられるから。

㋒　部品をおく倉庫がいらないので、工場の土地を有効に利用できるから。

3 自動車の現地生産　次の資料を見て、あとの問いに答えましょう。　1つ4〔20点〕

Ⓐある自動車会社の海外工場の分布

Ⓑ日本の自動車会社の自動車の国内生産・輸出・現地生産台数

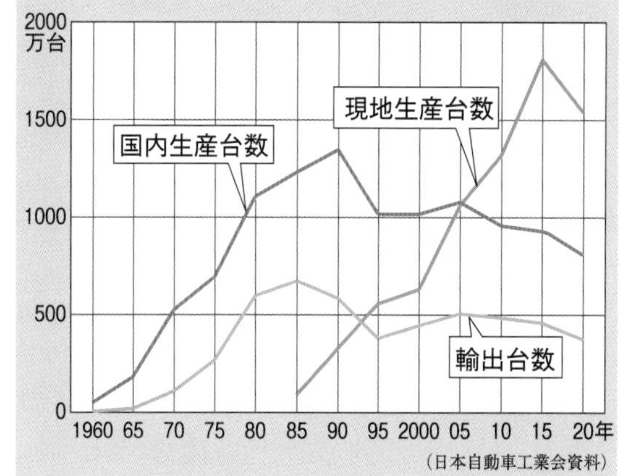

(1)　Ⓐのあ、いの工場がある国の名前をそれぞれ書きましょう。

あ(　　　　　　　　)　い(　　　　　　　　)

(2)　次のことを調べるには、Ⓐ・Ⓑのどちらを見ればよいですか。

①(　　)　②(　　)

①　日本の自動車会社の海外工場が多い地域。

②　日本の自動車会社の生産台数の変化。

(3)　日本の自動車会社が現地生産を進める理由を、**費用**の言葉を使ってかんたんに書きましょう。

(　　　　　　　　　　　　　　　　　　　　　　　　　　　　)

4 新しい自動車づくり　次の問いに答えましょう。　1つ4〔20点〕

(1)　自動車会社の人から来たメールの内容を、右のようにしょうかいしています。この機能は、何のために開発されたものですか。　(　　)

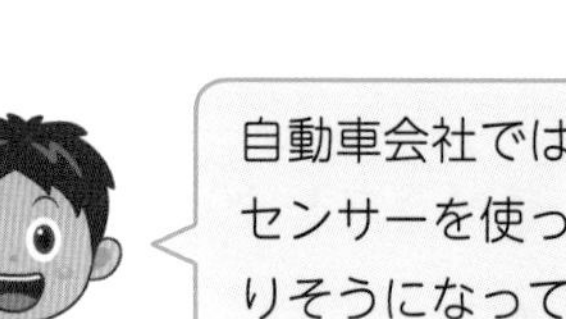

自動車会社では、カメラやセンサーを使って、ぶつかりそうになっても、自動でブレーキがかかる機能を開発したそうです。

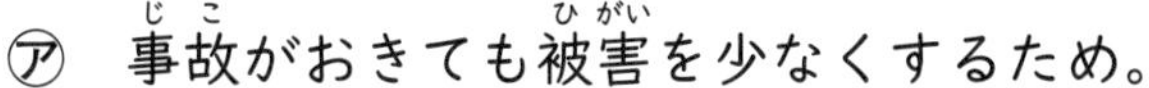

㋐　事故がおきても被害を少なくするため。

㋑　すべての人が事故にあわないようにするため。

㋒　どんな人も快適に運転できるようにするため。

(2)　環境にやさしい自動車づくりにあてはまるものを、次からすべて選びましょう。

(　　　　　　)

㋐　人が運転操作をしなくても、自動で運転できる自動車を開発している。

㋑　はい出する二酸化炭素を減らした自動車を開発している。

㋒　車いすのまま乗りおりしたり、足を使わずに運転できたりする自動車を開発している。

㋓　バッテリーにたくわえた電気でモーターを動かすしくみの自動車を開発している。

(3)　自動車の部品のリサイクルについて、右の**絵**の①～③にあてはまる説明を、次からそれぞれ選びましょう。　①(　　)②(　　)③(　　)

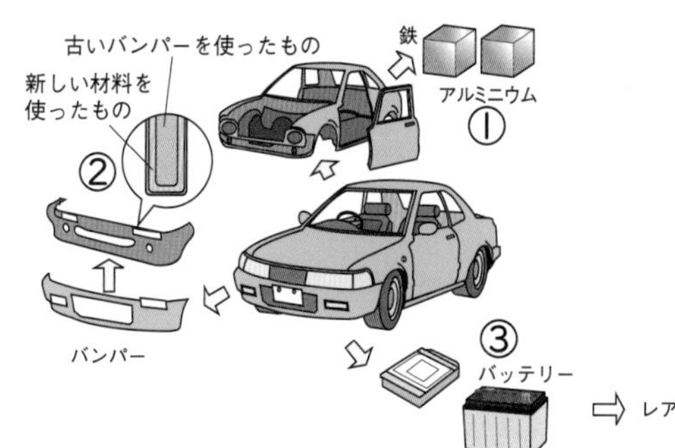

㋐　貴重な資源を取り出して再利用している。

㋑　自動車の部品を資源につくりかえている。

㋒　古い部品を再利用して、新しい部品の一部にしている。

勉強した日 月　日

3 工業生産とわたしたちのくらし

わたしたちのくらしを支える食料品工業
わたしたちのくらしを支える製鉄業
わたしたちのくらしを支える石油工業

基本のワーク

教科書 160〜171ページ　答え 12ページ

学習の目標
なっとうづくりのくふうと製鉄所・製油所のようすを確かめよう。

1 和食の伝統的な発こう食品、なっとう／工場でなっとうができるまで

●①(　　　　)…日本の伝統的な**食文化**。**無形文化遺産**に登録されている。

よみトク！資料 工場でなっとうができるまで〜茨城県小美玉市の工場〜

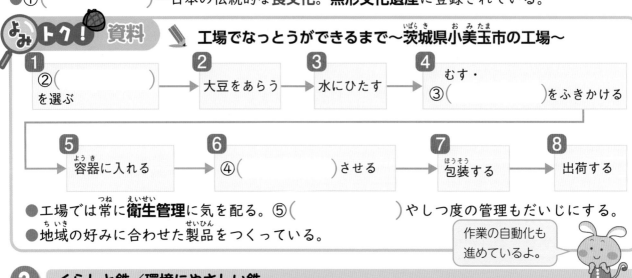

1 ②(　　　　)を選ぶ → 2 大豆をあらう → 3 水にひたす → 4 むす・③(　　　　)をふきかける → 5 容器に入れる → 6 ④(　　　　)させる → 7 包装する → 8 出荷する

●工場では常に**衛生管理**に気を配る。⑤(　　　　)やしつ度の管理もだいじにする。
●地域の好みに合わせた製品をつくっている。

作業の自動化も進めているよ。

2 くらしと鉄／環境にやさしい鉄

●**製鉄所**…くらしや産業にとってかかせない⑥(　　　　)をつくる。
- 鉄の原料は⑦(　　　　)、石炭、石灰石。工場内にある岸ぺきで、船から原料や製品の積みおろしをする。➡製鉄所は⑧(　　　　)にある。
- 日本の鉄鋼製品は、品質がよく、⑨(　　　　)しやすいなど**環境**にやさしいので、世界中に輸出される。
- SDGs 資源や⑩(　　　　)のむだを減らしている。
  - ■水の再利用やプラスチックごみの再生。
- SDGs 二酸化炭素をできるだけ出さない鉄づくりをめざす。
  - ■水素を使って鉄鉱石から鉄をつくる研究など。

日本のおもな製鉄所の位置

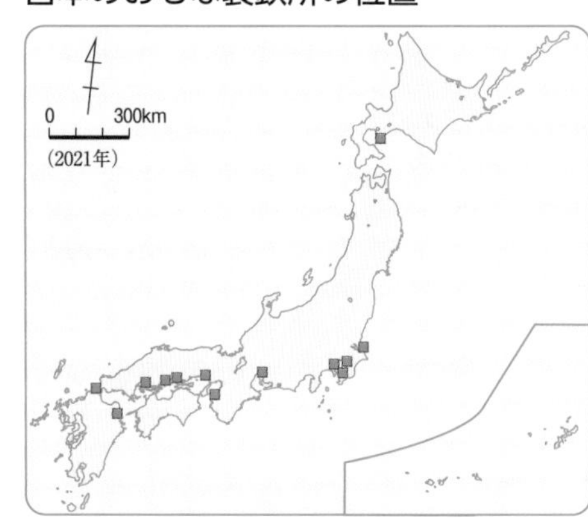

3 くらしと石油製品／安全と環境を守るために

●**製油所**…**原油**からガソリンなどの⑪(　　　　)をつくる工場。さまざまな石油製品をつくる工場と⑫(　　　　)で結ばれる。この工場の集まりを**石油化学**⑬(　　　　)という。
- 原油のほとんどを外国から⑭(　　　　)で輸入している。
- 独自の⑮(　　　　)が訓練するなど安全を最優先にしている。緑地帯をつくってそう音を防ぐくふうもしている。
- SDGs 日本は地球温暖化の原因でもある⑯(　　　　)をゼロにする取り組みを進めている。➡製油所も環境にやさしい燃料の研究を進めている。

原油のおもな輸入先の内わけ

輸入先	%
サウジアラビア	40.1
アラブ首長国連邦	31.5
クウェート	9.0
カタール	8.3
ロシア	4.1
その他	7.0

計 1億4603万kL

(2020年)　(日本国勢図会2021/22年版)

近年は増えたプラスチックごみが海などを汚染して、問題になっているんだ。製鉄所では、これをリサイクルしているよ。

練習のワーク

教科書 160～171ページ　答え 13ページ

できた数 ／15問中

1 次の問いに答えましょう。

(1) 日本でなっとうの生産量が最も多い県を、次から選びましょう。（　　）

㋐ 兵庫県　㋑ 福岡県　㋒ 愛知県　㋓ 茨城県

(2) なっとうの生産について正しいものを、次から2つ選びましょう。（　　）（　　）

㋐ 人工的に育てたなっとうきんを使って、大量に生産することができるようになった。

㋑ 日本で育てた大豆以外を使うことはない。

㋒ 温度やしつ度の管理をしっかりおこなっている。

㋓ 日本全国で、においや味などが同じ製品をつくるようにしている。

2 次の問いに答えましょう。

(1) 鉄をつくるのに必要な原料を、次から3つ選びましょう。（　　）（　　）（　　）

㋐ 石炭　㋑ 鉄鉱石　㋒ 原油　㋓ 小麦　㋔ 石灰石　㋕ プラスチック

(2) 日本の製鉄所についてあてはまるものを、次から2つ選びましょう。（　　）（　　）

㋐ 工場内に、船から荷物を積みおろしできる岸ぺきがある。

㋑ 原料は、ほとんどが国産である。

㋒ リサイクルしやすく長持ちする鉄をつくっている。

㋓ 日本でつくられた鉄は、外国には輸出されていない。

(3) 右の**グラフ**からどのようなことがわかりますか。次の文の（　　）にあてはまる言葉を書きましょう。

●日本の製鉄所では、資源やエネルギーの①（　　　　）を減らす努力をしており、ほかの国と比べて、鉄をつくるときに必要なエネルギーが②（　　　　）い。

鉄をつくるときに必要なエネルギーの国別比かく

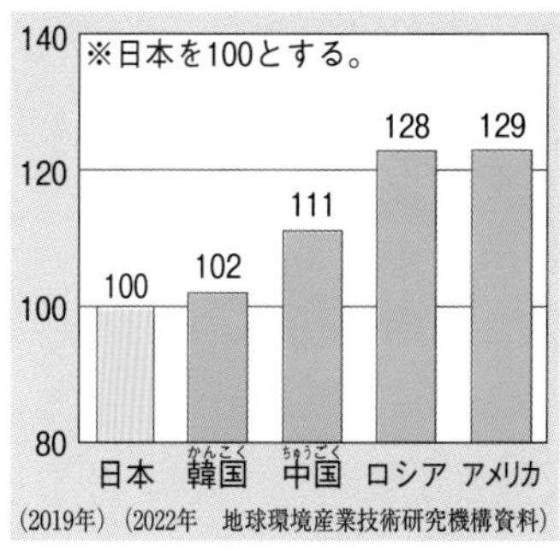

3 右の図は、石油製品ができるしくみをあらわしています。次の問いに答えましょう。

(1) 石油製品をつくる工場を何といいますか。

（　　　　）

(2) Ⓐの原油は、海底にある何を通って(1)の工場に送られてきますか。次から選びましょう。（　　）

㋐ パイプライン　㋑ タンカー

㋒ ガソリンスタンド　㋓ タンクローリー

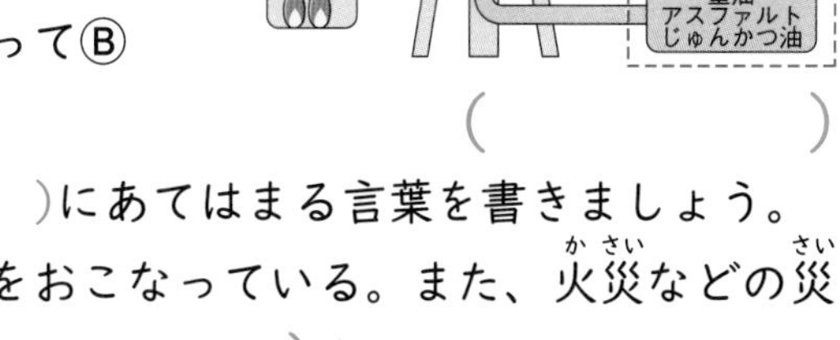

(3) じょうりゅうとうの中の原油は、何のちがいによってⒷの製品に分かれますか。

（　　　　）

(4) 製油所の安全のためのくふうについて、次の（　　）にあてはまる言葉を書きましょう。

●製油所では、運転やしせつの①（　　　　）をおこなっている。また、火災などの災害に備えて独自の消防隊をもち、ふだんから②（　　　　）をしている。

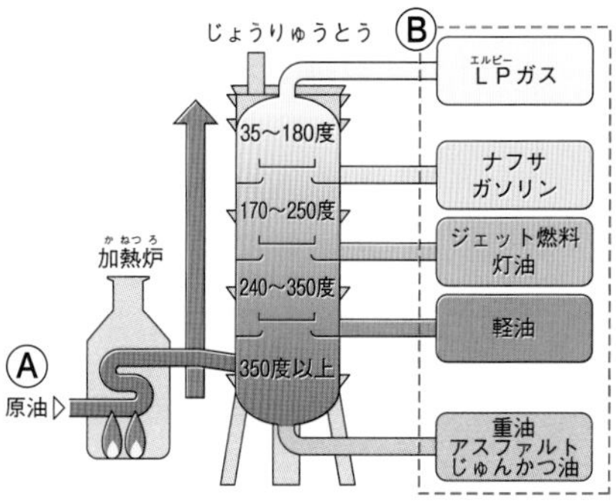

ポイント 原油からは、さまざまな石油製品がつくられる。

勉強した日　　月　　日

3　運輸と日本の貿易①

基本のワーク

学習の目標
原料・製品の運ばれ方や、日本の輸入品の特ちょうを確かめよう。

教科書 172〜177ページ　答え 13ページ

1 原料や製品を運ぶ

●①（　　　　　）…人やものを**船**、②（　　　　　）、**鉄道**、**自動車**などで運ぶこと。

◆外国とのものの運輸は、③（　　　　　）や**飛行機**でおこなう。

◆国内のものの運輸は、④（　　　　　）の整備が進み、トラックでの輸送が増えている。

2 貿易のはたらき

●⑤（　　　　　）…外国と品物の売り買いをすること。

よみトク！資料　日本との貿易額の多い国・地域

●日本が**貿易**をしている国々…世界中に広がっている。
⑥（　　　　　）やアメリカとの貿易額が多く、特に**アジア**の国々とのつながりが深い。

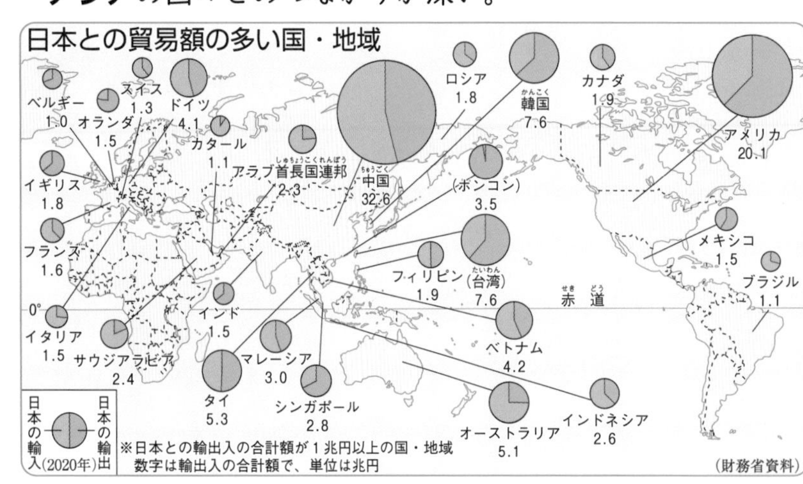

国外の輸送の内わけ

重　量

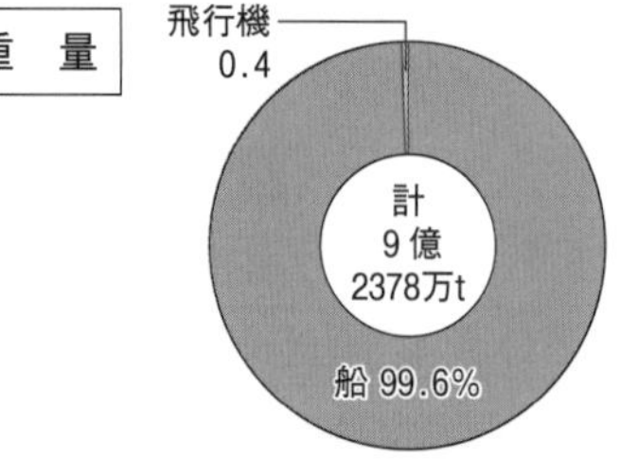

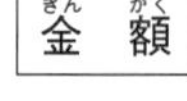

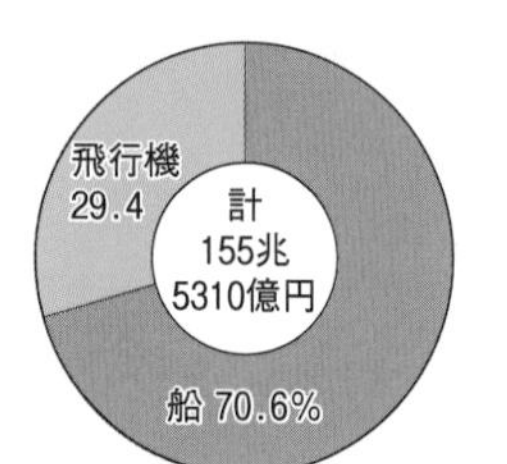

（2019年度）　（数字でみる物流 2020年度版）

3 日本の輸入の特色

●日本は資源が少なく、原料や⑦（　　　　　）**資源**のほとんどを外国から**輸入**。

◆おもに貨物船や⑧（　　　　　）で運ばれてくる。

おもな原料・エネルギー資源の輸入量と国内生産量のわりあい

石　油　0.4　99.6%

石　炭　0.4　99.6%

⑨（　　　　）

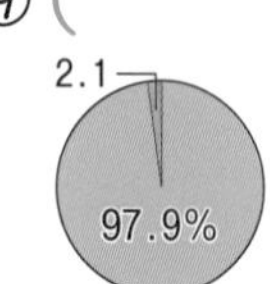

*鉄鉱石

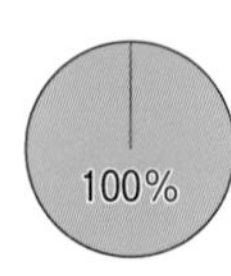

⑩（　　　　）

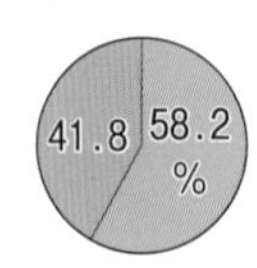

綿　花

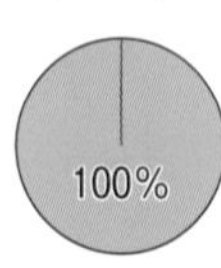

（2020年、＊は2019年）
（財務省貿易統計ほか）

●石油は⑪（　　　　　）やアラブ首長国連邦など、石炭は**オーストラリア**などから輸入。

●最近の日本の貿易では、⑫（　　　　　）などの工業製品の輸入が増えている。アジアの国々で工業が発展したことや、日本の会社が外国に⑬（　　　　　）をつくったことによる。

輸入額と輸出額を合わせた貿易額が日本で一番大きい貿易港は、成田国際空港だよ（2021年）。このように貿易港には、海の港だけでなく、空港もふくまれるんだ。

練習のワーク

できた数　／12問中

教科書 172～177ページ　答え 13ページ

1 次の問いに答えましょう。

(1) 日本と外国との間での、ものの運輸に使われる輸送手段を２つ書きましょう。（　　　）（　　　）

(2) 次の文の□にあてはまる言葉を書きましょう。（　　　）

●日本国内の運輸では、高速道路の整備が進んだことによって、□での輸送が増えている。

2 次の資料を見て、あとの問いに答えましょう。

Ⓐ日本との貿易額の多い国・地域

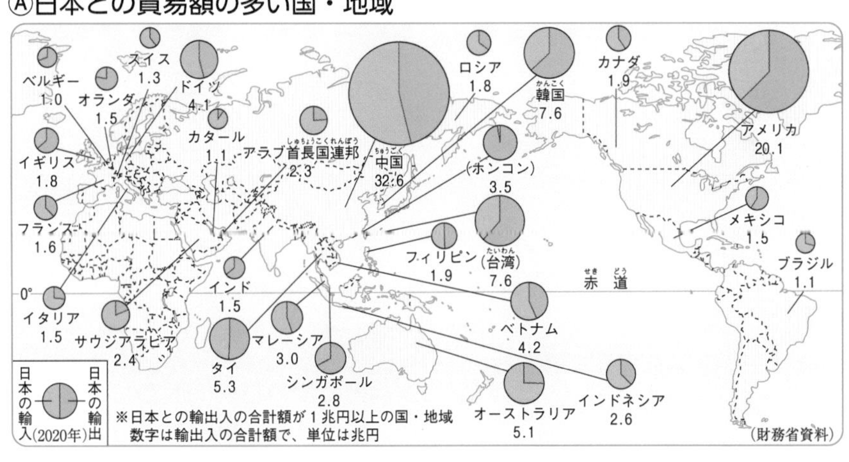

Ⓑ国外の輸送の内わけ

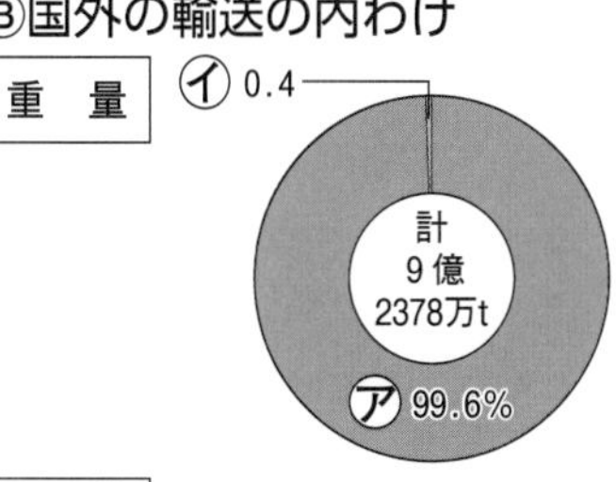

(1) Ⓐで日本との貿易額が特に多い２つの国を書きましょう。（　　　）（　　　）

(2) Ⓑのア・イのうち、飛行機を示しているものを選びましょう。（　　　）

3 次の地図を見て、あとの表の（　　）にあてはまる言葉や国の名前を書きましょう。

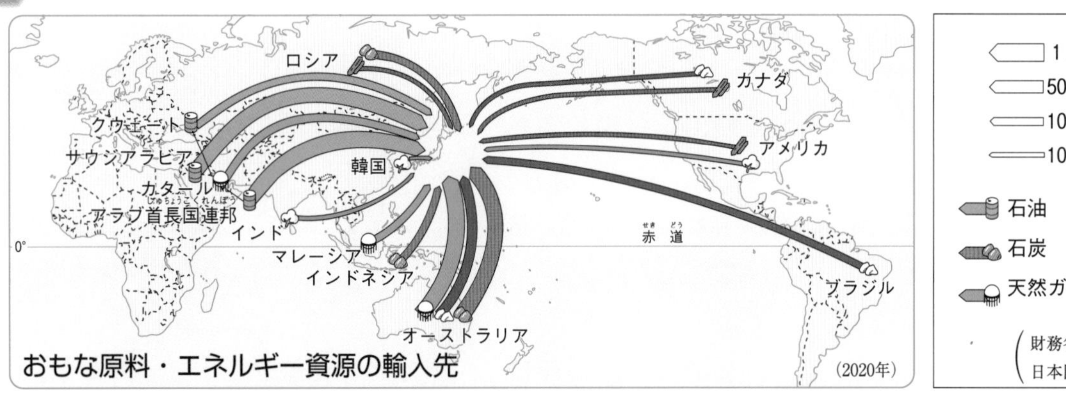

原料・エネルギー資源	おもな輸入先
①（　　　）	サウジアラビア、アラブ首長国連邦、クウェート
石炭	②（　　　）、インドネシア、ロシア
天然ガス	オーストラリア、③（　　　）、カタール
鉄鉱石	オーストラリア、④（　　　）、カナダ
木材	アメリカ、カナダ、⑤（　　　）
⑥（　　　）	アメリカ、インド、韓国

ポイント 日本は、多くのエネルギー資源を輸入にたよっている。

勉強した日 月 日

3 運輸と日本の貿易②

基本のワーク

学習の目標
日本の輸出品の特ちょうや、貿易をめぐる問題を確かめよう。

教科書 178〜181ページ　答え 13ページ

1 日本の輸出の特色

よみトク！資料　おもな輸出品とその輸出先

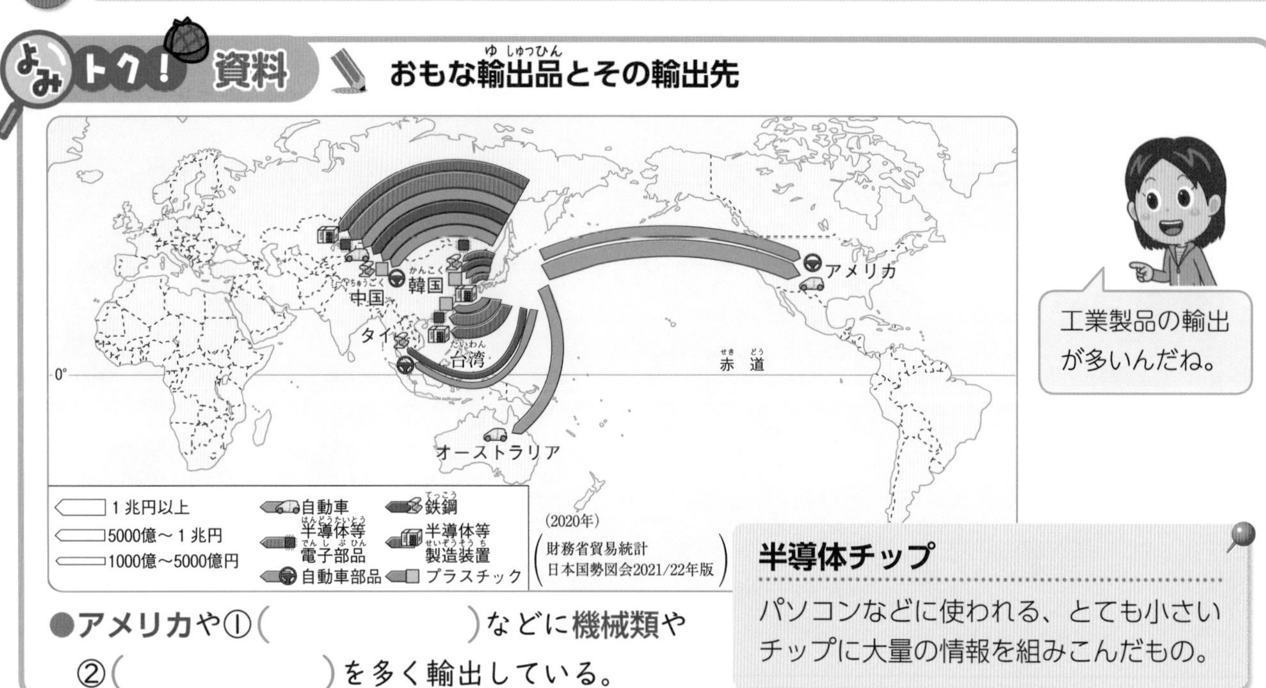

半導体チップ
パソコンなどに使われる、とても小さいチップに大量の情報を組みこんだもの。

●**アメリカ**や①(　　　　)などに**機械類**や②(　　　　)を多く輸出している。

●日本は、輸入した③(　　　　)を国内の工場に運んで加工し、自動車などの工業製品につくりかえて輸出をする、④(　　　　)をおこなってきた。

●1990年ごろから、鉄鋼や⑤(　　　　)の輸出のわりあいが少なくなっている。

2 これからの貿易

日本の貿易額のうつり変わり

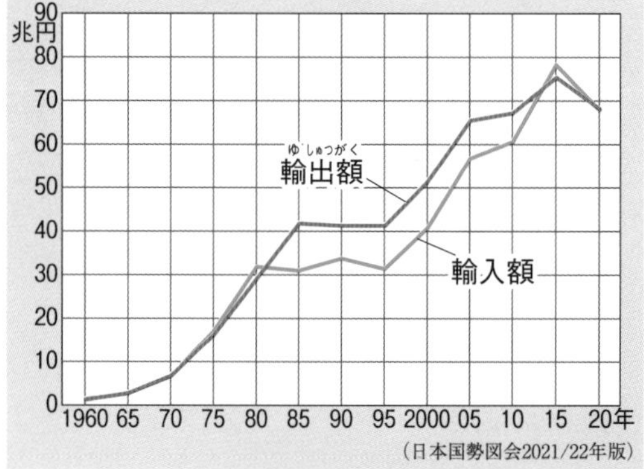

●日本の貿易は、30年ほど前と比べて輸出額も輸入額も⑥(　　　　)いる。

●⑦(　　　　)…輸出国と輸入国とのあいだでおこる貿易をめぐる問題。

◆日本の輸出額が輸入額を⑧(　　　　)時期には、相手国とのあいだで**貿易まさつ**がおきた。➡日本の会社は、外国に⑨(　　　　)を移し、現地に住む人をやとって生産するようになった。

●最近は、貿易に関わる制限を減らす**貿易の**⑩(　　　　)が活発化。

◆貿易の自由化で損失を受ける産業や働く人もいる。

SDGs ●工業の発展した国が原材料を⑪(　　　　)買い、現地の人たちのもうけが少なくなるなど、貿易が公平におこなわれていない場合がある。➡⑫(　　　　)が進められている。

フェアトレード
どの国も公正・公平に取り引きができるようにするための貿易のしくみ。

輸入額が輸出額を上回れば貿易赤字、反対に下回れば貿易黒字だよ。日本は1981年から2010年まで貿易黒字だったけれど、2011年以降は貿易赤字になる年も出ているよ。

練習のワーク

できた数　／14問中

教科書 178～181ページ　答え 13ページ

1 次の地図を見て、あとの表の（　　）にあてはまる国の名前や言葉を書きましょう。

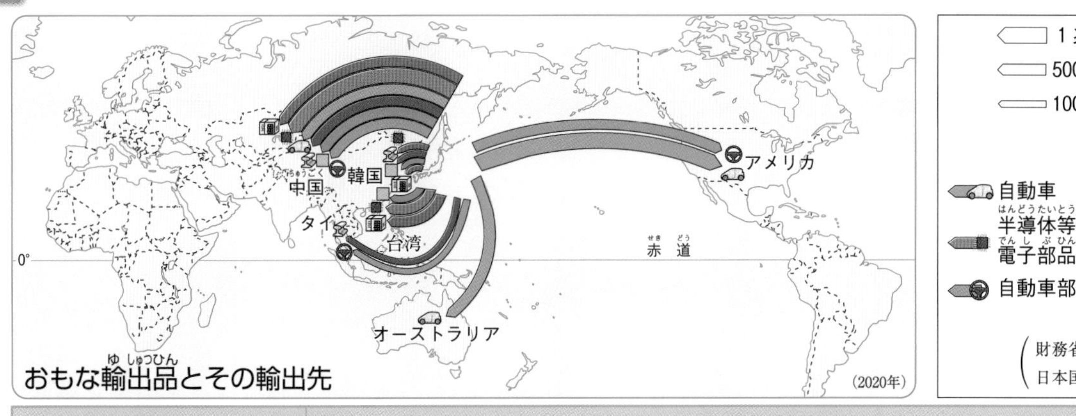

おもな輸出先	おもな輸出品
①（　　）	半導体等製造装置、自動車、プラスチック、半導体等電子部品、自動車部品、鉄鋼
アメリカ	②（　　）、自動車部品
韓国	半導体等製造装置、③（　　）、プラスチック、半導体等電子部品
台湾	半導体等電子部品、半導体等製造装置、プラスチック
タイ	鉄鋼、④（　　）
⑤（　　）	自動車

2 右のグラフを見て、次の問いに答えましょう。

(1) 次の年の輸出品の１位、２位をそれぞれ書きましょう。

①　1970年　１位（　　）
　　　　　　２位（　　）

②　2020年　１位（　　）
　　　　　　２位（　　）

(2) 次の文の□にあてはまる言葉を書きましょう。

①（　　）　②（　　）

●日本は、①を輸入し、工場でそれを加工して②を輸出する加工貿易で発展してきた。

日本の輸出品の内わけとうつり変わり

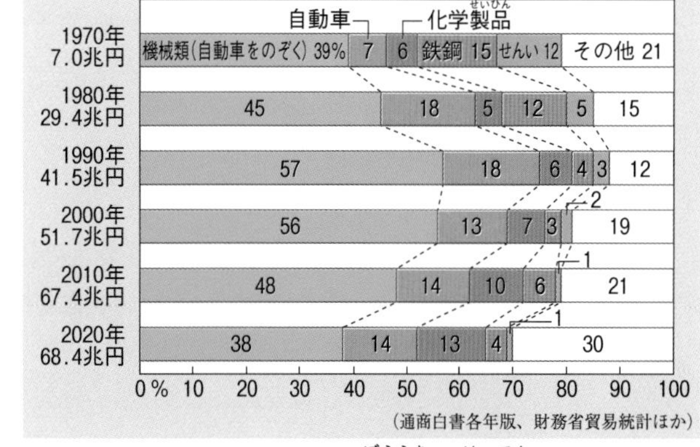

（通商白書各年版、財務省貿易統計ほか）

3 次の文の□にあてはまる言葉を、下の□から選びましょう。

①（　　）　②（　　）　③（　　）

●ある国が工業製品を大量に①すると、相手国は自国の産業を守るために②を制限することがある。このような問題を③という。

貿易まさつ　　貿易の自由化　　輸出　　輸入

ポイント　日本の工業は、加工貿易によって発展した。

4 これからの工業生産

基本のワーク

学習の目標
日本の工業の課題や社会の変化に合わせた工業を確かめよう。

教科書 182〜191ページ　答え 14ページ

1 日本の工業の課題

よみトク！資料

●日本の工場の数は、年々①(　　　　)いる。
●工業で働く人の数は、年々②(　　　　)いる。
➡日本の工業がおとろえてしまう心配がある。

工場の数と生産額のうつり変わり

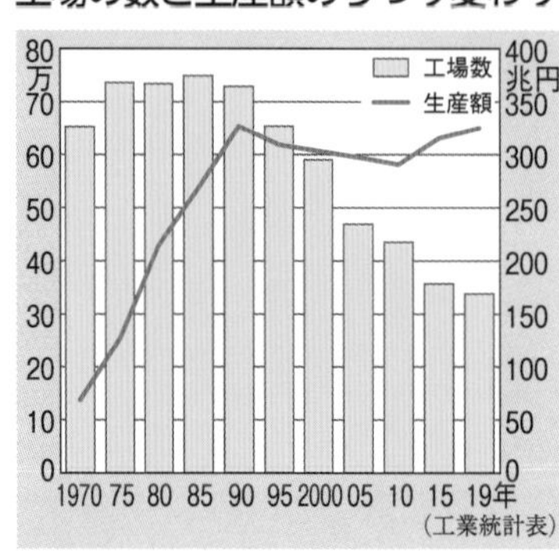

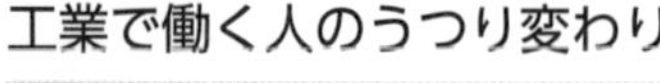
工業で働く人のうつり変わり

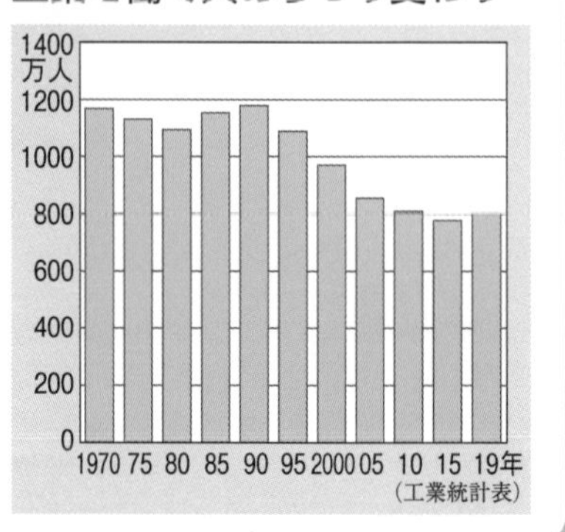

2 高い技術をもった中小工場／働く人のことを考えて

●大阪府東大阪市には、高い技術をもった20人未満の③(　　　　)が多い。
◆高い④(　　　　)を生かしたり、新しいチャレンジをおこなったりした製品を認定。
◆中小工場どうしをつなぐ⑤(　　　　)をつくり、効率的に製品をつくるしくみがととのえられている。
◆中小工場がつながりを生かし、各工程を⑥(　　　　)することで、短期間で高い品質のものをつくることができる。

SDGs ●働く人たちのことを考えたくふうがされている。
◆更衣室や食堂を新しく快適にする。
◆社内行事を積極的におこなう。
■コミュニケーションをとりやすくして、日本人も⑦(　　　　)も協力して仕事ができる。

外国人労働者数のうつり変わり

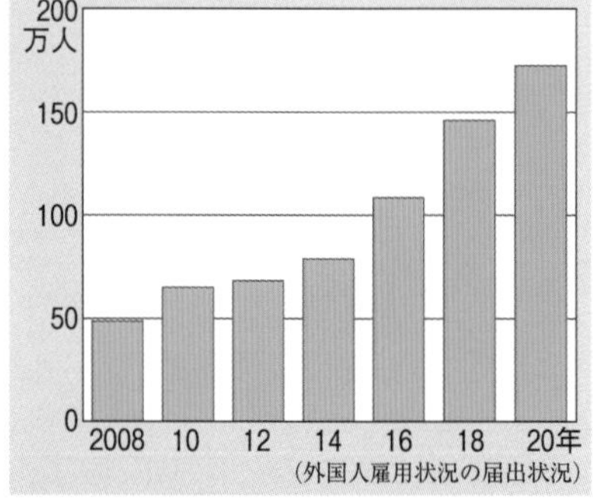

3 社会の変化に合わせた工業製品／これからの社会でかつやくする工業製品／これからの工業生産のあり方を考えよう

SDGs ●⑧(　　　　)問題や⑨(　　　　)社会による問題の解決に向けた工業製品など、社会の変化に合わせた工業製品がつくられている。
◆⑩(　　　　)使える容器が使われているせんざいやシャンプー、介護支援用のパワーアシストスーツなど。

●これからの社会は、⑪(　　　　)とよばれることがある。
◆人々がインターネットで知識や情報を共有し、その大量の情報を⑫(　　　　)(AI)が分せきして、あらたな価値を生み出す。
◆工場の生産効率が上がる、運輸を効率的におこなうなどの効果が期待される。

Society5.0（ソサエティー）
狩猟社会（1.0）、農耕社会（2.0）、工業社会（3.0）、情報社会（4.0）に続く、あらたな社会。

子どもの数が減り、高齢者のわりあいが増えることを少子高齢化というよ。日本では2050年ごろには人口の40％近くが65才以上の高齢者になるといわれているんだ。

教科書 182〜191ページ　答え 14ページ

1 次の問いに答えましょう。

(1) グラフⒶを見て、次の文の□にあてはまる数字や言葉を下の□から選びましょう。

①(　　)　②(　　)
③(　　)　④(　　)

●2019年の工場の数は、1970年と比べて約 ① 万減った。
●2019年の生産額は、1970年の ② 倍をこえている。
●生産額は、1990年まで ③ 続けたあと、2010年までは ④ 続けた。

4　8　30　50　増え　減り

(2) グラフⒷの㋐・㋑のうち、女性のわりあいを示しているのはどちらですか。
(　　)

Ⓐ工場の数と生産額のうつり変わり

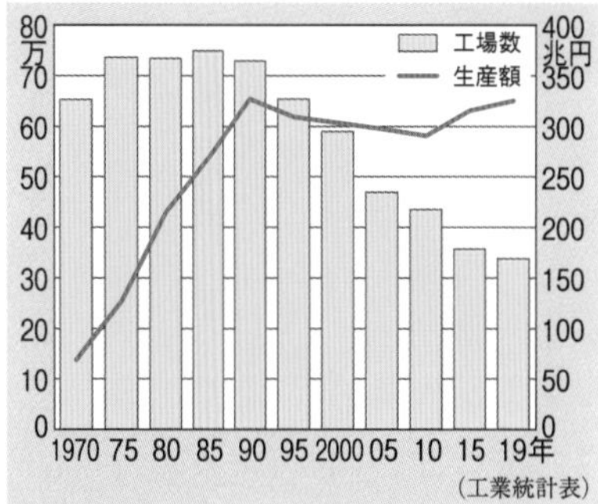

Ⓑ製造業で働く人の男女のわりあい

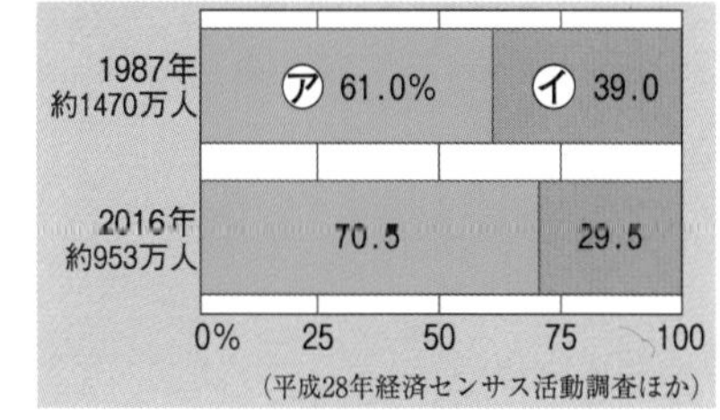

2 次の問いに答えましょう。

(1) 中小工場のつながりを示した右の図のⒶ〜Ⓔのうち、中小工場にあたるものをすべて選びましょう。(　　)

(2) 次の文の{　}にあてはまる言葉に○を書きましょう。
●東大阪市では中小工場どうしのネットワークがつくられている。高い技術をもつ近くの①{ 大工場　中小工場 }とのつながりを生かして各工程を分担することで、②{ 短い　長い }期間で高品質の部品や工業製品をつくることができる。

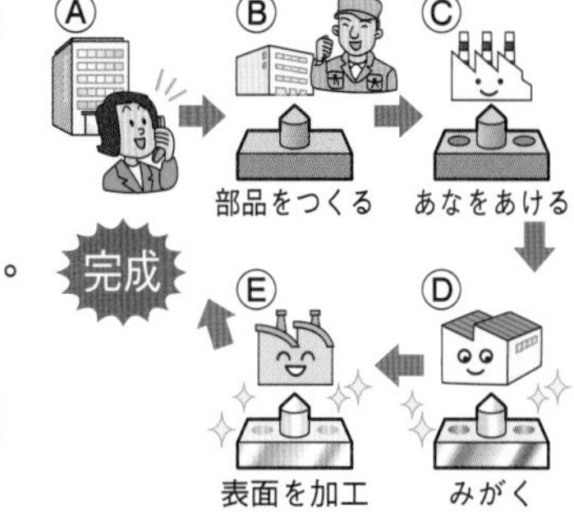

(3) 働く環境をよくするためのくふうを、次から２つ選びましょう。(　　)(　　)
㋐ 休けい時間を短くする。　㋑ 更衣室や食堂を新しくする。
㋒ 社内行事を積極的におこなう。　㋓ 社員どうしのコミュニケーションを減らす。

3 次の問いに答えましょう。

(1) 次の①・②は、どのような問題の解決に向けた工業製品か、あとからそれぞれ選びましょう。
① くり返し使える容器が使われたシャンプー　(　　)
② 介護支援用のパワーアシストスーツ　(　　)
㋐ 貿易まさつ　㋑ 環境問題　㋒ 高齢化社会　㋓ ウイルスとのたたかい

(2) 次の文の□にあてはまる言葉を書きましょう。(　　)
●Society5.0とよばれるこれからの社会においては、人々がインターネットで共有する大量の知識や□をAIが分せきし、あらたな価値が産業や社会にもたらされる。

工業の生産額を高める取り組みがおこなわれている。

まとめのテスト

3　運輸と日本の貿易
4　これからの工業生産

教科書　172〜191ページ　　答え　14ページ

1　日本の貿易　次の問いに答えましょう。

1つ5〔40点〕

(1)　次の**地図**は日本のおもな原料・エネルギー資源の輸入先、**グラフ**はその国内生産量と輸入量のわりあいを示しています。あとの問いに答えましょう。

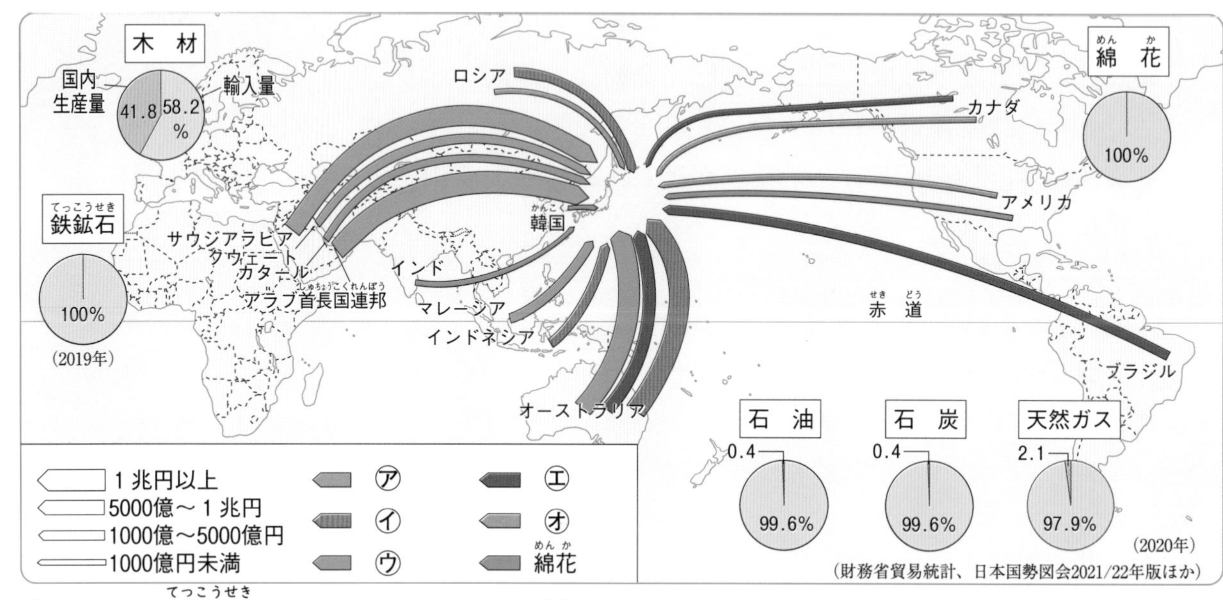

①　石油と鉄鉱石を示しているものを、**地図**の㋐〜㋔からそれぞれ選びましょう。

石油(　　　)　鉄鉱石(　　　)

よく出る　②　すべてを外国から輸入している原料・エネルギー資源は何ですか。すべて書きましょう。

(　　　　　　　　)

(2)　右のあ・いは、日本の輸入品または輸出品の内わけのうつり変わりを示す**グラフ**です。次の問いに答えましょう。

①　輸入品の内わけを示す**グラフ**はどちらですか。(　　　)

記述　②　①を選んだ理由をかんたんに書きましょう。

(　　　　　　　　　　　　　　　　)

③　加工貿易が特にさかんだった1980年代ごろまでの日本で多く輸入されていたものを2つ書きましょう。

(　　　　　)(　　　　　)

④　1990年ごろからの日本の貿易の変化について、正しい文を次から選びましょう。(　　　)

㋐　外国にある日本の工場へ原料や燃料を輸出することが増えた。

㋑　外国にある日本の工場で生産した工業製品を輸入するようになった。

㋒　アジアの国々へ機械類や衣料などの工業製品を輸出することが増えた。

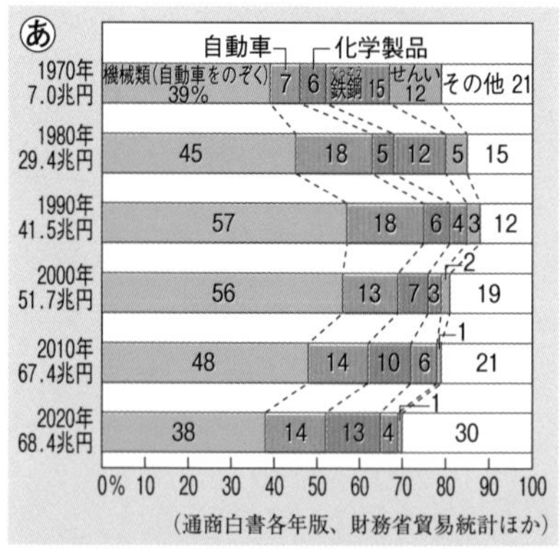

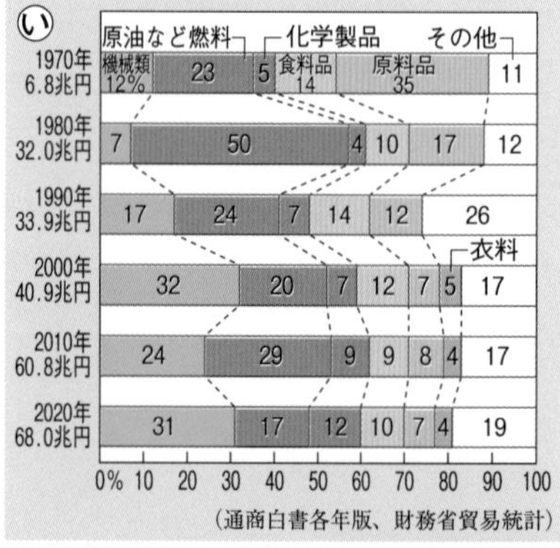

2 貿易をめぐる問題 右のグラフを見て、次の問いに答えましょう。 1つ6〔30点〕

(1) 右の**グラフ**を見て、次の発言の――線部が正しければ〇を、あやまっていれば正しい言葉を書きましょう。

日本の貿易額のうつり変わり

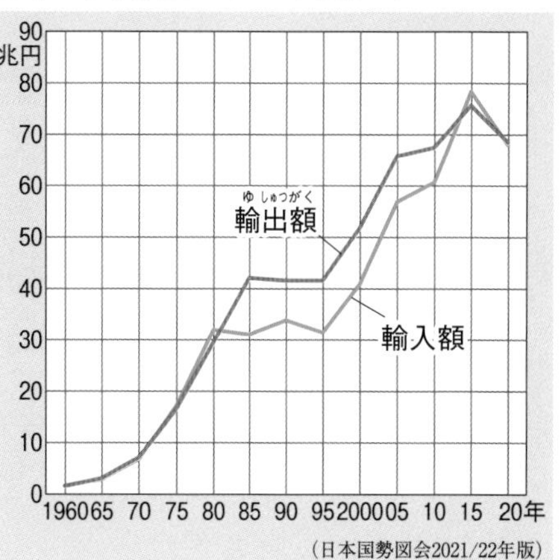

（日本国勢図会2021/22年版）

①

1960年からの 60年間で輸入額がいちばん多いのは 2020年だよ。 （　　　　　）

②

2020年の輸出額は、1980年と比べると、約 40兆円増えたよ。 （　　　　　）

③

1960年から1980年までは、輸出額も輸入額も減り続けているね。 （　　　　　）

(2) 次の文の｛　　｝にあてはまる言葉に〇を書きましょう。

●日本の輸出額が輸入額を｛ 上回った　下回った ｝時期には、相手国とのあいだで、貿易まさつがおきた。

(3) (2)に対して、日本の会社はどのような対応をとりましたか。かんたんに書きましょう。

（　　　　　　　　　　　　　　　　　　　　　　）

3 これからの工業生産 次の問いに答えましょう。 1つ6〔30点〕

(1) 下のⒶ～Ⓒの**グラフ**から考えられる日本の工業の課題を、次から選びましょう。（　　）

㋐ 日本に工場が増えすぎる。　㋑ 外国から工業製品を輸入できなくなる。

㋒ 日本の工業がおとろえる。

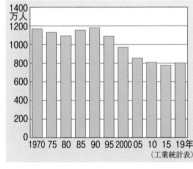

Ⓐ工業で働く人のうつり変わり

1400万人, 1200, 1000, 800, 600, 400, 200, 0

1970 75 80 85 90 95 2000 05 10 15 19年

（工業統計表）

Ⓑ工場の数のうつり変わり

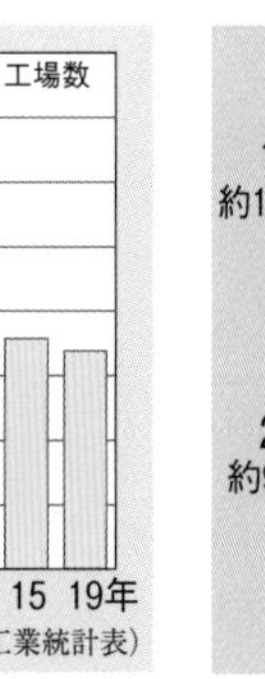

80万, 70, 60, 50, 40, 30, 20, 10, 0

1970 75 80 85 90 95 2000 05 10 15 19年

（工業統計表）

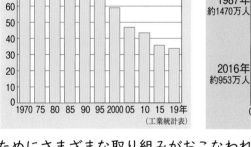

Ⓒ製造業で働く人の男女のわりあい

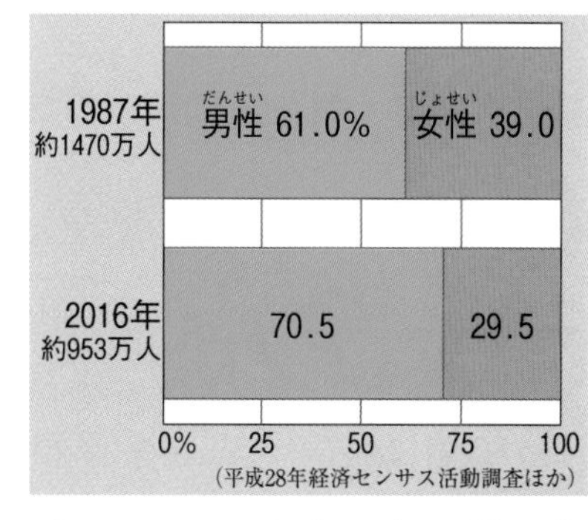

（平成28年経済センサス活動調査ほか）

(2) 日本の工業の課題を解決するためにさまざまな取り組みがおこなわれています。次の①・②と最も関係が深いものを、あとの㋐～㋒からそれぞれ選びましょう。 ①（　　）②（　　）

① 弱い力で作業できる。

② 働く人が快適に過ごせる。

㋐ 休けい時間を減らす　㋑ 新しい食堂をつくる　㋒ パワーアシストスーツ

(3) 次の文の□にあてはまる言葉を⬚から選びましょう。

①（　　　　）②（　　　　）

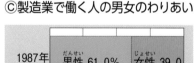

加工貿易	人工知能
ウイルス	経済発展

●［①］などの先進技術を活用して、［②］と社会的課題の解決の両方を実現することをめざすSociety5.0に向けて、工業製品も進化している。

勉強した日　月　日

1　情報をつくり、伝える①

基本のワーク

学習の目標
おもなメディアの種類と特ちょうを確かめよう。

教科書 194〜199ページ　答え 14ページ

1 わたしたちのくらしとさまざまな情報／メディアの特ちょうとは

●①（　　　　）…あるできごとや、ことがらについての知らせや知識。

●わたしたちは本やざっし、ちらし、人から聞く話やメールなど、毎日、大量の情報に接している。

●情報を手に入れる方法

◆学習でわからないことは、本や②（　　　　）を利用する。

◆**インターネット**を利用して、タブレットや③（　　　　）で映画を見たり、音楽を聞いたりする。

◆テレビ、新聞、インターネットなどで天気予報を知る。

インターネット
世界中のコンピューターなどの情報通信機器どうしをつないでいるネットワーク。

●④（　　　　）…情報を伝える方法や手段。

◆**新聞**、**ざっし**、⑤（　　　　）、**ラジオ**などの、多くの人に大量の情報を送る方法を、⑥（　　　　）という。

おもなメディアの特ちょう

新聞	ざっし	⑦（　　　　）	テレビ	⑧（　　　　）
文字・写真・絵	文字・写真・絵	音声	映像・音声・文字	映像・音声・文字・写真・絵
⑨（　　　　）を中心に情報を伝える。切りぬき・保存ができる。	文字や写真、絵などで情報を伝える。持ち運びや読み返しができる。	音声だけで情報を発信する。災害がおこったときでも、無線で情報を収集できる。	⑩（　　　　）を使っているので、わかりやすい。	世界中の大量の情報をすぐに見たり、⑪（　　　　）したりできる。

●メディアに対する信頼度の調査の結果、全体では⑫（　　　　）がいちばん信頼度が高かった。

2 新聞の情報

よみトク！資料

●新聞には、さまざまな情報が、⑬（　　　　）されてのっている。

◆⑭（　　　　）…その日にいちばん伝えたい重要な情報がのっている。

◆テレビやラジオの番組。

◆広告。

◆**地域**に関する記事。　◆**事件**や**事故**に関する記事。

◆**政治**や**経済**に関する記事。

◆**外国のできごと**に関する記事。

◆**社会のできごと**や**スポーツ**に関する記事。

神戸新聞
2022年（令和4年）1月17日 月曜日
阪神・淡路大震災きょう27年
被災自治体財政負担なお
県と12市 残る返済4403億円
トンガ沖海底噴火
津波警報22万
奄美、岩手

（2022年1月17日　神戸新聞）

こんなにたくさんの記事がのっているんだ。

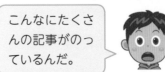

日本で最初に、今のように毎日発行される日本語の新聞ができたのは今から150年ほど前の明治時代のはじめごろのことだよ。

教科書 194〜199ページ　答え 14ページ

1 情報（じょうほう）を手に入れる方法について、次の問いに答えましょう。

(1) 次の①〜④のとき、どのように情報を手に入れますか。右の**絵**からあてはまるものを選びましょう。

①（　　）②（　　）③（　　）④（　　）

① スーパーマーケットの安売りの品物を知りたい。

② 学習でわからないことを調べたい。

③ 学校に行く前にニュースを確認（かくにん）しておきたい。

④ 明日の天気について知りたい。

ア　イ　ウ　エ

(2) インターネットについて、次の文の□にあてはまる言葉を書きましょう。　①（　　）②（　　）

●インターネットとは、世界中のコンピューターなどの［①］どうしをつないでいる［②］のことである。

2 メディアの特ちょうについて、次の問いに答えましょう。

(1) メディアのうち、新聞やテレビなど、多くの人に大量の情報を送るものを、特に何といいますか。（　　）

(2) 次の特ちょうにあてはまるメディアを、右の□から選びましょう。

①（　　）②（　　）③（　　）

新聞
テレビ
ラジオ

① 災害（さいがい）がおこったときでも無線で情報を収集（しゅうしゅう）できる。

② 切りぬいて、保存（ほぞん）しておくことができる。

③ 新しい情報が映像（えいぞう）でわかりやすく伝わる。

(3) 右の**グラフ**を見て、次の文にあてはまるメディアを書きましょう。

① 30代以上でいちばん信頼度が高い。（　　）

② どの年代でもいちばん信頼度が低い。（　　）

年代別各メディアの信頼度（しんらいど）

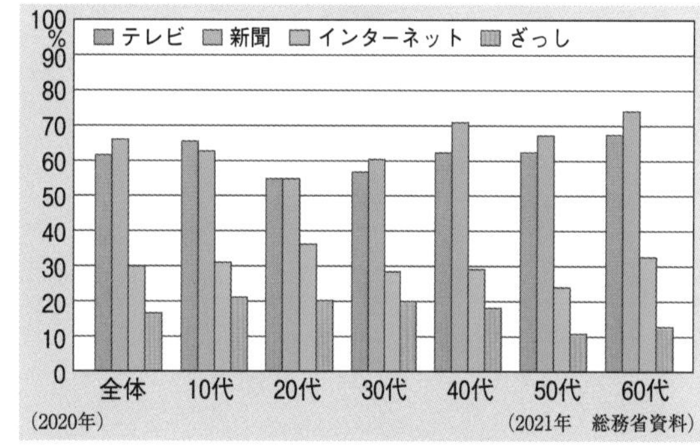

3 右の絵は、新聞の1面を示（しめ）しています。1面について次の文の□にあてはまる言葉を、□から選んで書きましょう。

①（　　）②（　　）

●1面には、［①］がその日に［②］伝えたい重要な情報がのっている。

いちばん　　新聞社

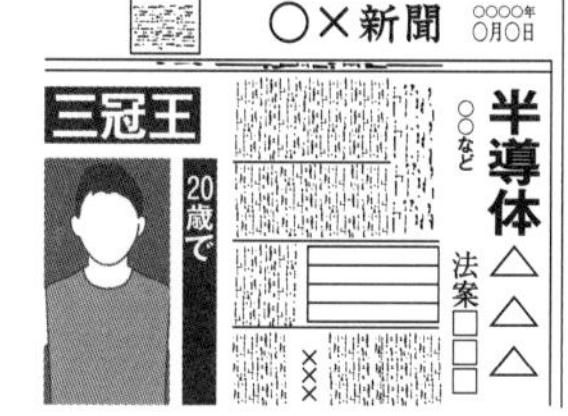

情報を伝える方法や手段のことをメディアという。

勉強した日　月　日

1　情報をつくり、伝える②

基本のワーク

学習の目標
新聞がどのようにつくられるかを確かめよう。

教科書 200〜205ページ　答え 15ページ

1 情報を集める／新聞がわたしたちのもとにとどくまで

●①(　　　)…現場に行ったり、人に話を聞いたりして情報を集め、記事にする。
◆大阪や東京の本社のほか、新聞の配達地域にある総局や②(　　　)、国外にある支局などで多くの情報を集めている。
◆**取材記者**は、公平性を保つことや、あやまりがないようにすることに気をつけている。
●新聞社には、③(　　　)という部署がおかれ、取材記者から多くの記事が集まる。
◆**デスク**…取材記者から集まった情報を取りまとめ、記事を確認する④(　　　)。

よみトク！資料　新聞が配達されるまで

たくさんの人が関わっているね。

1デスクのチェック
記事が⑤(　　　)かどうか、記事にする価値があるかどうかを判断する。

2 編集会議
各部の⑥(　　　)が集まり、どのような紙面にするか決める。

3紙面をつくる
⑦(　　　)で見出しの言葉や構成を考えたり、写真などを配置したりする。

4最終チェック
⑧(　　　)担当者が記事の内容や文字などにまちがいがないか確認する。

5印刷
1時間に6万部以上を印刷する。

6配達
新聞を⑨(　　　)で印刷工場から販売店に運び、配達員が家まで配達。

2 情報の伝え方とそのえいきょう

●新聞社によって、同じ記事でもあつかう大きさや内容に⑩(　　　)がある。
●**マスメディア**が不確かな情報やあやまった情報を伝えると、⑪(　　　)被害を人にあたえたりする。
◆取材や情報発信の⑫(　　　)がつくられている。
●マスメディアの情報をどのように比べて判断するか、考えていく必要がある。

報道被害
マスメディアの取材や情報発信によって、きずつけられたり、人間関係や仕事などに損害を受けたりすること。

最近は、新聞の紙面をパソコンやタブレット、スマートフォンなどで読めるサービスが広がっているよ。配達を待たなくてもいいから、どこでも見られるね。

できた数　　／14問中

教科書　200〜205ページ　　答え　15ページ

1 次の図は、新聞が配達されるまでの流れを示しています。あとの問いに答えましょう。

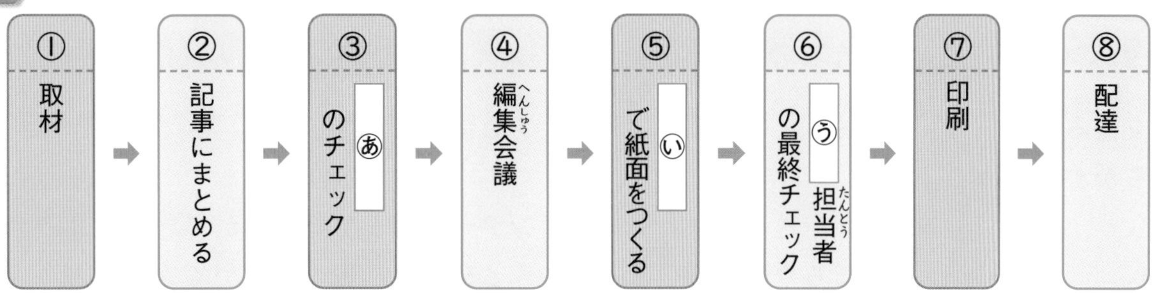

(1) **図**の①と②の仕事をする人を何といいますか。（　　　）

(2) (1)の人の仕事について、次の文の□にあてはまる言葉を書きましょう。

①（　　　）②（　　　）③（　　　）④（　　　）

●複数の取材先の人に話を聞いたり、国や研究機関の資料や本などで調べることで、①性を保ち、②がないようにしている。

●取材した内容を記事にするときは、③をくふうしてインパクトをもたせるようにしたり、できごとがおこった④や原因、背景なども書いたりするようにしている。

(3) **図**の□にあてはまる言葉を、□から選びましょう。

あ（　　　）い（　　　）
う（　　　）

校閲　デスク
配達員　編成センター

(4) 次の**絵**にあてはまる作業を、**図**の①〜⑧から選びましょう。

Ⓐ（　　）Ⓑ（　　）Ⓒ（　　）

Ⓐ

Ⓑ

Ⓒ

2 マスメディアが伝える情報について、次の問いに答えましょう。

(1) 右の**資料**は、２つの新聞の１面です。次の①、②にあてはまるものを選びましょう。

① 全国的な情報を大きく取り上げている。（　　）

② 地域の情報を大きく取り上げている。（　　）

(2) 次から正しい文を選びましょう。（　　）

㋐ 正確な判断をするために、マスメディアの情報をそのまま信じるようにする。

㋑ 新聞社やテレビ局には、情報発信のときに守るきまりがない。

㋒ マスメディアの取材や情報発信によって報道被害を受ける人たちがいる。

Ⓐ

阪神・淡路大震災きょう27年
被災自治体 財政負担なお
神戸新聞
津波警報 22万人避難指示
県内コロナ感染

(2022年1月17日　神戸新聞)

Ⓑ

讀賣新聞
トンガ海底噴火
太平洋岸 広域に津波
阪神大震災27年

(2022年1月17日　読売新聞)

ポイント　新聞づくりには、取材記者やデスクなど多くの人が関わっている。

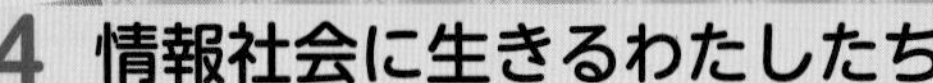

1 情報をつくり、伝える③

基本のワーク

学習の目標

情報社会でおきる問題や情報のあつかい方を確かめよう。

教科書 206〜209ページ　答え 15ページ

1 マスメディアとわたしたちの関わりを考える／メディアの発達と生活の変化

●情報を得るためには、マスメディアのほか、メディアを使った①(　　　　)どうしでの交流もかかせない。

◆②(　　　　)で情報が送られてきたり、インターネットで買い物ができたりする。

◆③(　　　　)で友だちや同じしゅみをもつ人と交流を深めることができる。

●人の手でおこなっていたことを、④(　　　　)(AI)がかわりにおこなうようになっている。

人工知能（AI）
人の脳がおこなうような知的な情報処理をおこなうプログラム。

●インターネット上のたくさんの情報をどう活用するかが問題になっている。

●インターネットによる⑤(　　　　)が増えるなど、問題点も多い。

2 情報社会の問題

●インターネットの利用でおこる問題

◆インターネットの利用しすぎ　◆でたらめな⑥(　　　　)を流す

◆ネットいじめ　◆⑦(　　　　)の流出　◆法律を守らない

◆**ネットショッピング**のトラブル

個人情報は自分でもたいせつに守ろうね。

●でたらめなうわさやあやまった情報で人々が混乱することがある。

よみトク！資料　インターネットを利用するときの情報のあつかい方

情報を送る側

●個人情報を流さない。

●⑧(　　　　)な情報を送る。

●人がつくったものを⑨(　　　　)に使わない。

情報を受け取る側

●必要な情報をきちんと選んで使う。

●必要のない情報は絶対に⑩(　　　　)。

●問題がおきたら、家の人や学校に⑪(　　　　)する。

●インターネットを利用するうえでの⑫(　　　　)や**マナー**を理解して使うようにする。

しゃかいか工場　個人情報が流出すると、悪用されるおそれがあるんだ。情報をあつかう会社は、個人情報を外部にもらさないように取り組むことが、法律で決められているよ。

勉強した日　月　日

練習のワーク

できた数　／14問中

教科書 206～209ページ　答え 15ページ

1 次の問いに答えましょう。

(1) あのグラフを見て、次の文の{　}にあてはまる数字や言葉に○を書きましょう。

●インターネットを利用している人のわりあいは、2020年には80%をこえており、2000年の①{ 2　5 }倍以上になっている。

●インターネットを利用している人のわりあいが最も増(ふ)えたのは、②{ 2000年から2005年　2010年から2015年 }にかけてである。

(2) 次の①・②の言葉の説明を、あとから選びましょう。

① SNS(エスエヌエス)（　）　② AI(エーアイ)（　）

㋐ 人の脳(のう)と同様の知的な情報処理(じょうほうしょり)をおこなうプログラム。

㋑ 多くの人に大量の情報を送る手段(しゅだん)。

㋒ 友だちや同じしゅみをもつ人と交流を深めるためのインターネット上のサービス。

(3) いのグラフのⒶ・Ⓑにあてはまる情報通信機器を、次の会話を読んで書きましょう。

（　）Ⓑ（　）

Iさん：スマートフォンの世帯保有率(ほゆうりつ)がパソコンや固定電話をこえたね。

Kさん：タブレットは、まだその半分くらいだね。

あインターネットを利用している人のわりあいのうつり変わり

年	2000	05	10	15	20年

（令和2年通信利用動向調査ほか）

い情報通信機器の世帯保有率のうつり変わり

携帯(けいたい)電話・PHS(ピーエイチエス)　固定電話　パソコン　Ⓐ　Ⓑ

※携帯電話・PHSは、2010年からはスマートフォンも含む保有率(ほゆうりつ)

（各年版通信利用動向調査）

(4) メディアの発達による変化について、次の文の□にあてはまる言葉を書きましょう。

①（　）②（　）

●生活が便利になるいっぽう、たくさんの ① をどう活用するかが問題になっている。

● ② を使った犯罪(はんざい)が増(ふ)えている。

2 情報社会の問題について、次の問いに答えましょう。

(1) インターネットの利用でおきる問題を、次から2つ選びましょう。（　）（　）

㋐ テレビを見すぎるようになる。　㋑ でたらめなうわさが発信される。

㋒ ネットショッピングでトラブルがおきる。　㋓ 紙のごみが増(ふ)える。

(2) 次のうち、情報を送る側が気をつけることには㋐、情報を受け取る側が気をつけることには㋑を書きましょう。

① 必要な情報を選んで使う。（　）

② 自分や他人の個人(こじん)情報を流さない。（　）

③ 人がつくったものを勝手に使わない。（　）

④ 何か問題がおきたら、家の人や学校に相談する。（　）

ポイント インターネットを使ううえでのルールやマナーがある。

まとめのテスト

勉強した日　　月　　日

1　情報をつくり、伝える

得点　　/100点

教科書　194～209ページ　 答え　15ページ

1 メディアの特ちょう　次の絵を見て、あとの問いに答えましょう。　1つ4〔36点〕

㋐ 　㋑ 　㋒ 　㋓ 

よく出る

(1)　㋐～㋓の**絵**にあてはまるメディアの名前をそれぞれ書きましょう。

㋐(　　　　　)　㋑(　　　　　)　㋒(　　　　　)　㋓(　　　　　)

(2)　次の**カード**は、どのメディアの特ちょうをまとめたものですか。㋐～㋓からそれぞれ選びましょう。　①(　　)　②(　　)　③(　　)　④(　　)

①　音声だけで情報を伝える。災害がおこったときにも無線で情報を収集できる。	②　映像と音声で情報を伝えるので、わかりやすい。さまざまな番組から情報を得られる。	③　映像・音声・文字・写真などで世界中の大量の情報を、いつでも見たり、発信したりできる。	④　文字・写真・絵で情報を伝える。持ち運びができて、何度も読み返すことができる。

(3)　情報を手に入れる手段について、正しい文を次から選びましょう。　(　　)

㋐　最近は、スマートフォンにかわって、テレビが情報を手に入れるおもな手段になった。

㋑　本やインターネット、人から聞いた話など、わたしたちは大量の情報に接している。

㋒　くらしにかかわる情報を手に入れる手段は、インターネットだけになった。

2 新聞社のようす　次の資料は、新聞ができるまでのようすを示しています。あとの問いに答えましょう。　1つ5〔20点〕

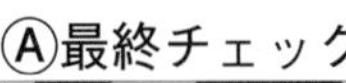

Ⓐ最終チェック

Ⓑ編集会議

Ⓒ記事にまとめる

Ⓓ記事のチェック

Ⓔ取材

Ⓕ紙面づくり

(1)　Ⓐ、Ⓒ、Ⓓをおこなう人を、[　　]から選びましょう。

校閲担当者　　デスク　　取材記者

Ⓐ(　　　　　)　Ⓒ(　　　　　)　Ⓓ(　　　　　)

(2)　Ⓐ～Ⓕを、新聞ができる順番にならべましょう。

(　　→　　→　　→　　→　　→　　)

3 情報の伝え方　右の資料は２種類の新聞の１面です。次の問いに答えましょう。　1つ5〔20点〕

述 (1) **資料**からわかることを、**いちばん**の言葉を使い、次の書き出しに続けて書きましょう。

●新聞社によって、

（　　　　　　　　　　　　　　　　　　）

(2) 特定の地域を中心に販売されている新聞は、あ・いのどちらですか。　（　　　）

考 (3) **資料**から考えられることを、次から選びましょう。　（　　　）

あ

神戸新聞

阪神・淡路大震災きょう27年

被災自治体 財政負担なお

残る返済4403億円

津波警報 22万人避難指示

県内コロナ感染

(2022年1月17日　神戸新聞)

い

讀賣新聞

トンガ海底噴火

太平洋岸 広域に津波

阪神大震災27年

(2022年1月17日　読売新聞)

㋐　新聞社は、ほかの新聞社と同じできごとをとりあつかってはいけない。

㋑　同じできごとを記事にするときは、どの新聞社も同じ見出しをつける。

㋒　同じできごとでも伝え方がちがうと、読む人々の感じ方や判断が変わってしまう。

(4) マスメディアの取材や情報発信によって、その人の人間関係や仕事などに深刻な損害をあたえることを何といいますか。　（　　　　　　）

4 情報社会の問題　次の問いに答えましょう。　(2)は記号と記述で8、ほか1つ4〔24点〕

考 (1) 右の**グラフ**を見てわかることを、次から２つ選びましょう。　（　　　）（　　　）

㋐　2000年からの20年間で、インターネットの犯罪件数は約10倍になった。

㋑　インターネット犯罪の多くは、タブレットを使っておこなわれている。

インターネットを使った犯罪件数のうつり変わり

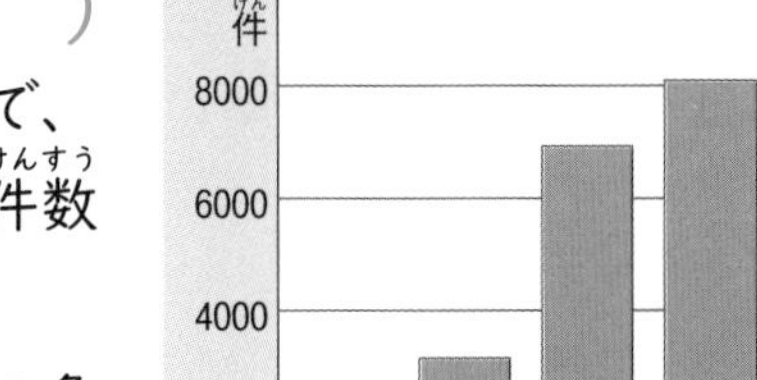

(警察庁資料ほか)

情報通信機器の世帯保有率のうつり変わり

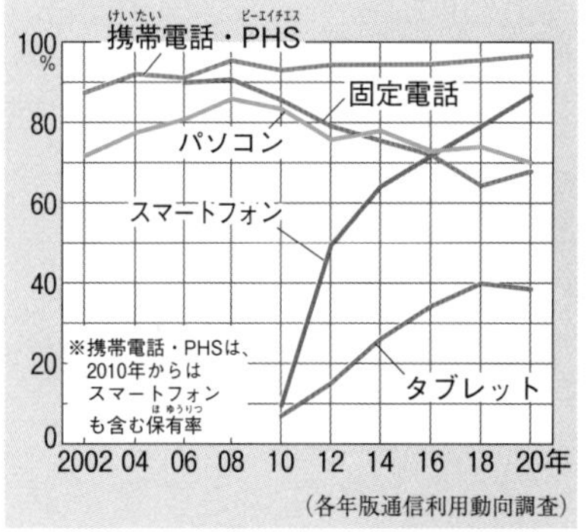

(各年版通信利用動向調査)

㋒　スマートフォンが使われるようになったころから、インターネットを使った犯罪は大きく増えた。

㋓　インターネットを使った犯罪では、さぎや悪質商法の相談が最も多い。

述 (2) 右のⒶ・Ⓑは、インターネットを使うときに気をつけることを示しています。具体的にどんなことを示していますか。Ⓐ・Ⓑのどちらかを選んで、書きましょう。

記号（　　　）

Ⓐ

Ⓑ

気をつけること（　　　　　　　　　　　　　　　　　　　　　　　　）

(3) 情報とのかかわり方について正しいものを、次から２つ選びましょう。

（　　　）（　　　）

㋐　インターネット上では、法律は守らなくてもよい。

㋑　情報を発信するときは、相手がどう思うかをよく考えてからにする。

㋒　必要があるかないかにかかわらず、なるべく多くの情報を受け取るようにする。

㋓　情報を受け取るときは、正確な情報なのか十分確かめる。

勉強した日 月 日

放送局のはたらき

学習の目標
テレビのニュース番組がどのようにつくられるかを確かめよう。

基本のワーク

教科書 210〜213ページ　答え 16ページ

1 テレビ番組とわたしたちのくらし

●わたしたちは、天気予報や選挙のときに流れる政見放送など、さまざまなテレビの情報をくらしに生かしている。

●ニュース番組のスタジオでは、ニュースを読む①(　　　)や、副調整室からの指示をアナウンサーに伝える②(　　　)など多くの人が番組を支えている。

◆アナウンサーは、番組の本番がはじまるまでにニュースの内容を理解し、よりよい情報を伝えるようにしている。音声だけでも伝わるように心がけている。

◆副調整室では、映像を切りかえたり、字幕を出したり、③(　　　)をチェックしたりしている。

テレビ番組の内わけ

種類	割合
報道	19.3
ごらく	44.1%
教育・教養など	36.6

(2019年度)　(日本民間放送年鑑2020)

2 ニュース番組ができるまで

●ニュース番組で最もたいせつなことは、④(　　　)であること。

◆新しい映像が入れば、いったん編集したあとでも最新の情報を伝える。

よみトク！資料 ニュース番組ができるまで

1 ⑤(　　　)収集
全国各地や世界中から、1日1000件以上の情報が入ってくる。

2 取材
⑥(　　　)が取材をし、カメラマンや音声・照明スタッフが現場をさつえいする。

3 ⑦(　　　)
デスクたちが集まり、放送する情報を選び、編集責任者が放送の順番を決める。

4 原こう作成
記者がまとめた原こうをもとに、番組で読まれる原こうを書く。

5 ⑧(　　　)
番組で流す映像を、見ている人がすぐわかるように編集する。

6 本番

◆⑨(　　　)…記者からの情報を取りまとめ、取材の指示をしたり、原こうや映像を確認したりする責任者。

◆⑩(　　　)…番組全体の⑪(　　　)を決めることや、スケジュール管理、完成した番組の最終的な確認をする番組全体の責任者。

見る人のことを考えてニュース番組をつくっているんだね。

●災害がおきたときは、1秒でも⑫(　　　)情報を伝えることが重要。

◆アナウンサーは、⑬(　　　)に備えて、常に訓練をしている。

しゃかいか工場 テレビの衛星放送には放送衛星や通信衛星が利用されているよ。これらの人工衛星は、地球の赤道上の36000kmの高さに打ち上げられているんだって。

勉強した日　　月　　日

練習のワーク

できた数　　／13問中

教科書 210～213ページ　答え 16ページ

1 次の問いに答えましょう。

(1) ニュース番組があてはまるテレビ番組の種類を、右の**グラフ**から選びましょう。（　　　）

テレビ番組の内わけ

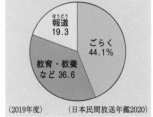

報道 19.3
ごらく 44.1%
教育・教養など 36.6
(2019年度)　(日本民間放送年鑑2020)

(2) 映像を切りかえたり、時間を秒単位でチェックしたりして、スタジオに指示を出す場所を何といいますか。

（　　　）

(3) アナウンサーが心がけていることを、次から２つ選びましょう。

（　　）（　　）

㋐ ニュースの内容を理解する。　㋑ あたえられた原こうをそのまま読む。
㋒ できるだけ早口で原こうを読む。　㋓ 音声だけでも伝わるように話す。

2 次の絵は、ニュース番組をつくるようすを示しています。あとの問いに答えましょう。

(1) 次の仕事をあらわしている**絵**を、上から選びましょう。

①（　　）②（　　）③（　　）④（　　）

① 番組で流す映像を、見ている人がすぐわかるように編集する。
② 番組で読まれる原こうを作成する。
③ ニュースの現場に行って取材をする。
④ 多くの情報のなかから、見る人が求める情報を選び、放送の順番を決める。

(2) あ～えをニュース番組ができる順番にならべかえましょう。

（　　→　　→　　→　　）→本番

(3) 次の文の□にあてはまる言葉を書きましょう。

①（　　　）②（　　　）

●記者のほか、［①］や音声・照明スタッフが現場で取材をおこなう。
●編集責任者は、［②］管理や、完成した番組の最終的な確認などの仕事をおこなう。

(4) 災害がおきたときのきん急放送で重要なことを、次から２つ選びましょう。

（　　）（　　）

㋐ 時間をかけて原こうを修正する。　㋑ １秒でも早く情報を伝える。
㋒ すぐにわかる画面にする。　㋓ 放送時間を秒単位でチェックする。

ニュース番組は、早く、正確に、わかりやすく伝える。

勉強した日 月 日

2 情報を生かして発展する産業①

学習の目標
気象情報がどのように産業に生かされているかを確かめよう。

基本のワーク

教科書 214～219ページ　答え 16ページ

1 情報を利用する産業

●①(　　　　　)は、さまざまな産業で利用されている。
◆情報を利用することで、産業が②(　　　　　)的におこなわれるようになる。
●あるアイスクリームをつくる会社では、よりよい商品をとどけるために情報を生かしている。
◆③(　　　　　)を提供する会社がつくる予測情報を購入している。

2 気象情報を生かしたサービス

●気象情報を提供する会社では、天気予報やせんたく④(　　　　　)などの情報を提供するほか、会社向けの気象情報の提供や、情報にもとづいてアドバイスする仕事をしている。
●気象は、産業に損害やえいきょうをおよぼすことがある。
➡気象情報を利用し、商品の⑤(　　　　　)量や出荷量の予測情報を提供することで、悪いえいきょうを減らせる。

100を基準にしてあらわした数字や順位を指数というよ。

よみトク！資料　気象情報などを提供するしくみ

収集する情報	気象情報を提供する会社	会社
●気象情報 ●⑥(　　　　　)の短文投こうサイトに投こうされた気象に関するつぶやき ●商品の⑦(　　　　　)などに関する情報	●情報を分せきして、商品の生産量や出荷量などの⑧(　　　　　)を提供する。 	●アイスクリームをつくる会社 

3 おいしい商品をつくるために

●新鮮なもなかアイスクリームをとどけるために、つくりおきはしない。➡⑨(　　　　　)に合わせた生産量にすることがたいせつ。
●アイスクリームは、天気や気温などで売れゆきが大きく⑩(　　　　　)する。
●これまでは前年や前週の売れゆき、天気予報や「経験と⑪(　　　　　)」で生産量を決めていたが、最近は気候の変化がはげしく、予測がむずかしい。➡細かい気象情報や売れゆきを予測した情報などを購入して、生産量や多めに輸送する地域を決めることに役立てている。

アイスクリームをつくる会社でこまっていたこと

気象情報を提供する会社では、ほかにもおでかけ指数やかぜひき指数などの、くらしに関わるいろいろな指数を発表しているんだよ。どのようなものがあるか調べてみよう。

練習のワーク

教科書 214～219ページ　答え 16ページ

できた数　　／11問中

1 次の文の□に共通してあてはまる言葉を書きましょう。　（　　　　）

●さまざまな産業で、□が利用されている。□を利用することで、効率的に産業がおこなえるようになる。

2 次の問いに答えましょう。

(1) 次のとき、右の画面の中のどの情報を利用しますか。あとから選びましょう。

① 明日、せんたくをするとよいかどうか。（　　）

② 運動会の日に晴れるかどうか。（　　）

㋐ 天気　　㋑ 最高気温

㋒ せんたく指数　　㋓ 最低気温

那覇 21/15 20% 80
新潟 6/2 40% 70
札幌 1/-1 70% 60
釧路 4/1 20% 80
広島 14/3 0% 90
金沢 7/4 30% 80
仙台 6/1 10% 50
福岡 14/5 0% 90
東京 14/4 0% 100
鹿児島 15/4 10% 100
高知 15/4 0% 100
大阪 12/4 0% 90
名古屋 11/4 0% 90
せんたく指数 100

(2) 気象情報を提供する会社では、どのような情報を収集していますか。次から２つ選びましょう。（　　）（　　）

㋐ 個人の住所・氏名・年齢などの情報　　㋑ 世界中で観測された気象情報

㋒ ＳＮＳに投こうされたスポーツに関するつぶやき　　㋓ 商品の売り上げなどの情報

(3) 気象情報を提供する会社は、収集した情報をどのように利用していますか。次の文の□にあてはまる言葉を書きましょう。　①（　　　　）②（　　　　）

●①が産業におよぼす悪いえいきょうを減らすために、これらの情報を②して、商品の生産量や出荷量の予測情報をさまざまな会社に提供している。

3 次の問いに答えましょう。

(1) 右の予測情報から、アイスクリームをつくる会社は、どのようなことを決められるようになりますか。次から２つ選びましょう。（　　）（　　）

㋐ 商品を何日で店にとどけるか。

㋑ どれくらいの量を生産するか。

㋒ どこに工場をつくるか。

㋓ どの地域へ多めの量を輸送するか。

気象情報を提供する会社から送られる予測情報

週ごとの
• 去年の気温
• 予想気温
• 前年の売上個数
• 週間の売上予測数
など

来週の気温は北日本で低くなり、西日本で高くなるでしょう。
九州南部ではかなりの高温となるおそれがあります。

(2) 右上のような予測情報を利用することで、アイスクリームをつくる会社には、どのようなよい点がありますか。次の□にあてはまる言葉を書きましょう。

①（　　　　）②（　　　　）

●もなかアイスクリームは、新鮮な商品をとどけるために、①をせずに生産している。予測情報を利用することで、②と売れゆきを近づけることができ、売れ残りを減らすことができる。

ポイント　**気象情報が生産や輸送に生かされている。**

勉強した日　　月　　日

2 情報を生かして発展する産業②

基本のワーク

学習の目標
産業でどのような情報が利用されているかを確かめよう。

教科書 220～223ページ　答え 16ページ

1 情報をよりよく生かすために

●気象情報を提供する会社では、気象情報をもとに①(　　　　　)を提供するサービスを始めたころは、予測と実際の売り上げが合わないなど、うまくいかないこともあった。
- 売上予測情報をより②(　　　　　)にするために、アイスクリームをつくる会社と月1回会議をして、今後の見通しや対応について話し合う。
- ③(　　　　　)の削減など、社会に貢献できるサービスを提供できるよう努力している。

●アイスクリームをつくる会社では、生産量を、売上予測情報の量と④(　　　　　)量にする場合もある。
- テレビ⑤(　　　　　)や店のキャンペーンなどの、⑥(　　　　　)以外の要素も売れゆきに大きくえいきょうすることがわかっている。
- アイスクリームの生産量は、売上予測情報以外にも、さまざまな情報を組み合わせ、アイスクリームをつくる会社の担当者が判断し、⑦(　　　　　)する。

2 気象情報を活用する産業

●さまざまな会社が気象情報を活用している。

よみトク！資料　気象情報の活用例

⑧(　　　　　)での活用例

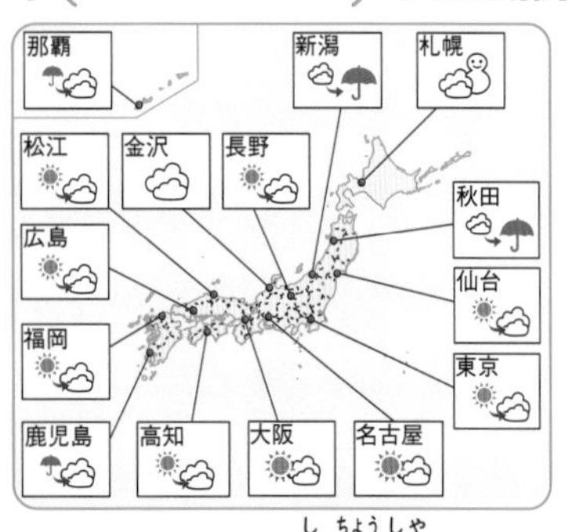

気象情報や、視聴者にわかりやすい天気予報のシステムの提供を受けて放送している。

ガス会社での活用例

気象情報をもとに、ガスの使用量を予測している。

海上運送での活用例

波の高さや潮の流れなどから、⑨(　　　　　)で効率のよい輸送ルートを計画する。

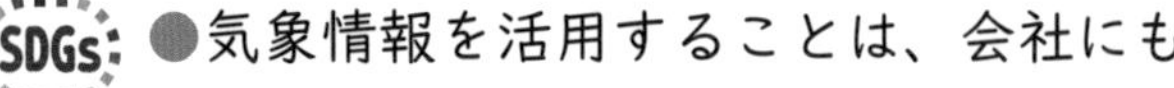

SDGs ●気象情報を活用することは、会社にも⑩(　　　　　)にもやさしい。
- 食料品の生産量を予測➡⑪(　　　　　)切れなどですてられてしまう食料品を減らせる。
- 船の輸送ルートを予測➡船を動かすのに必要な⑫(　　　　　)を減らすことができる。

●同じ情報でも、会社や産業によってさまざまな⑬(　　　　　)で活用されている。

●これからの産業の発展には、情報の活用が重要。情報を提供する側は、より正確で必要とされる情報を発信する努力、情報を活用する側は、情報をもとに考え判断することがたいせつ。

しゃかいか工場　まだ食べられるのにすてられてしまう食品を、「食品ロス」というよ。日本では、1年で約523万t(2021年)もの食品ロスが発生していて、問題となっているんだ。

練習のワーク

教科書 220～223ページ　答え 17ページ

できた数　／12問中

1 次の問いに答えましょう。

(1) 気象情報を提供する会社について、次の文の□にあてはまる言葉を書きましょう。（　　）

●気象情報を提供する会社は、売上予測情報を活用する会社と□をして、今後の見通しや対応を話し合っている。

(2) 気象情報を使ってアイスクリームの売り上げを予測することと関係が深いものを、次から選びましょう。（　）

㋐ 農業で働く人を減らす。　㋑ 食品ロスを減らす。
㋒ 化石燃料の輸入を増やす。　㋓ 二酸化炭素の排出量を増やす。

(3) 次の①～④の商品について、気温が高くなると売れやすいものには㋐、気温が低くなると売れやすいものには㋑を書きましょう。

① アイスクリーム（　）　② シチュー（　）
③ ココア（　）　④ スポーツドリンク（　）

(4) 次の文の{　}にあてはまる言葉に○を書きましょう。

●アイスクリームの生産量を決定するときは、①{ テレビCM　食料自給率 }など天気以外の要素についても考える。

●アイスクリームの生産量は②{ 気象情報を提供する会社　アイスクリームをつくる会社 }が最終的に判断する。

2 右の資料は、産業で活用される気象情報の例を示しています。次の問いに答えましょう。

(1) 右の①・②では、気象情報をどのように活用していますか。次の文の□にあてはまる言葉を書きましょう。①（　）②（　）

①ガス会社

②船の運輸会社

① ガス会社では、気象のくわしい情報をもとに、ガスの□量を予測することに活用している。

② 船の運輸会社では、波の高さや潮の流れなどから、安全で□にやさしい輸送ルートを計画することに活用している。

(2) 産業や社会のなかでよりよく情報を生かしていくためにたいせつなことについて、次の文の□にあてはまる言葉を書きましょう。

①（　）②（　）

●情報を提供する側は、より［①］で必要とされる情報を発信する努力をしていくこと。

●情報を活用する側は、その情報をもとに自分たちで考え［②］していくこと。

ポイント 情報を活用することで、産業がいっそう発展していく。

まとめのテスト

2　情報を生かして発展する産業

時間 20分

得点　　/100点

教科書 214〜223ページ　答え 17ページ

1 情報を利用する産業 **次の問いに答えましょう。**　1つ5〔20点〕

(1)　右の**グラフ**からわかることを、次から２つ選びましょう。（　　）（　　）

㋐　2000年度からの約20年間で、売り上げは約５倍になった。
㋑　2009年度と比(くら)べて、2019年度は２倍以上の売り上げがある。
㋒　2000年度から2019年度まで、売り上げは増(ふ)え続けている。
㋓　2000年度から2019年度まで、売り上げは減(へ)り続けている。

もなかアイスクリームの売り上げのうつり変わり

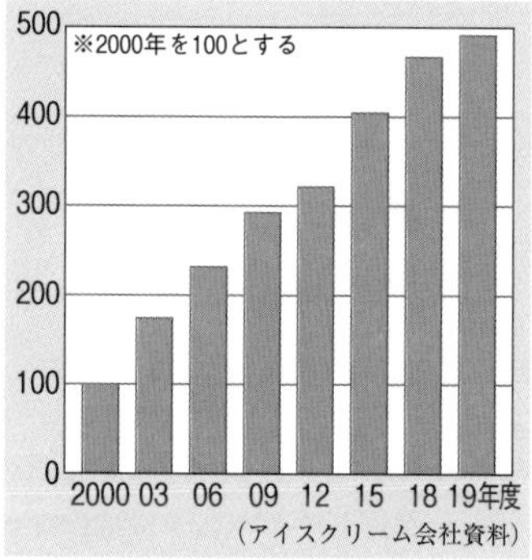
500
400
300
200
100
0
※2000年を100とする
2000 03 06 09 12 15 18 19年度
（アイスクリーム会社資料）

(2)　気象情報(きしょうじょうほう)を提供(ていきょう)する会社について、次の文の□にあてはまる言葉を書きましょう。

①（　　　　）②（　　　　）

●気象情報や商品の ① などの情報、SNS(エスエヌエス)での気象に関する情報を入手・分せきして、その会社に合った情報を提供したり、情報にもとづいて ② したりしている。

2 おいしい商品をつくるために **次の資料(しりょう)を見て、あとの問いに答えましょう。**　1つ5〔20点〕

㋐アイスクリームが店にとどくまで

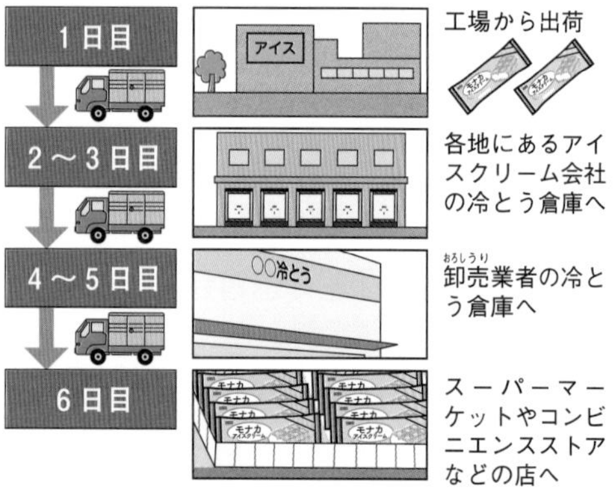
1日目
アイス
工場から出荷
2〜3日目
各地にあるアイスクリーム会社の冷とう倉庫へ
4〜5日目
○○冷とう
卸売(おろしうり)業者の冷とう倉庫へ
6日目
スーパーマーケットやコンビニエンスストアなどの店へ

㋑アイスクリームをつくる会社でこまっていたこと

アイスクリームをつくる会社の人
在庫 0個
アイスクリーム工場の人
生産量を増(ふ)やしてください！
買う人
アイス
アイス品切
運送会社
アイスクリームをつくる会社の人
北海道(ほっかいどう)から商品を九州(きゅうしゅう)へ運ぶのでトラックを手配してください！

(1)　㋐、㋑の**資料**からわかることを、次からそれぞれ選びましょう。㋐（　　）㋑（　　）

㋐　アイスクリームは雨の日は売れない。
㋑　アイスクリームは出荷から店にならぶまでに６日間かかる。
㋒　アイスクリームを品うすの地域(ちいき)に運ぶのにトラックを手配する必要がある。
㋓　アイスクリームは工場から直接(ちょくせつ)店に運ばれる。

思考

(2)　㋒の**資料**を見て、次の文の｛　　｝にあてはまる言葉に○を書きましょう。

●予想気温が下がると、週間の売上個数は
Ⓐ｛ 増(ふ)える　減(へ)る ｝と予測(よそく)されている。

●９月18日の週の生産量は、８月21日の週と比べて、アイスクリームの生産量をⒷ｛ 増やす　減らす ｝とよいと考えられる。

㋒週平均(へいきん)気温予測とアイスクリーム売上予測

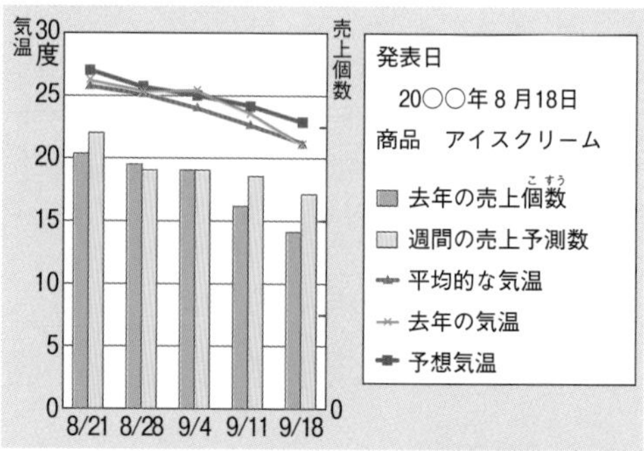
気温 度
30
25
20
15
10
5
0
売上個数
0
8/21 8/28 9/4 9/11 9/18
発表日
20○○年８月18日
商品　アイスクリーム
去年の売上個数(こすう)
週間の売上予測数
平均的な気温
去年の気温
予想気温

3 情報をよりよく生かす　次の資料を見て、あとの問いに答えましょう。

1つ5〔30点〕

気象情報を提供する会社の人の話

> アイスクリームをつくる会社で長年経験を積んだ人の「経験とかん」はかなり正確で、その「経験とかん」に追いつけるように努力を続けています。
> ①アイスクリームをつくる会社と月1回会議をして、今後の見通しや対応を話し合っています。

アイスクリームをつくる会社の人の話

> アイスクリームの売れゆきには、②天気以外の要素も大きくえいきょうします。
> アイスクリームの生産量は、売上予測情報とともに、ほかの情報を組み合わせて、わたしたちの会社の担当者が判断します。

(1) **資料**からわかることを、次から2つ選びましょう。　(　　)(　　)

㋐ 気象情報を提供する会社がつくった売上予測が外れることはない。
㋑ 長年経験を積んだ人の「経験とかん」で予測した売り上げは、かなり正確である。
㋒ アイスクリームの生産量は、常に売上予測情報の量と同じになるようにしている。
㋓ 最終的なアイスクリームの生産量は、アイスクリームをつくる会社の担当者が判断する。

(2) ①――の理由を、**売上予測情報**の言葉を使って書きましょう。

(　　　　　　　　　　　　　　　　　　　　)

(3) ②――にあてはまるものを、次から2つ選びましょう。　(　　)(　　)

㋐ テレビCM　　㋑ 工場から店までのきょり
㋒ 気温　　㋓ 店のキャンペーン

(4) 次の文中の□にあてはまる言葉を書きましょう。　(　　　　)

●**資料**のように、気象情報を活用して食料品の生産量を予測することで、□を削減することができる。

4 気象情報を活用する産業　次の発言は、さまざまな会社や産業での気象情報の活用例です。あとの問いに答えましょう。

1つ5〔30点〕

① 波や海流を利用したりさけたりして、安全で効率のよい輸送ルートを計画しているよ。

② 気象のくわしい情報をもとに、使用量を予測しているよ。

③ 視聴者に気象情報を提供するとともに、わかりやすい天気予報の画面をつくっているよ。

(1) 上の①～③にあてはまる会社を、次からそれぞれ選びましょう。

㋐ ガス会社　　㋑ 放送局　　㋒ 船の運輸会社　　①(　　) ②(　　) ③(　　)

(2) ――がSDGsにつながる理由を、**エネルギー**の言葉を使って書きましょう。

(　　　　　　　　　　　　　　　　　　　　)

(3) 産業や社会のなかでよりよく情報を生かしていくためにたいせつなことをまとめた、右の**表**中の①・②にあてはまるものを、次からそれぞれ選びましょう。　①(　　) ②(　　)

情報を提供する側	情報を活用する側
①	②

㋐ 情報をもとに、自分たちで考えて判断する。
㋑ より正確で、必要とされる情報を発信する。
㋒ 得られた情報を、そのまま産業に生かす。
㋓ 不確かな情報でもかまわないので、す早く発信する。

勉強した日　月　日

◆情報を生かして発展する観光業
◆医療に生かされる情報ネットワーク

基本のワーク

学習の目標：観光業や医療で、情報がどのように活用されているかを確かめよう。

教科書 224～235ページ　答え 17ページ

「情報を生かして発展する産業」（88～93ページ）とおきかえて学習できます。

1 情報を生かして発展する観光業

●京都市は、世界でも有数の観光地。特に①（　　　　）観光客が増えている。

◆外国人観光客は、ガイドブックや②（　　　　）、インターネットなどで情報を集めている。

◆京都市は、情報発信や③（　　　　）の整備など、外国人を受け入れる環境をととのえてきた。

京都市をおとずれる観光客のうつり変わり

6000万人／5000／4000／3000／2000／1000／0
2015　16　17　18　19年
■日本人観光客　■外国人観光客
（京都観光総合調査）

●京都市では、観光客の混雑を防ぐ取り組みをおこなっている。

◆スマートフォンの④（　　　　）や降水量、イベントを分せきして、時間ごとに混雑ぐあいを予測し、「京都観光快適度マップ」を作成。➡観光客を分散させる。

●京都市と京都市⑤（　　　　）では、有名観光地への観光客の⑥（　　　　）を防ぐため、市内周辺地域のまだ知られていないみりょくなどを発信している。

2 医療に生かされる情報ネットワーク

よみトク！資料　「アザレアネット」のしくみ

医療情報を提供する　●●病院

津田○○様　女性　63才

「アザレアネット」で共有する情報	11/29～12/3	12/6～12/10	12/13～12/17	12/20～12/24	12/27～12/31
診察日					
薬の情報					
注しゃ					
血液などの検査結果					
レントゲンなどの画像					
そのほかの情報					

⑦（　　　　）を見る

○×クリニック　□△診療所　▲●医院　××レディースクリニック

●かん者の⑧（　　　　）のうえで、大きな病院で治療を受けたかん者の情報を、かかりつけの病院の医師がコンピューターを使って見ることができる。

◆医療情報の共有で、かん者の⑨（　　　　）が減り、医師は治療をきめ細やかにできる。

●医療情報⑩（　　　　）が地域をこえて広まっている。

●今後⑪（　　　　）が増えることが予測されている。➡医療と福祉や⑫（　　　　）の連携が必要になる。

しゃかいか工場　医師とかん者がはなれたところで、インターネットなどの情報通信技術を利用して診察などをおこなうことを遠隔医療というんだ。病院などが少ない地域で広まっているよ。

練習のワーク

教科書 224〜235ページ　答え 17ページ

1 次の問いに答えましょう。

(1) あのグラフを見て、次の{　}にあてはまる数字や言葉に○を書きましょう。

① 2019年の外国人観光客の数は、およそ{ 1000　5000 }万人である。

② 2019年の外国人観光客の数は、2015年よりも{ 増えている　減っている }。

あ京都市をおとずれる観光客のうつり変わり

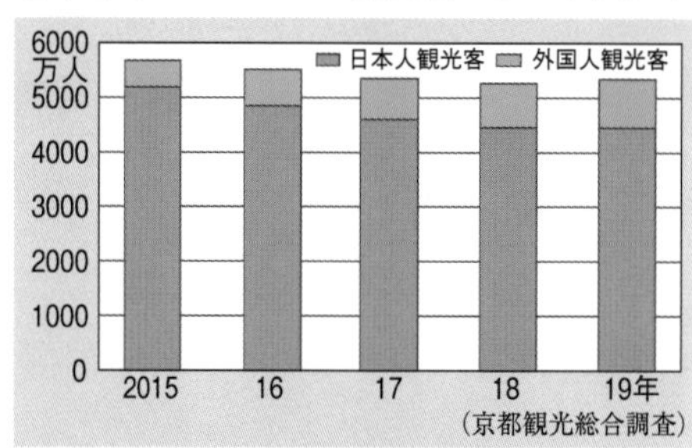

(2) いのグラフからわかることを、次から2つ選びましょう。（　）（　）

いの観光客がおとずれる時期をずらす取り組みの効果

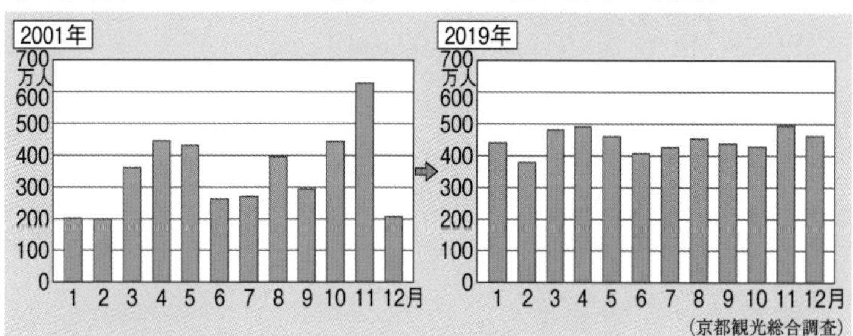

ア 1月の観光客数は、2001年と比べて2019年のほうが多い。

イ 11月の観光客数は、2001年と比べて2019年のほうが多い。

ウ 2019年の観光客数が最も多い月は、600万人をこえている。

エ 月別観光客数の差は、2001年よりも2019年のほうが小さい。

(3) いのグラフのような変化と関係が深い京都市の取り組みについて、次の文の□にあてはまる言葉をそれぞれ書きましょう。　①（　）　②（　）

●京都市は、時間帯別の ① ぐあいの予測などの情報を発信して、観光客が特定の観光地に集中しないよう、時期や時間、場所を ② させている。

2 次の問いに答えましょう。

(1) 右の図のⒶ、Ⓑにあてはまる言葉を書きましょう。
Ⓐ（　）　Ⓑ（　）

(2) 次の文の□にあてはまる言葉をそれぞれ書きましょう。①（　）　②（　）

●医療情報ネットワークでは、かん者の病名や ① 結果、飲んでいる ② の種類などが共有される。

(3) 医療情報ネットワークについて正しいものを、次から2つ選びましょう。（　）（　）

ア かん者の同意がなくても情報を共有できる。

イ 情報の共有により、きめ細やかな治療ができるようになった。

ウ 地域をこえて連携することはない。

エ 病院と福祉や介護などとの連携が広がっている。

役わりがちがう病院などが協力して、かん者を治療するしくみ

くわしい検査や手術、入院のできる病院

転院

集中的に Ⓑ をおこなう病院

入院

退院

かかりつけの Ⓐ

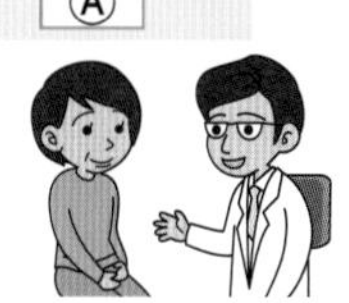

診察

自宅

医療情報ネットワークが地域をこえて広まっている。

勉強した日　月　日

1　自然災害から人々を守る①

基本のワーク

学習の目標
近年、日本でおきた自然災害と、それによる被害を確かめよう。

教科書 238〜247ページ　答え 18ページ

1 さまざまな自然災害／自然災害がおきやすい国土

●日本は、①(　　　　　)が多い国で、これまでたびたび大きな**自然災害**がおこり、被害が出てきた。

●自然災害には、さまざまな種類がある。

◆地形に関係のある自然災害…**地震**や火山の**噴火**。地震がおきると、②(　　　　　)が発生することもある。

◆③(　　　　　)に関係のある自然災害…豪雨による被害、竜巻、**大雪**など。

年	地　震
1995	阪神・淡路大震災
2004	新潟県中越地震
2007	新潟県中越沖地震
2008	岩手・宮城内陸地震
2011	東日本大震災
2016	熊本地震
2018	北海道胆振東部地震

自然災害がおきやすい国土

よみトク！資料

●日本は、世界でも④(　　　　　)が多い。

◆地震は、大地にずれが生じるとおこる。

◆⑤(　　　　　)で地震がおこると**津波**が発生することがある。

●日本は、⑥(　　　　　)量が多い。

◆つゆや⑦(　　　　　)で大雨がふることがある。➡洪水や土砂くずれの被害。

◆台風がくると、暴風や海面が高くもり上がる⑧(　　　　　)がおこることがある。

●大雪、雷雨や**竜巻**による被害も出ている。

おもな地震の発生した場所

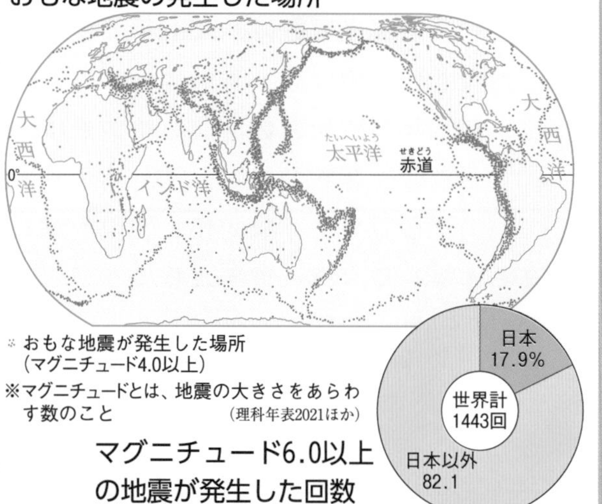

※おもな地震が発生した場所（マグニチュード4.0以上）
※マグニチュードとは、地震の大きさをあらわす数のこと　（理科年表2021ほか）

マグニチュード6.0以上の地震が発生した回数（2011～2020年の合計）

2 産業へのえいきょう

●2011年におきた⑨(　　　　　)で津波におそわれた太平洋の沿岸部は、水産業がさかんな地域だった。

◆漁船や漁港、魚市場、冷とう倉庫、水産加工しせつなどに被害。

◆カキやわかめなどの⑩(　　　　　)業のしせつに被害。

●農業…農地が津波で流されたり、海水につかったりした。

●工業…被害を受けた自動車の部品工場では生産ができなくなり、日本国内や世界各国の自動車の生産が一時的にできなくなった。

●道路や鉄道…不通になり、広いはんいで⑪(　　　　　)がおこった。

●福島第一原子力発電所…原子炉がこわれ、⑫(　　　　　)が放出された。➡**風評被害**で農水産物が出荷できない時期が続いた。

宮城県にあるおもな漁港の水あげ量の変化

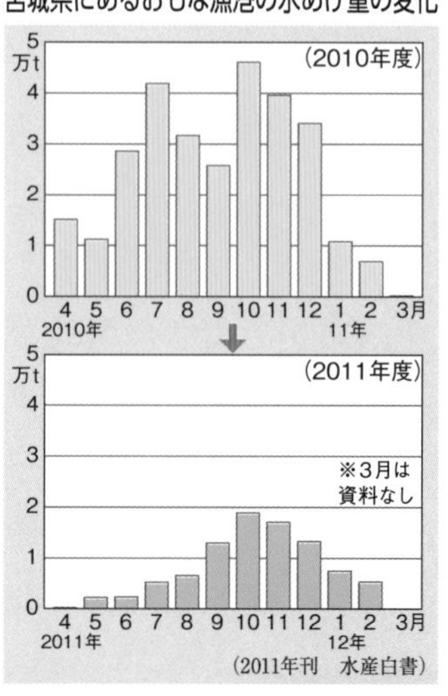

（2011年刊　水産白書）

日本は、環太平洋造山帯という、大地の動きが活発な地域にあって、地震が多い国なんだ。世界でおこる地震のうち、約2割は、日本付近でおこっているんだよ。

練習のワーク

教科書 238～247ページ　答え 18ページ

できた数　／12問中

1 次の問いに答えましょう。

(1) あ・いの**写真**が示している自然災害を、次からそれぞれ選びましょう。

あ(　　)　い(　　)

ア 大雪　イ 火山の噴火
ウ 豪雨　エ 地震　オ 竜巻

(2) あ・いの**写真**が示している自然災害のうち、気候に関係のある自然災害はどちらですか。(　　)

(3) う・えの**グラフ**を見て、次の文の{　}にあてはまる言葉に○を書きましょう。

●日本は世界の中でも降水量が①{ 多い　少ない }。

●短時間にふる大雨の回数は、②{ 増えて　減って }いる。

う世界のおもな国の年間降水量

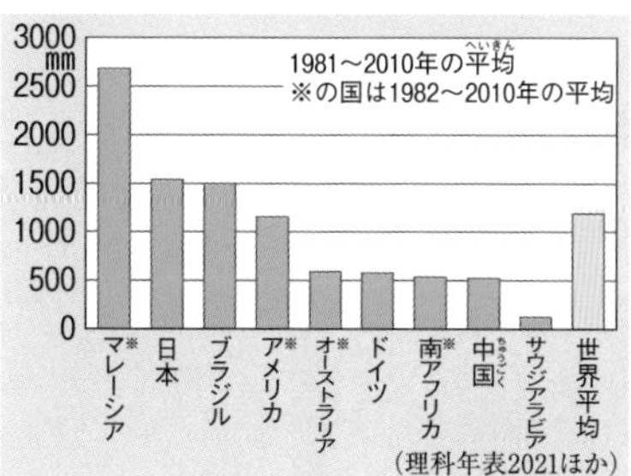

え短時間にふる大雨の回数の平均

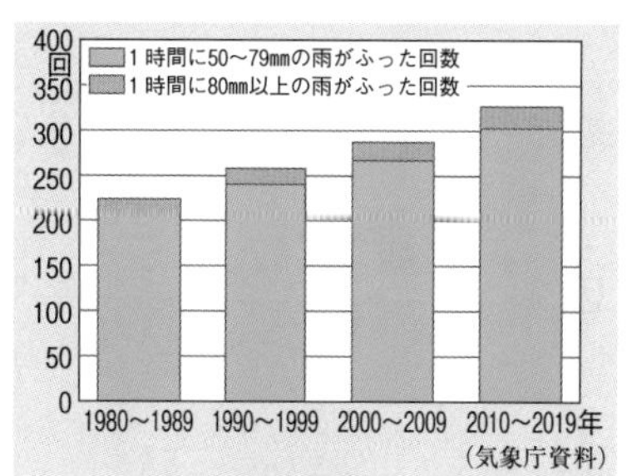

(4) 右の**図**は、何がおこるしくみをあらわしていますか。次から2つ選びましょう。(　　)(　　)

ア 高潮　イ 津波
ウ 洪水　エ 地震
オ 土砂くずれ

陸地が下へ引きずりこまれる。

陸地のたわみが大きくなってもとにもどろうとする。

2 東日本大震災について、次の問いに答えましょう。

(1) 東日本大震災についてあやまっているものを、次から選びましょう。(　　)

ア 津波による被害が大きかった。
イ 水産業には大きな被害がなかった。
ウ 道路や鉄道が不通になり、品不足がおこった。

(2) 右の**グラフ**のように、日本国内全体で自動車の生産が一時的にできなくなった理由について、次の文の□に共通してあてはまる言葉を書きましょう。(　　)

●自動車の□工場が、東日本大震災で被災し、□を生産できなくなったため。

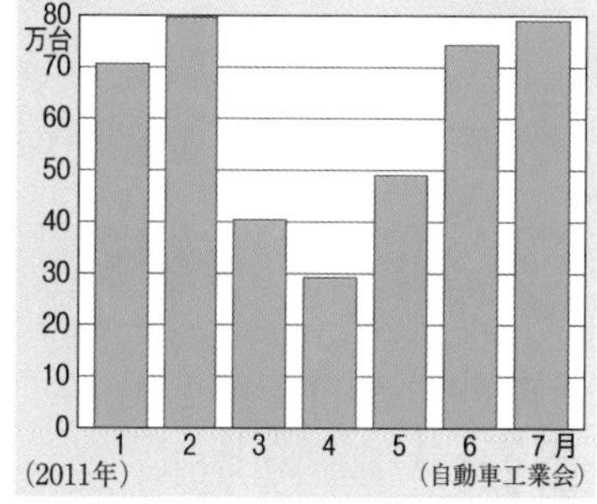

(3) 次の文の□にあてはまる言葉を、それぞれ書きましょう。

①(　　)　②(　　)　③(　　)

●福島第一[①]発電所では、原子炉がこわれ、放射性物質が放出された。安全な農水産物が生産できるようになってからも、[②]によって農水産物を[③]できない時期が続いた。

ポイント 海底で地震がおきると、津波が発生することがある。

勉強した日 月 日

1 自然災害から人々を守る②

基本のワーク

学習の目標
自然災害の被害を防ぐための備えや取り組みを確かめよう。

教科書 248〜253ページ　答え 18ページ

1 自然災害に備えるために

よみトク！資料

●①（　　　　）…自然災害による被害をできるだけ少なくする取り組み。

●国や都道府県は、ふだんから**減災**のための努力をしている。

◆②（　　　　）…川岸や海岸ぞいにつくられる。

■川の増水によるはんらんなどを防ぐ。

◆③（　　　　）工事…山から土砂を運び出し、海に近い土地を高くする。

■津波からまちを守る。

◆**津波ひなんタワー**…大きな津波が来たときに、高いところへひなんするためのしせつ。

◆④（　　　　）**工事**…地震に強い建物にする。

◆⑤（　　　　）…土石流を防ぐ。

海岸ぞいの堤防は、高潮を防ぐので、**防潮堤**ともいうよ。

堤防

砂防ダム

2 自然災害から命を守る情報

●国…**警報**、注意報、**緊急**⑥（　　　　）などを伝える。

◆最近では、数日先の「警報級の可能性」を知らせたり、危険度の分布を確認できたりする取り組みも進めている。

●市（区）町村…ひなん指示を出す。⑦（　　　　）をつくったり、**ひなん訓練**をしたりする。

◆**ハザードマップ**には、⑧（　　　　）**場所**や安全な**ひなん経路**も示されている。➡ハザードマップを活用して、防災の意識をもち続けることがたいせつ。

◆予想をこえる災害がおこる可能性もある。

ハザードマップ

（和歌山県和歌山市　平成26年3月作成分）

3 自分たちの命やくらしを守るために

●自然災害の被害を減らすためには、**公助**だけでなく、⑨（　　　　）や**共助**もたいせつ。

◆⑩（　　　　）…国や都道府県、市（区）町村の取り組み。

◆**自助**…自分の命は⑪（　　　　）で守ること。

◆共助…近所の人たちが助け合うこと。

●岩手県釜石市では、東日本大震災のとき、「津波てんでんこ」の考えをもとに、子どもの多くが自分の判断でひなんした。

◆防災教育や⑫（　　　　）の成果。

津波てんでんこ

「津波が来るときは、命を守るためにそれぞれにげなさい」という教え。

東日本大震災では、防潮堤があっても、想定をこえた大津波のために被害を防げなかったんだ。防災しせつがあるからといって安心せず、防災の意識をもつことがたいせつだね。

練習のワーク

できた数　／12問中

教科書 248～253ページ　答え 18ページ

1 次の問いに答えましょう。

(1) 次のしせつや工事の名前を、□から選びましょう。

①(　　　)  ②(　　　)  ③(　　　) 

① 

②  

③ 

津波(つなみ)ひなんタワー　砂防(さぼう)ダム　堤防(ていぼう)　かさ上げ工事　耐震(たいしん)工事

(2) (1)の①～③はおもに何に備(そな)えたものですか。次からそれぞれ選びましょう。同じものを選んでもかまいません。

①(　　) ②(　　) ③(　　)

㋐ 津波・高潮(たかしお)　㋑ 土石流
㋒ 大雪　㋓ 地震(じしん)

2 右の地図を見て、次の問いに答えましょう。

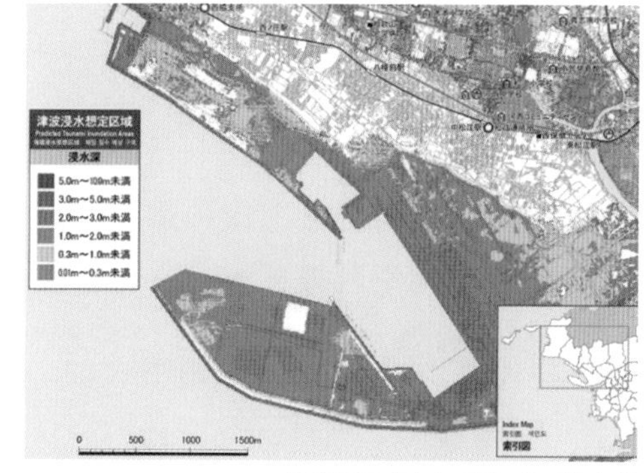

(和歌山県和歌山市　平成26年3月作成分)

(1) 右のような**地図**を何といいますか。

(　　　　　)

(2) (1)の**地図**について、正しいものを次から２つ選びましょう。

(　　)(　　)

㋐ 被害(ひがい)のおよぶはんいや危険(きけん)な地域(ちいき)を予測(よそく)して示(しめ)している。

㋑ 昔の地形や、過去(かこ)にどのような自然災害がおきたのかを調べてつくられている。

㋒ このような地図で示された以上の災害がおこることはない。

㋓ ひなん場所や安全なひなん経路(けいろ)は、このような地図からはわからない。

3 自然災害の被害を減(へ)らす①～③の取り組みを何といいますか。あとからそれぞれ選びましょう。

① 国や都道府県、市(区)町村の取り組み。　(　　)

② 自然災害がおこったときに、近所の人たちが助け合うこと。　(　　)

③ 自分の命は自分で守ること。　(　　)

㋐ 自助　㋑ 共助　㋒ 公助

ポイント　公助だけでなく、自助、共助の取り組みがたいせつ。

勉強した日　月　日

まとめのテスト

1　自然災害から人々を守る

得点　/100点

教科書 238〜253ページ　答え 18ページ

1 日本の自然災害①　**次のカードを読んで、あとの問いに答えましょう。**　1つ2〔10点〕

Ⓐ 大雨がふって、川の水がまちや農地に流れこむ。	Ⓑ 海底で地震がおこったときに、海水がおしよせる。	Ⓒ 豪雨などで、山の土やすなが水とまじって流れ出す。

(1)　Ⓐ〜Ⓒにあてはまる自然災害を、次からそれぞれ選びましょう。

Ⓐ(　　) Ⓑ(　　) Ⓒ(　　)

㋐ 土石流　㋑ 津波　㋒ 洪水

(2)　Ⓐ〜Ⓒのうち、気候に関係のある自然災害を2つ選びましょう。　(　　)(　　)

2 日本の自然災害②　**次の資料を見て、あとの問いに答えましょう。**　1つ5〔40点〕

㋐マグニチュード6.0以上の地震が発生した回数

日本 17.9%　世界計 1443回　日本以外 82.1

※マグニチュードとは、地震の大きさをあらわす数のこと（2011〜2020年の合計）

（理科年表2021ほか）

㋑おもな地震の発生した場所

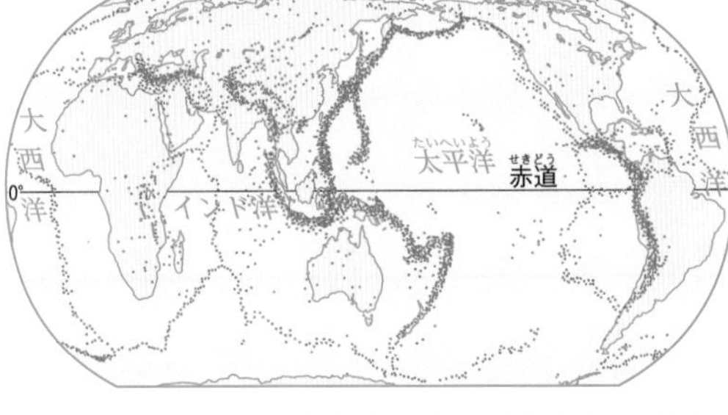

（理科年表2021ほか）

∴ おもな地震が発生した場所（マグニチュード4.0以上）

㋒日本の火山の噴火

1990年	雲仙岳[44]
2000年	有珠山
2000年	三宅島[1]
2014年	御嶽山[63]

※[ ]内は、死者・ゆくえ不明者の数。

（令和3年版防災白書ほか）

(1)　**資料**の内容を、次のように話しています。話の内容が正しければ○を、あやまっていれば×をそれぞれ書きましょう。また、それがわかる**資料**を選びましょう。

①　火山の噴火は、2000年以降おきていないね。　○×(　　)　資料(　　)

②　アフリカ大陸では地震は発生したことがないよ。　○×(　　)　資料(　　)

③　　世界では、2011年から2020年の間に1400回以上の地震がおきたよ。　○×(　　)　資料(　　)

(2)　上の**資料**を見てわかることを、次から2つ選びましょう。　(　　)(　　)

㋐　大雪による被害は、日本海側で多い。

㋑　太平洋をとりかこむ地域で地震が多い。

㋒　日本は、世界で最も火山の噴火が多い国である。

㋓　日本は、世界でも地震が多い国である。

3 自然災害の産業へのえいきょう 資料を見て、次の問いに答えましょう。 1つ5〔20点〕

(1) あ・いのグラフからわかることを、次から2つ選びましょう。
( )( )

あ日本国内の自動車の月別生産台数

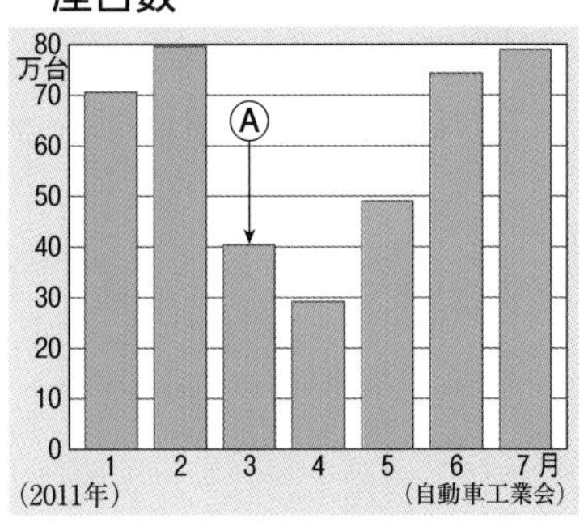

い宮城県にあるおもな漁港の水あげ量の変化

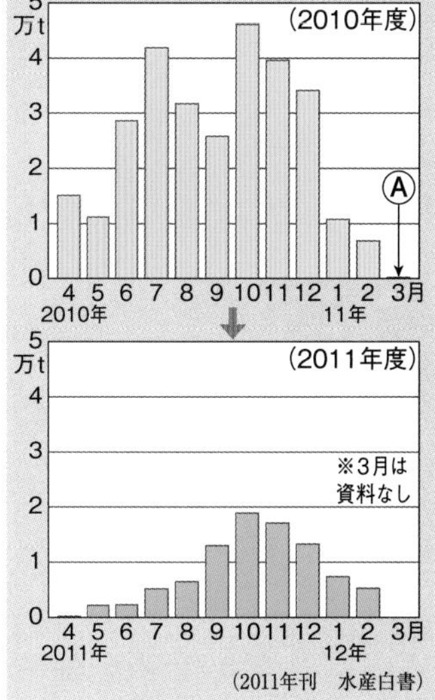

ア 自動車の生産台数は、2011年3月に前の月の約3分の1に減った。

イ 自動車の生産台数は、5月以降は増え続けている。

ウ 2010年度は、水あげ量が4万tをこえた月はない。

エ 2011年度は、水あげ量が2万tをこえた月はない。

(2) あ・いのグラフ中のⒶのときに自動車の生産台数と水あげ量が大きく減っているのは、何という災害がおきたからですか。
( )

(3) あのグラフで、3月と4月における自動車の生産台数の変化の理由を、**部品**の言葉を使ってかんたんに書きましょう。
( )

4 自然災害に備える 資料を見て、次の問いに答えましょう。 1つ5〔30点〕

(1) あ・いのハザードマップは、どのような災害に対応したものですか。次からそれぞれ選びましょう。

あ( )
い( )

ア 火山の噴火

イ 津波

あ (和歌山県和歌山市 平成26年3月作成分)

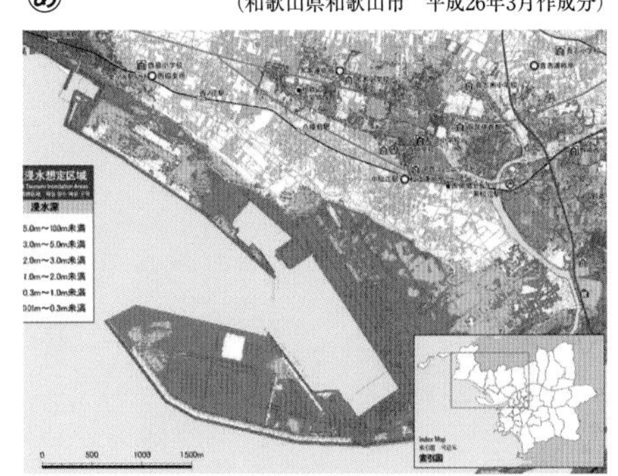

い

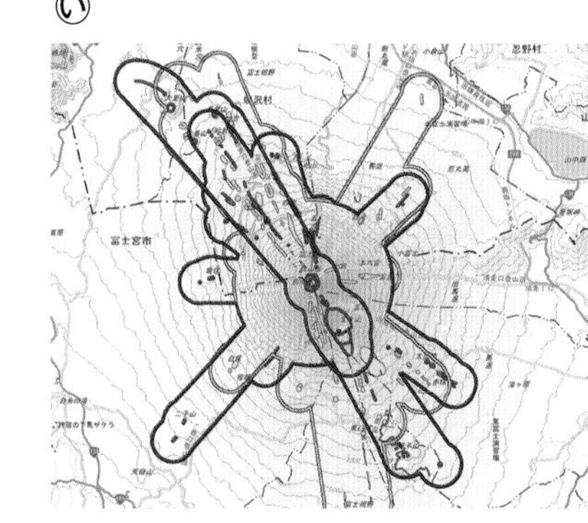

うハザードマップの想定と実際の被害

(2) うの**資料**からわかることを、次から選びましょう。
( )

ア ハザードマップは、災害で予想される被害を正確に示している。

イ ハザードマップの想定をこえる被害が出ることがある。

ウ ハザードマップに示された以上の災害はおこらない。

(3) 自然災害の被害を減らす次のような取り組みを何というか、あとからそれぞれ選びましょう。 ①( ) ②( ) ③( )

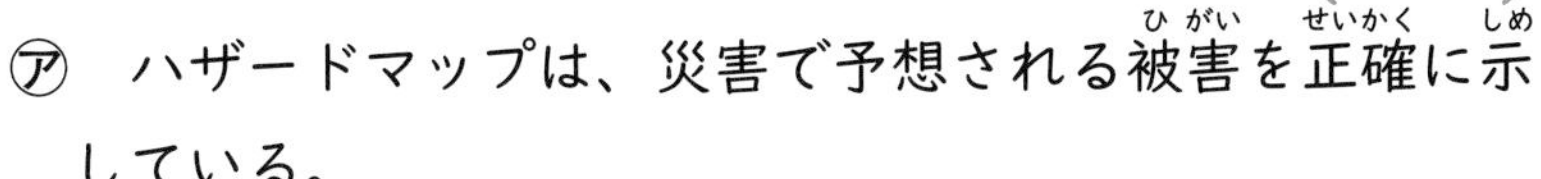

① 国や都道府県、市(区)町村が、ハザードマップや防災のためのしせつをつくる。

② 自然災害がおこったときに、近所の人にも声をかけてひなんをする。

③ 日ごろからひなん訓練に参加したり、ひなん経路を確認したりしておく。

ア 自助 イ 共助 ウ 公助

勉強した日 月 日

2 森林とわたしたちのくらし①

学習の目標
日本の森林のようすや森林を育てる仕事を確(たし)かめよう。

基本のワーク

教科書 254〜257ページ　答え 19ページ

1 豊かな森林にめぐまれた日本

よみトク! 資料

- 日本は、国土の面積の**約3分の2**が①(　　　　　)。
  - ②(　　　　　)…自然に落ちた種や切りかぶから出た芽が生長してできた**森林**。
  - **人工林**…③(　　　　　)をつくるために、杉(すぎ)やひのきなどを人が植えてできた森林。
- 1951年から1970年に、④(　　　　　)が大きく増加(ぞうか)。
  - 戦後の経済発展(けいざいはってん)で、⑤(　　　　　)用の木材が大量に必要になった。➡多くの**天然林**が切りたおされた。
  ➡そのあと、⑥(　　　　　)やひのきが植えられた。

日本の森林面積のうつり変わり

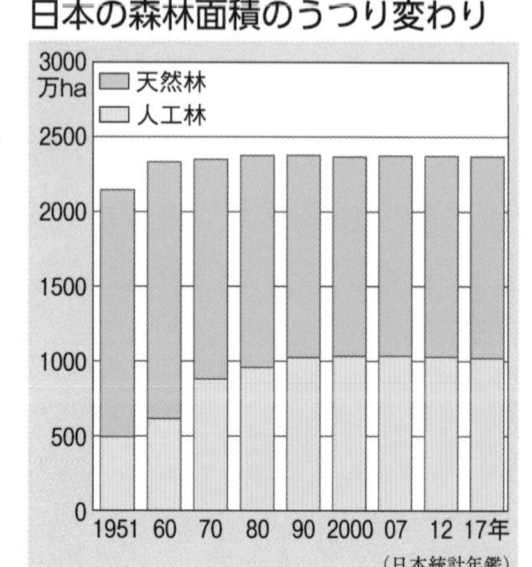

2 森林を育て、守る人々

苗木(なえぎ)を育てて、木を切り出すまで

1 ⑦(　　　　　)を育てる。

2 苗木を植える。

3 下草をかる。

6 木を切り出して運ぶ。

5 ⑨(　　　　　)をする。

4 ⑧(　　　　　)をする。

- 木材の⑩(　　　　　)量が増(ふ)え、国内生産量が減(へ)ってきた。
  - 木材にかわる材料が増え、木材自体の利用が減っている。
  - 外国の木材との競争などで、木材のねだんが⑪(　　　　　)なりすぎたため、木が切られなくなっている。
- ⑫(　　　　　)で働く人が減り、**高齢化**(こうれいか)も進んでいる。

間ばつ
木の生長を助けるため、弱った木や集まりすぎた木を切りたおす。

人工林は山だけでなく、家や農地のまわり、道路ぞいにもつくられることがあるよ。風やすな、雪などから家や農地を守っているんだ。

練習のワーク

教科書 254〜257ページ　答え 19ページ

できた数　／13問中

1 日本の森林について、次の問いに答えましょう。

(1) 森林は、日本の国土面積のどれくらいをしめていますか。次から選びましょう。（　　）

㋐ 約３分の１　㋑ 約２分の１　㋒ 約３分の２　㋓ 約４分の１

(2) 次の①、②にあてはまる森林は、天然林と人工林のどちらですか。

① 木材をつくるために人が植えてできた森林で、生長が早くて育てやすい杉やひのきが多い。（　　）

② 自然に落ちた種や切りかぶから生長してできた森林なので、いろいろな種類の木が生えている。（　　）

(3) 右の**グラフ**中のⒶ、Ⓑの森林は、天然林と人工林のどちらですか。　Ⓐ（　　）　Ⓑ（　　）

日本の森林面積のうつり変わり

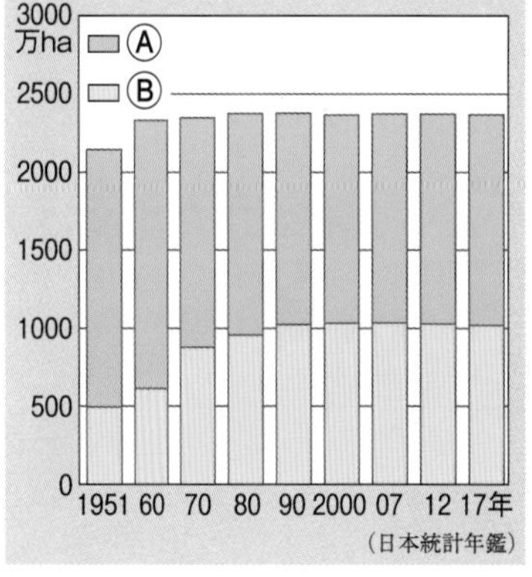

(4) 1951年から1970年にかけてⒷの森林が増えた理由を、次から選びましょう。（　　）

㋐ 地球温暖化などの環境問題が深こくになったから。

㋑ 林業で働く人が増えたから。

㋒ Ⓐの森林からたくさん花粉が飛んでくるようになったから。

㋓ 経済の発展にともない、住宅用の木材が大量に必要になったから。

2 林業について、次の問いに答えましょう。

(1) 次の①〜④の作業について、正しい文をあとから選びましょう。

①（　　）②（　　）③（　　）④（　　）

①

②

③

④

㋐ 弱った木や集まりすぎた木を切りたおす。

㋑ 木の生長をさまたげる雑草をかる。

㋒ よぶんな枝を切り落とす。

㋓ 育てた苗木を植える。

(2) 日本の林業について、次の文の｛　　｝にあてはまる言葉に○を書きましょう。

●木材の利用が減ったことや、外国の木材との競争などで木材のねだんが①｛ 安く　高く ｝なりすぎたことから、国内の木が切られなくなってきている。そのため、昔に比べると林業で働く人の数が②｛ 少なく　多く ｝なり、また③｛ わかい人　高齢者 ｝のわりあいが大きくなっている。

ポイント 森林には、天然林と人がつくった人工林がある。

勉強した日　月　日

2　森林とわたしたちのくらし②

学習の目標
森林のはたらきと、自然を守るさまざまな取り組みを確かめよう。

基本のワーク

教科書 258〜265ページ　答え 19ページ

1 手入れされなくなった人工林

●**間ばつ**をしていない人工林は、地面まで①(　　　　　)が当たらず、②(　　　　　)が生えない。
- むき出しの土が雨水で流れて③(　　　　　)がおきやすくなったり、水をたくわえるはたらきが弱くなったりする。

●日本では、手入れがゆきとどかない人工林が増えている。
- 原因…木が売れなくなった。林業で働く人が減った。
- 動物の④(　　　　　)となる山が減り、農作物に被害が出ている。
- 大雨がふったときなどに、⑤(　　　　　)や土砂くずれなどがおこる。

つながるSDGs
狭山丘陵
1990年から森林を守る活動が続けられており、豊かな自然が広がっている。

2 森林がはたす役わり

よみトク！資料　森林のはたらき

動物や植物などの生き物をやしなう。
二酸化炭素を吸収し、酸素を放出する。
➡⑥(　　　　　)の防止
くらしに使う
⑧(　　　　　)
を生産する。
土をとどめ、
⑦(　　　　　)
をたくわえる。
自然教育の場となる。
風や雪、土砂災害、津波などの
⑨(　　　　　)を防ぐ。
人にやすらぎをあたえる。

●森林にはさまざまな役わりがあり、わたしたちのくらしと深く結びついている。

●森林は、下流の農業や⑩(　　　　　)とも深いつながりがある。

●天然林は今の環境を守ること、人工林は手入れをすることがたいせつ。

SDGs ●南アメリカ大陸にあるアマゾン熱帯雨林は、開発や違法な森林ばっさい、火災などにより、30年で約40万km²が失われた。➡世界でアマゾン熱帯雨林を守る取り組みがおこなわれている。

3 国産木材を使うために／カードにまとめる

●国は、「木づかい運動」を展開し、⑪(　　　　　)**木材**の利用を進めている。

●⑫(　　　　　)した木材や、はい材を「**木質バイオマス**」として利用する取り組みが広がっている。

●国産木材を使った製品を開発する会社もある。

●国産木材を⑬(　　　　　)することが、日本の森林を守ることにつながる。

国産木材の利用が増えたら、林業がさかんになり、人工林の手入れがゆきとどくね。

世界では、熱帯林の減少が問題になっているよ。地球上の植物の半分が存在するともいわれる熱帯林を守ることは、多様な生き物を守ることにもつながるんだ。

練習のワーク

教科書 258〜265ページ　答え 19ページ

できた数　／16問中

1 右の写真を見て、次の問いに答えましょう。

Ⓐ　Ⓑ

(1) Ⓐ・Ⓑのうち、間ばつをしていない人工林を選びましょう。（　）

(2) 間ばつをしていない人工林の特ちょうを、次から２つ選びましょう。（　）（　）

㋐ 木が弱々しい。

㋑ 木がまっすぐのびている。

㋒ 地面まで日光が当たっている。

㋓ 土がむき出しになっている。

(3) 近年、日本で増えている人工林は、Ⓐ・Ⓑのうちどちらですか。（　）

(4) (3)のような人工林が増えている理由について、次の文の□にあてはまる言葉を、それぞれ書きましょう。①（　）②（　）

●国産の［①］が売れなくなったり、［②］で働く人が減ってしまったりしたから。

(5) 手入れがゆきとどかない人工林が増えることでおきる問題を、次から２つ選びましょう。（　）（　）

㋐ 洪水がおこりやすくなる。　㋑ 木材の輸入ができなくなる。

㋒ 天然林が増える。　㋓ 動物の住みかが減る。

2 森林の役わりについて発表した文を読んで、あとの問いに答えましょう。

①

森林には、□をとどめたり、水をたくわえたりするはたらきがあります。

②

木は、二酸化炭素を吸収し、□を放出しています。

③

森林は、□をやしなったり、人にやすらぎをあたえています。

(1) ①〜③の□にあてはまる言葉を、それぞれ書きましょう。

①（　）②（　）③（　）

(2) 次のあ・いと関係が深いものを、①〜③からそれぞれ選びましょう。

あ 地球温暖化防止に役だっている。（　）

い 土砂くずれなどの災害を防ぐことにつながる。（　）

3 次の問いに答えましょう。

(1) 日本の森林を守ることにつながるものを、次から２つ選びましょう。（　）（　）

㋐ 外国からの木材の輸入を増やす。　㋑ 人工林の手入れをやめる。

㋒ 間ばつした木材を燃料などに利用する。　㋓ 国産木材でつくられた製品を使う。

(2) 次の文の□にあてはまる言葉を書きましょう。（　）

●世界では、森林面積が毎年□続けており、そのために災害も増えている。

ポイント　国産木材を使うことが、人工林を守ることにつながる。

勉強した日　月　日

3 環境とわたしたちのくらし①

基本のワーク

学習の目標

四日市市でおきた公害と四大公害病について確かめよう。

教科書 266～269ページ　答え 19ページ

1 四日市市でおきた公害／公害の原因

●①（　　　　）…**そう音、悪しゅう、空気や水、土のよごれ、しん動、地盤沈下**などで、人々のくらしや②（　　　　）がおびやかされること。

●三重県四日市市では、1959年から、③（　　　　）コンビナートでの本格的な生産がはじまった。

◆油くさい魚がとれるようになり、魚が売れなくなった。

◆工場からのそう音や④（　　　　）、空気のよごれになやまされるようになった。

◆工場の近くで⑤（　　　　）のかん者が多くなった。

●ぜんそくの原因は、石油化学コンビナートから出るけむりにふくまれていた、⑥（　　　　）だった。

●工場の近くに住む人々は、公害反対の声をあげた。

➡国や県、市は、⑦（　　　　）調査や健康調査をしたが、工場のけむりは、すぐにはきれいにならなかった。

四日市市にある石油化学コンビナート

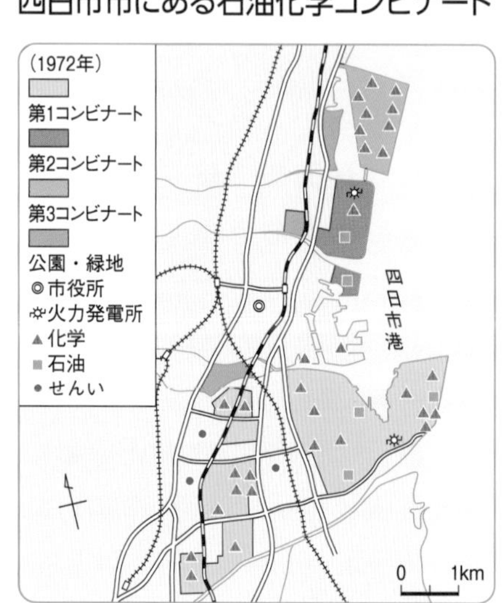

2 日本各地でおきた公害

●第二次世界大戦後、工業の発展のために、各地に工場がつくられた。

●環境や人々の⑧（　　　　）を守る考えがあまり重くみられていなかったことや、公害を防ぐ技術も発達していなかったことから、各地で公害がおこった。

よみトク！資料　⑨（　　　　）病

同じ時期に裁判

●第二次世界大戦後におきた公害のうち、社会の関心を集めた四つの公害。

公害病	地域	原因	裁判
四日市ぜんそく	四日市市（三重県）	いおう酸化物でおせんされた空気をすった。	1967~1972年
新潟水俣病	阿賀野川下流域（新潟県）	工場はい水にふくまれるメチル水銀でおせんされた魚や貝を食べた。	1967~1971年
⑩（　　　　）	神通川下流域（富山県）	鉱山のはい水にふくまれる⑪（　　　　）でおせんされた水や食物をとった。	1968~1972年
⑫（　　　　）	八代海沿岸域（熊本県・鹿児島県）	工場はい水にふくまれるメチル水銀でおせんされた魚や貝を食べた。	1969~1973年

◆**水俣病**や新潟水俣病は、手足がしびれ、目や耳が不自由になる。

◆**イタイイタイ病**は、⑬（　　　　）がもろくなり、はげしいいたみがある。

しゃかいか工場　近年は、プラスチックごみが川や海などをよごすことが問題になっているよ。特に5mm以下のマイクロプラスチックの生き物へのえいきょうが心配されているんだ。

教科書 266～269ページ　答え 19ページ

1 右の資料を見て、次の問いに答えましょう。

四日市市にある石油化学コンビナート

(1972年)
第1コンビナート
第2コンビナート
第3コンビナート
公園・緑地
◎市役所
☼火力発電所
▲化学
■石油
●せんい
四日市港
0　1km

(1) 右の資料を見て、正しい文を次から２つ選びましょう。
（　　）（　　）

㋐ 工場は海に近いところに多い。
㋑ コンビナートの中にせんい工場がある。
㋒ どのコンビナートにも石油工場がある。
㋓ コンビナートの近くに公園・緑地がある。

(2) 四日市市でおこったぜんそくの原因を、次から選びましょう。
（　　）

㋐ 地盤沈下　㋑ そう音
㋒ しん動　㋓ 大気おせん

(3) 次の文の□にあてはまる言葉をそれぞれ書きましょう。

①（　　）②（　　）

●石油化学コンビナートにある工場から出る ① を調べると、いおう酸化物が多くふくまれていた。工場の近くに住む人々は、 ② 反対の声をあげた。

2 右の地図を見て、次の問いに答えましょう。

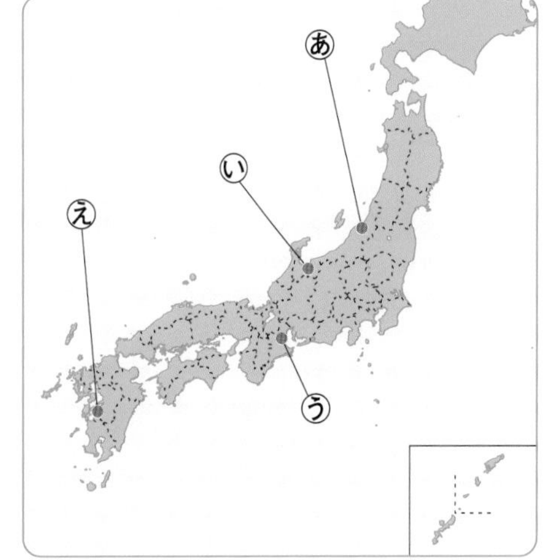

(1) あ～えで発生した公害病の名前を書きましょう。
あ（　　）い（　　）
う（　　）え（　　）

(2) あ～えで発生した公害病のようすを、次から選びましょう。同じ記号を選んでもかまいません。
あ（　）い（　）う（　）え（　）

㋐ 骨がもろくなって折れやすくなり、はげしいいたみがある。
㋑ 息をするのが苦しく、はげしいぜんそくの発作がおこる。
㋒ 手足がしびれ、目や耳が不自由になり、死ぬこともある。

(3) 1960年ごろから1970年代前半にかけて、公害が日本各地でおきました。その理由を、次から２つ選びましょう。
（　　）（　　）

㋐ 医療の知識や技術が追いつかなかったから。
㋑ 環境や人々の健康のことを考えずに工場をつくり続けたから。
㋒ 裁判にうったえることを知らなかったから。
㋓ 公害の知識や公害を防ぐための技術をもっていなかったから。

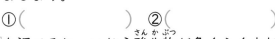

ポイント 四日市市では、大気おせんでぜんそくのかん者が増えた。

勉強した日　月　日

3 環境とわたしたちのくらし②
大和川とわたしたちのくらし

基本のワーク

学習の目標
公害を改善した四日市市の取り組みを確かめよう。

教科書 270〜279ページ　答え 20ページ

1 立ち上がる人々と公害裁判／きれいな空気を取りもどすために

年	おもなできごと
1959	コンビナートが動き出す
1963	公害反対運動
1965	四日市市が公害かん者の医療費無料化
1967	**公害裁判**開始
1972	裁判でかん者のうったえがみとめられる

●1967年にぜんそくかん者が、石油化学コンビナートに工場がある6つの①(　　　　)をうったえた。

◆公害に反対する人たちの声が、全国で増えた。

●②(　　　　)では、工場から出る有害物質がぜんそくの原因だとみとめられた。

きれいな空気を取りもどすために

よみトク！資料

●国や県、市は、空気のよごれや③(　　　　)被害を調べた。➡④(　　　　)などのきまりをつくったり、ぜんそくで苦しむ人たちを支援するしくみをつくった。

●工場は、⑤(　　　　)をきれいにする装置を開発。⑥(　　　　)を高くする、たくさん石油を使わないなどのくふうもした。

●空気がきれいになってからも、公害が原因の病気で⑦(　　　　)されたり、苦しんだりしている人がいる。

公害病としてみとめられたかん者数と二酸化いおうの数値のうつり変わり

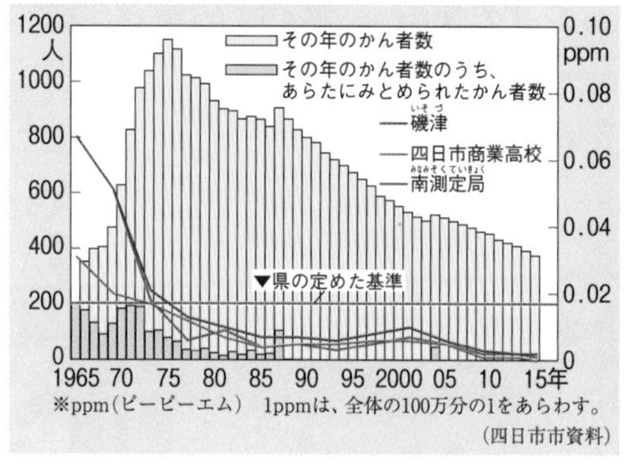

※ppm(ピーピーエム)　1ppmは、全体の100万分の1をあらわす。
(四日市市資料)

2 環境先進都市をつくるために／自分の考えを深めよう

●四日市市では公害の教訓を伝える活動や、参加型の⑧(　　　　)**学習**をおこなっている。

SDGs ●⑨(　　　　)を防ぐなど環境を守る取り組みを進める。

◆小学校で、**二酸化炭素**(CO_2)を減らすための取り組みをおこなうなどしている。

●環境対策が進んでいない国々に、公害を改善した四日市市の知識や⑩(　　　　)を伝えるために、国際環境技術移転センター（アイセット）をつくった。

3 大和川とわたしたちのくらし

●奈良盆地から大阪湾にそそぐ大和川では、約60年前から水質が悪化した。

◆原因…人が増え、工場や住宅から、よごれた⑪(　　　　)が川へ流れこんだが、下水道の整備が追いつかなかったこと。全国平均と比べて、流域の降水量が少ないこと。

大和川の水質をよくするための取り組み

●⑫(　　　　)の整備や、じょう化そうの整備、点検をよびかけている。

●食用油の回収や出前授業、清掃活動➡**生活はい水**のよごれを減らす。

●川の生き物を調べることを通して、⑬(　　　　)の必要性をうったえる。

しゃかいか工場　国は、公害を防止するために1967年に公害対策基本法をつくったよ。この法律に代わって1993年につくられた環境基本法では、地球規模の環境問題にもふみこんでいるよ。

できた数　／13問中

教科書　270〜279ページ　答え　20ページ

1 **右のグラフを見て、次の問いに答えましょう。**

公害病としてみとめられたかん者数のうつり変わり

1200人 / 1000 / 800 / 600 / 400 / 200 / 0
1965 70 75 80 85 90 95 2000 05 10 15年
その年のかん者数
その年のかん者数のうち、あらたにみとめられたかん者数
（四日市市資料）

(1) かん者数が最も多い年は何年ですか。

（　　　　）年

(2) 近年のかん者数の変化について、次の文の｛　　｝にあてはまる言葉や数字に○を書きましょう。

●かん者数は全体的に①｛増えて　減って｝きている。あらたにみとめられたかん者は、②｛2004　2010｝年を最後に出ていない。

(3) 次の①・②にあてはまるものを、あとから２つずつ選びましょう。

① 国や県、市の取り組み（　　）（　　）　② 工場の取り組み（　　）（　　）

㋐ 空気のよごれや健康被害を調べた。
㋑ けむりからいおう酸化物をとる装置をつくった。
㋒ ぜんそくで苦しむ人たちを支援するしくみをつくった。
㋓ えんとつを高くしたり、たくさん石油を使わないようにしたりした。

2 **次の問いに答えましょう。**

(1) 現在の四日市市の取り組みを、次から２つ選びましょう。（　　）（　　）

㋐ 大気おせんを防ぐための取り組みだけをおこなっている。
㋑ 語り部が四日市ぜんそくの教訓をわかい人たちに伝えている。
㋒ 石油化学コンビナートを取りこわして、公園や緑地にしている。
㋓ 環境対策が進んでいない国々に、環境を守るための技術を広めている。

(2) 次の文の□にあてはまる言葉を書きましょう。（　　　　）

●四日市市の小学校では、地球温暖化の原因の一つである□を減らすために、一人一人が何ができるのかを考え、話し合う取り組みをおこなっている。

3 **次の問いに答えましょう。**

(1) 右の**グラフ**のＢＯＤは水のよごれをあらわすあたいです。近年の大和川の水質は、1970年に比べて、よくなっていますか、悪くなっていますか。（　　　　）

大和川のＢＯＤのあたいのうつり変わり

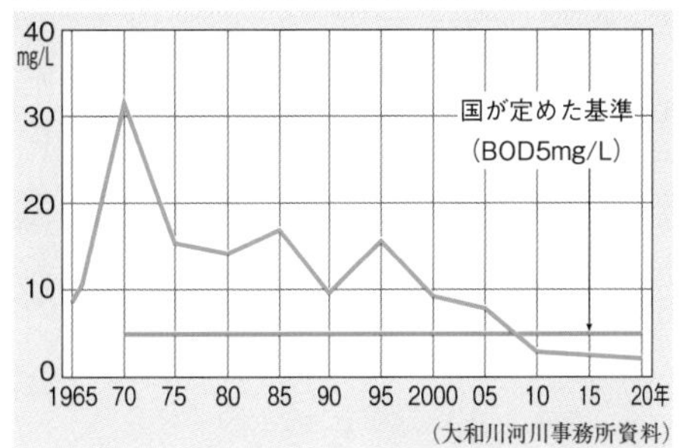

(2) 次の文の□にあてはまる言葉を、それぞれ書きましょう。　①（　　　　）　②（　　　　）

●大和川流域では、人口が増えたころからよごれた［①］が川へ大量に流れこんだが、［②］の整備が追いつかなかったため、川がよごれた。

環境を守るには、人々の努力や協力がたいせつ。

まとめのテスト

2 森林とわたしたちのくらし
3 環境とわたしたちのくらし

勉強した日　　月　　日

時間 20分

得点　　/100点

教科書 254〜275ページ　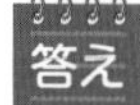答え 20ページ

1 森林を育て、守る人々 **林業について、次の問いに答えましょう。** 1つ5〔15点〕

(1) 次の作業を、おこなう順にならべましょう。（　　→　　→　　→　　）

思考 (2) 右の２つの**グラフ**から読み取れることを、次からすべて選びましょう。（　　　）

ア　1960年から2000年にかけて、木材の輸入量は減り続けた。

イ　林業で働く人を年れい別にみると、30〜59才の数が最も減った。

ウ　木材の国内生産量は、1960年以降、常に輸入量の半分以下である。

エ　1960年から2000年にかけて、木材の国内生産量と、林業で働く人はともに減っている。

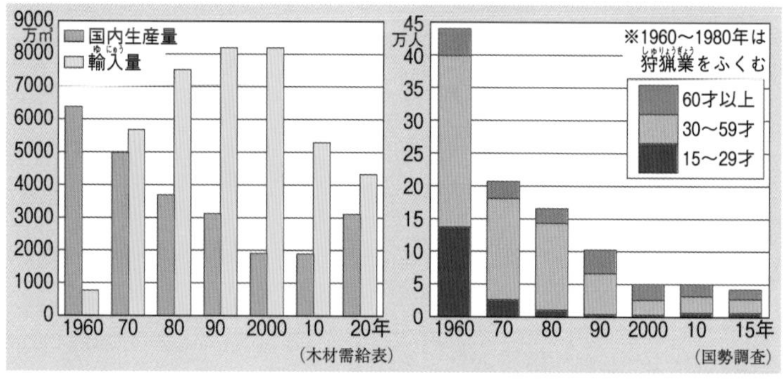

記述 (3) **グラフ**の変化の理由について、次の文中の□にあてはまる言葉を書きましょう。

●木材自体の利用が減ったことや、□ことが理由で、木が切られなくなっているから。

（　　　　　　　　　　　　　　　　）

2 林業をさかんにするために **次の文を読んで、あとの問いに答えましょう。** 1つ5〔25点〕

弱った木や集まりすぎた木などを切りたおす□などの手入れがされていない人工林は、土がむき出しになり、森林のはたらきが弱まってしまう。

(1) 上の文の□にあてはまる言葉を書きましょう。（　　　）

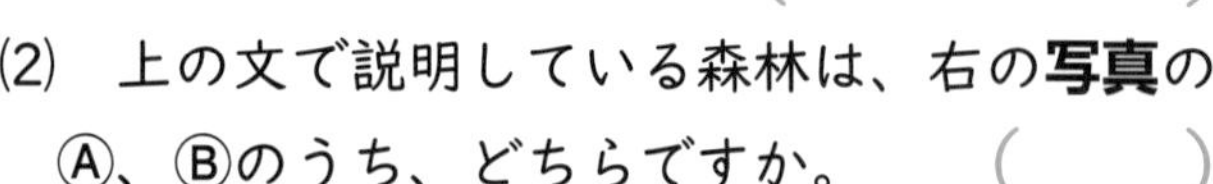

(2) 上の文で説明している森林は、右の**写真**のⒶ、Ⓑのうち、どちらですか。（　　）

(3) ——線部について正しいものを、次から２つ選びましょう。（　　）（　　）

ア　土砂災害を防ぐ。　イ　大雨をふらせる。

ウ　生き物をやしなう。　エ　酸素を吸収し、二酸化炭素を放出する。

記述 (4) 人工林の手入れを続けていくためにたいせつなことを、**国産**の言葉を使って書きましょう。

（　　　　　　　　　　　　　　　　）

3 四大公害病 次の問いに答えましょう。 1つ4〔28点〕

公害病	原因	病気のようす
①四日市ぜんそく	Ⓐ	息をするのが苦しく、のどがいたみ、はげしいぜんそくの発作がおこる。
新潟水俣病	Ⓑ	手足がしびれ、目や耳が不自由になり、死ぬ場合もある。
（　　　）	Ⓒ	骨がもろくなって折れやすくなり、はげしいいたみでたいへん苦しむ。
②水俣病	Ⓓ	手足がしびれ、目や耳が不自由になり、死ぬ場合もある。

(1) **表**の①・②の公害病がおきた地域を、**地図**の㋐〜㋓からそれぞれ選びましょう。

①（　　）②（　　）

(2) **表**の（　　）にあてはまる公害病を書きましょう。（　　　　）

(3) **表**のⒶ〜Ⓓにあてはまるものを、次からそれぞれ選びましょう。同じ記号を選んでもかまいません。 Ⓐ（　　）Ⓑ（　　）Ⓒ（　　）Ⓓ（　　）

㋐ 鉱山のはい水にふくまれるカドミウムでおせんされた水や食物をとった。

㋑ いおう酸化物でおせんされた空気をすった。

㋒ 工場はい水にふくまれるメチル水銀でおせんされた魚や貝を食べた。

4 四日市市の取り組み 四日市市の公害に関わる年表を見て、次の問いに答えましょう。 1つ4〔32点〕

年	おもなできごと
1959	コンビナートが動き出す
1960	くさいにおいの苦情が出る （ Ⓐ ）
1961	ぜんそくかん者が増える
1963	第二コンビナートが生産開始 （ Ⓑ ）
1964	工場に近い小学校に空気清浄機を設置
1965	四日市市が公害かん者の医療費無料化
1967	（ Ⓒ ） 公害裁判開始
1972	裁判でかん者のうったえがみとめられる
1974	（ Ⓓ ）
1976	空気のよごれの基準を下回るようになる

(1) （　　）にあてはまるできごとを、次からそれぞれ選びましょう。 Ⓐ（　　）Ⓑ（　　）Ⓒ（　　）Ⓓ（　　）

㋐ 公害の法律ができる

㋑ 公害反対運動

㋒ 大気おせんの測定開始

㋓ 公害を防ぐ大型の装置が実用化される

(2) ——線部の公害裁判がはじまってから、公害かん者のうったえがみとめられるまでに何年かかりましたか。（　　　）年

(3) 現在の四日市市における次の取り組みの目的を、あとからそれぞれ選びましょう。

①（　　）②（　　）③（　　）

①

語り部の人から四日市ぜんそくで苦しんだ人の話をきいたよ。

②

県や市、会社の協力で国際環境技術移転センターをつくったんだね。

③

学校に来た会社の人に二酸化炭素を減らす取り組みを学んだよ。

㋐ 環境の対策が進んでいない海外の国に四日市市の知識や技術を生かしてもらうため。

㋑ 環境学習をおこない、地球温暖化を防ぐ行動をしてもらうため。

㋒ 四日市市でおきた公害の教訓を伝えていくため。

勉強した日　月　日

地図を使ってチャレンジ！

プラスワーク

1 世界のようすを調べよう。

「**白地図ノート**」の**2ページ**は世界の大陸と海の様子、**3ページ**は世界の国々の様子を表した地図です。ふろくのポスターやカード、そのほか地図帳などを調べて、名前を書いたり、色をぬったりしてみましょう。

例

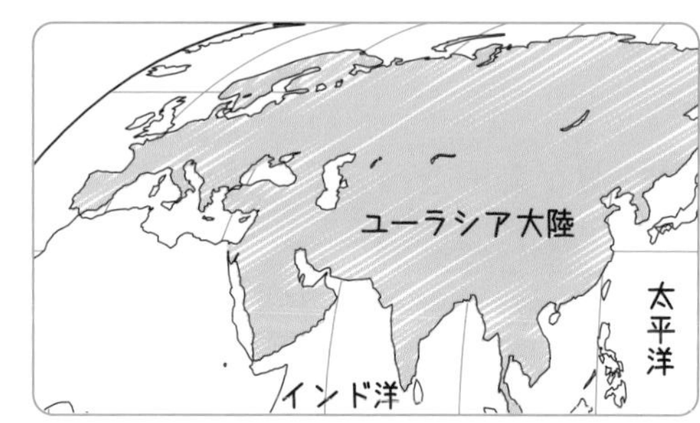

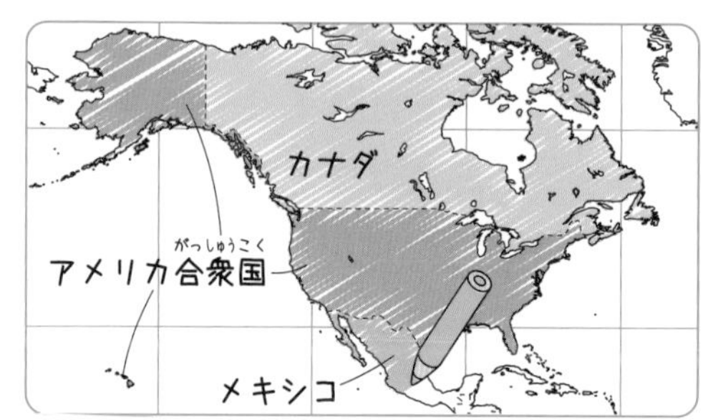

2 日本の自然について調べよう。

① 山脈(さんみゃく)や平野、川など、日本の地形の様子をポスターや地図帳などで調べましょう。調べたところは、「**白地図ノート**」の**5ページ**にまとめてみましょう。

② 日本の気候の違いについて、ポスターや地図帳などで調べましょう。調べた内容は、「**白地図ノート**」の**6ページ**にまとめてみましょう。

3 日本の産業について調べよう。

農産物の生産地や、工業がさかんな地域(ちいき)の様子など、好きな産業を選んで調べましょう。
調べた内容は、「**白地図ノート**」の地図から、使いやすいものを選んでまとめてみましょう。

日本全体をまとめるには、8・9ページ、地域ごとのまとめには10～15ページを使うと便利だね。

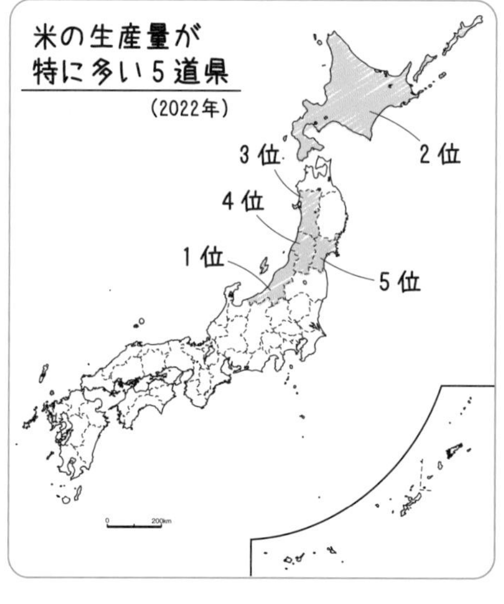

調べたことをメモに書いたり、色分けのルールをかいたりして、自分だけのノートを完成させよう！

教科書ワーク

答えとてびき

「答えとてびき」は、とりはずすことができます。

日本文教版

社会5年

使い方

まちがえた問題は、もういちどよく読んで、なぜまちがえたのかを考えましょう。正しい答えを知るだけでなく、なぜそうなるかを考えることが大切です。

1 日本の国土と人々のくらし

2ページ 基本のワーク

❶ ①70　②太平洋　③ユーラシア
④南アメリカ　⑤オーストラリア

❷ ⑥地球儀　⑦経線　⑧東半球
⑨緯線　⑩南半球

❸ ⑪イタリア(共和国)　⑫アメリカ(合衆国)
⑬エジプト(・アラブ共和国)
⑭インド(共和国)
⑮ブラジル(連邦共和国)

3ページ 練習のワーク

❶ (1)①ウ　②ア　③イ
(2)あアフリカ　いオーストラリア
うは北アメリカ

❷ (1)経線　(2)緯線　(3)赤道、0度
(4)イ、ウ

❸ Ⓐロシア(連邦)、エ
Ⓑ中華人民共和国〔中国〕、イ
Ⓒオーストラリア(連邦)、ア　Ⓓカナダ、ウ

てびき ❶ (1)ユーラシア大陸の東側と、北アメリカ大陸と南アメリカ大陸の西側に広がる太平洋は、三大洋のうち最も広い海です。大西洋は2番目に広いです。

❷ (1)(2)経度をあらわすたての線を経線、緯度をあらわす横の線を緯線といいます。

(4)アは地図の長所、エは地図の短所です。

❸ 国旗は、その国の象ちょうです。

4ページ 基本のワーク

❶ ①陸地　②領海　③領空
④日本海　⑤大韓民国〔韓国〕
⑥与那国　⑦3300　⑧本州

❷ ⑨択捉島　⑩ロシア(連邦)　⑪竹島
⑫中華人民共和国〔中国〕

5ページ 練習のワーク

❶ (1)Ⓐ領空　Ⓑ領土
(2)イ
(3)①領海　②水産　③自国

❷ (1)Ⓐ択捉島　Ⓑ南鳥島
Ⓒ沖ノ鳥島　Ⓓ与那国島
(2)①ユーラシア　②20　③154
(3)ウ

❸ (1)島根県
(2)イ
(3)ロシア連邦

てびき ❶ (3)日本は島が多いため、国土面積(約38万k㎡)のわりに、排他的経済水域の面積(約447万k㎡、領海をふくむ)は広くなっています。

❷ (1)沖ノ鳥島は日本の南のはしで、南鳥島は東のはしです。まちがえないようにしましょう。

❸ (2)尖閣諸島は東シナ海に、竹島は日本海に、北方領土はオホーツク海と太平洋にはさまれたところにあります。

(3)北方領土は、第二次世界大戦後にソ連が占領しましたが、現在は、ソ連を引きついだロシア連邦が占拠しています。

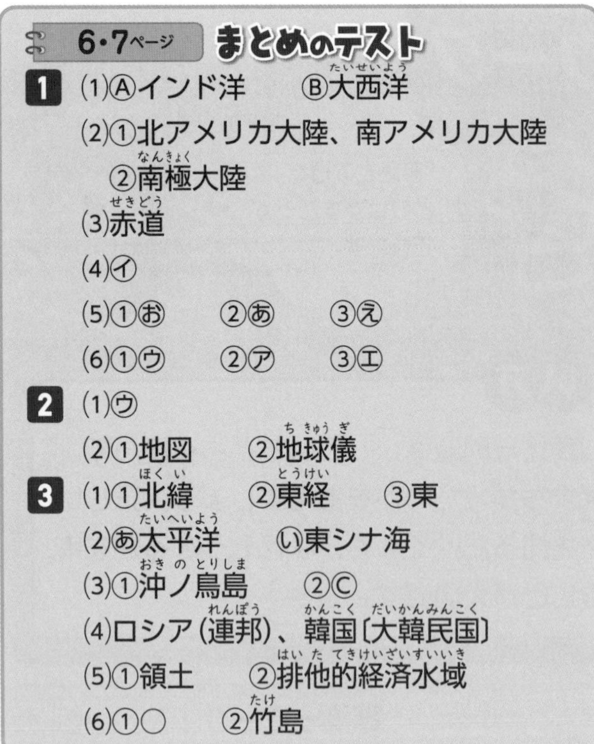

6・7ページ　まとめのテスト

1 (1)Ⓐインド洋　Ⓑ大西洋
(2)①北アメリカ大陸、南アメリカ大陸
②南極大陸
(3)赤道
(4)㋑
(5)①㋔　②㋐　③㋓
(6)①㋒　②㋐　③㋓

2 (1)㋒
(2)①地図　②地球儀

3 (1)①北緯　②東経　③東
(2)㋐太平洋　㋑東シナ海
(3)①沖ノ鳥島　②Ⓒ
(4)ロシア(連邦)、韓国〔大韓民国〕
(5)①領土　②排他的経済水域
(6)①○　②竹島

てびき **1** (2)右の**地図2**には、ユーラシア大陸を中心に、アフリカ大陸、オーストラリア大陸があります。北アメリカ大陸、南アメリカ大陸、南極大陸がありません。

(4)イギリスのロンドン郊外の旧グリニッジ天文台を通る経線を経度0度としています。

(6)㋑はブラジル、㋔は韓国の国旗です。

2 (1)およそ3めもりあります。

(2)地球儀は、持ち運びには不便ですが、面積ときょりが正確にわかります。

3 (3)まわりをコンクリートで囲まれたすがたが特ちょうで、日本の南のはしにあります。

(6)②尖閣諸島は、沖縄県にある島々です。

なぞり道場　何回も書いてかくにんしよう！

たい	へい	よう		たい	せい	よう	
太	平	洋		大	西	洋	
せき	どう		い	せん		けい	せん
赤	道		緯	線		経	線
りょう	ど		りょう	かい		りょう	くう
領	土		領	海		領	空
はい	た	てき	けい	ざい	すい	いき	
排	他	的	経	済	水	域	

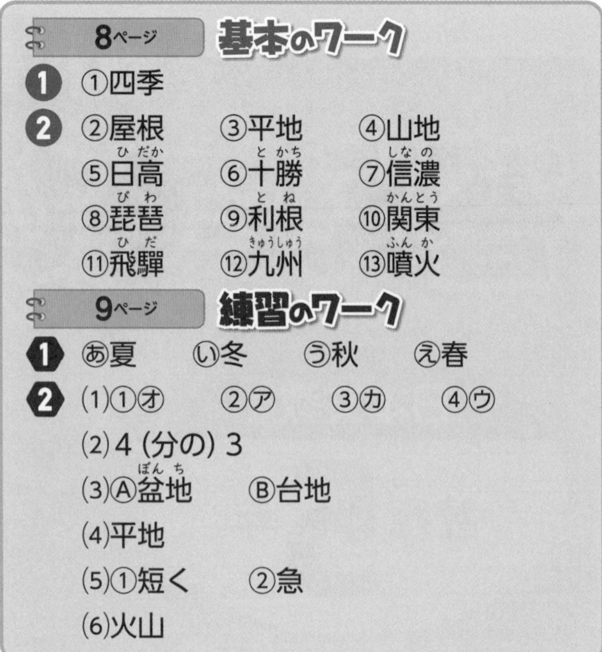

8ページ　基本のワーク

1 ①四季

2 ②屋根　③平地　④山地
⑤日高　⑥十勝　⑦信濃
⑧琵琶　⑨利根　⑩関東
⑪飛驒　⑫九州　⑬噴火

9ページ　練習のワーク

1 ㋐夏　㋑冬　㋒秋　㋓春

2 (1)①㋔　②㋐　③㋕　④㋒
(2)4(分の)3
(3)Ⓐ盆地　Ⓑ台地
(4)平地
(5)①短く　②急
(6)火山

てびき **2** (3)まわりを山に囲まれた**平地**を**盆地**、まわりよりも高くなっている平地を**台地**といいます。**高地**や**高原**は、**山地**にふくまれます。

(5)日本の国土は山地が多く、その山地も海岸にせまっています。そのため、川の水は山地から海にいっきに流れます。

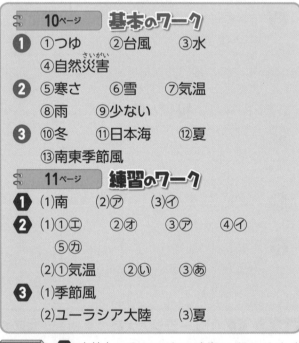

10ページ　基本のワーク

1 ①つゆ　②台風　③水
④自然災害

2 ⑤寒さ　⑥雪　⑦気温
⑧雨　⑨少ない

3 ⑩冬　⑪日本海　⑫夏
⑬南東季節風

11ページ　練習のワーク

1 (1)南　(2)㋐　(3)㋑

2 (1)①㋓　②㋔　③㋐　④㋑
⑤㋕
(2)①気温　②㋑　③㋐

3 (1)季節風
(2)ユーラシア大陸　(3)夏

てびき **1** (1)(2)6月はつゆの時期にあたりますが、北海道はほかの地方よりも雨が少ないことがわかります。

2 (2)**地図**から、上越市は日本海側、静岡市は太平洋側にあります。③冬に降水量が多いほうが上越市のグラフです。

3 (3)太平洋からユーラシア大陸に向かって南東

季節風がふくのは、**夏**です。ユーラシア大陸から太平洋に向かって北西季節風がふくのは、**冬**です。

12・13ページ まとめのテスト

1 (1)日本の屋根
(2)あ日高山脈　い奥羽山脈
う紀伊山地　え筑紫山地
(3)①Ⓓ　②Ⓑ　③Ⓒ
(4)〈例〉川の長さが短く、流れが急である。
(5)イ
(6)①イ　②関東平野
(7)ウ

2 (1)①Ⓒ　②Ⓑ　③Ⓐ
(2)①お　②か　③あ　④う

3 (1)あ日本海　い太平洋
(2)右図

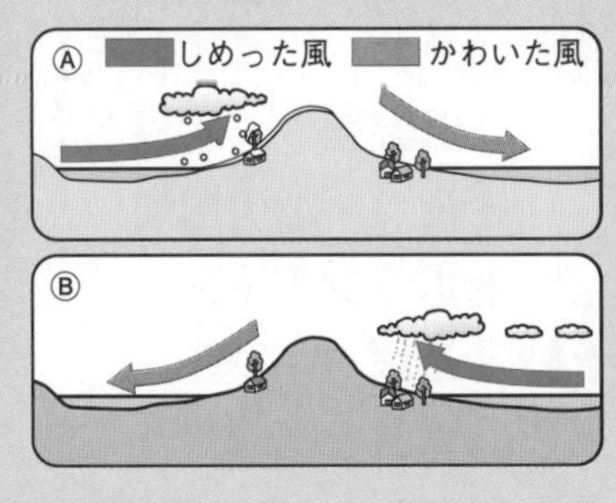

(3)Ⓑ

てびき **1** (2)中国山地は中国地方、飛驒山脈は中部地方にあります。
(7)**地図**の▲は、火山を示しています。

2 (2)①冬がわりとあたたかく、ほかの地域より、雨が少なめなので、瀬戸内海のまわりの都市です。②1年を通してあたたかいです。③冬の寒さが特にきびしく0度を下回っています。④雨が少なく、夏と冬の気温差が大きくなっています。

3 (2)海からふいてくる風はしめっていて、山地にぶつかると雨や雪を多くふらせます。山地をこえるとかわいた風になります。
(3)夏は、太平洋から高温の南東季節風がふきます。

なぞり道場　何回も書いてかくにんしよう！

へい	や		ぼん	ち		ふん	か
平	野		盆	地		噴	火
たい	ふう		き	せつ	ふう		
台	風		季	節	風		

14ページ 基本のワーク

1 ①地形
2 ②南西〔南〕　③多い　④台風
⑤石がき　⑥コンクリート
⑦給水タンク
3 ⑧さとうきび　⑨高齢化
⑩だんぼう
⑪ビニールハウス　⑫費用
⑬琉球王国　⑭基地

15ページ 練習のワーク

1 (1)①南西　②700　③15
(2)あ
(3)台風　(4)ア
2 (1)Ⓐ
(2)①Ⓐあ、い、え　Ⓑお、き
②Ⓐう　Ⓑか
(3)水不足
3 (1)Ⓐ
(2)①あたたかい　②航空機

てびき **1** (1)③Ⓐのグラフ(あ)の気温を見ると、平均気温が15度より低くなる月がありません。

2 (2)②う広い戸口は、風通しをよくするためのくふうです。かかべを白くすることで、暑さを防ぐことができます。

3 (1)気候があたたかい沖縄県では、だんぼうを使わなくてもマンゴーをさいばいできます。

16ページ 基本のワーク

1 ①輪中　②堤防　③海津
④揖斐　⑤木曽　⑥長良
⑦治水工事　⑧水屋
2 ⑨ほり田　⑩田舟
⑪はい水機場　⑫ビニールハウス
3 ⑬水防倉庫　⑭消防団

17ページ 練習のワーク

1 (1)堤防
(2)イ
(3)①長良川　②低い
(4)ア
(5)ア、ウ　(6)治水工事
2 (1)①はい水　②水路　③機械
(2)イ、エ

てびき ❶ (1)(2)(3)岐阜県海津市では川よりも高さが低い土地が広がっています。洪水から家や田畑を守るため、堤防で囲まれた輪中という土地になっています。

❷ (2)㋐水防倉庫には、土のうをつくるふくろなど、洪水を防ぐための道具や材料が保管されています。㋒海津市にある木曽三川公園では、川の生き物を観察したり、水辺のスポーツを楽しんだりできます。

18ページ まとめのテスト

1 (1)①㋑ ②㋒
(2)①㋒ ②㋐

2 (1)さとうきび (2)㋑
(3)①400 ②5
(4)①世界自然遺産 ②アメリカ

てびき 1 (1)①降水量のグラフを見ます。

(2)①沖縄県は台風が多いので、強風によって屋根が飛ぶのを防いでいます。②暑さをしのぐくふうです。

2 (1)(2)あたたかい土地でよく育ち、強風に強いので昔からさかんにつくられています。

(3)①600万人をこえたのは、資料中では2015年です。

(4)①ヤンバルクイナやイリオモテヤマネコなどのめずらしい動物が生息しています。

19ページ まとめのテスト

1 (1)木曽川
(2)右図

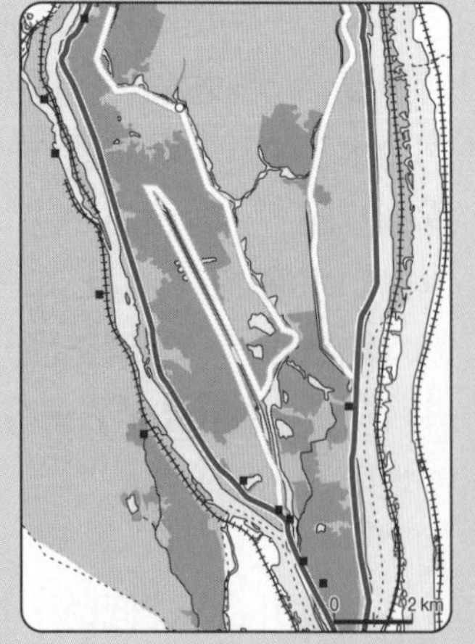

(3)①㋑ ②㋒ ③㋐
(4)〈例〉洪水の被害を防ぐため。

2 (1)㋐長方形〔四角形〕 ㋑機械
(2)①× ②○

てびき 1 (2)揖斐川と長良川にそって堤防がかかれていれば正解です。

(3)①水屋は、水害のときのひなん場所として、3mぐらいの高さのある石がきの上に建てられました。最近は水害が減っているため水屋は少なくなっています。

2 (2)①はい水設備が整えられ、水はけがよくなったことで、Ⓑのようにビニールハウスでトマトなどの野菜もさいばいされるようになりました。

なぞり道場 何回も書いてかくにんしよう！

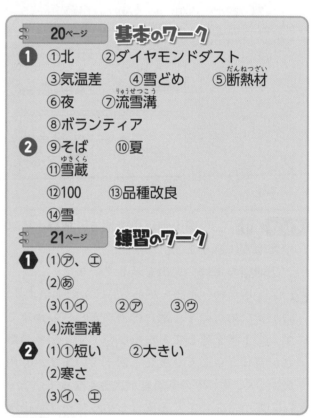

りゅう	きゅう	おう	こく		わ	じゅう	
琉	球	王	国		輪	中	

20ページ 基本のワーク

❶ ①北 ②ダイヤモンドダスト
③気温差 ④雪どめ ⑤断熱材
⑥夜 ⑦流雪溝
⑧ボランティア

❷ ⑨そば ⑩夏
⑪雪蔵
⑫100 ⑬品種改良
⑭雪

21ページ 練習のワーク

❶ (1)㋐、㋓
(2)㋐
(3)①㋑ ②㋐ ③㋒
(4)流雪溝

❷ (1)①短い ②大きい
(2)寒さ
(3)㋑、㋓

てびき ❶ (1)㋑日本海をはさんでロシアととなりあっています。㋒日本全体の面積の約5分の1です。

(3)③真冬でも水道管がこおらないように、地下の深いところを通しています。

❷ (1)旭川市は、全国でも有数のそばの産地です。

(2)いねは寒さに弱い作物なので、安定的に作るために品種改良によって寒さに強い品種が作られるなどのくふうがおこなわれてきました。最近、苗を育てずに直接たねをまいて育てる「えみまる」という品種も開発されました。

22ページ 基本のワーク

❶ ①浅間　②キャベツ
③気温　④森林　⑤農地

❷ ⑥天気　⑦収穫　⑧群馬
⑨関東　⑩ＪＡ

❸ ⑪観光業　⑫ジオパーク

23ページ 練習のワーク

❶ (1)キャベツ
(2)㋑、㋓
(3)①10度　②20度　③ある

❷ (1)㋐
(2)㋑

❸ (1)㋒
(2)①すずしい　②スキー場

てびき ❶ (1)キャベツやレタスなど、高原のすずしい気候を利用してさいばいされる野菜を、高原野菜といいます。

(2)㋐600mよりも高い高原になっています。㋒長野県とは西側で接しています。

❷ (1)関東地方や近畿地方には東京や大阪などの大きな都市があります。

❸ (1)㋐８月以外は20万人より少ないです。㋑最も観光客が多い月は８月です。

24ページ まとめのテスト

1 (1)①２か月　②４か月
(2)㋑、㋒
(3)〈例〉寒さや雪に対応するため。

2 (1)①増えた、㋒
②５、㋑
③北海道、㋐
(2)①寒さ　②品種改良

てびき **1** (1)(2)旭川市では冬の寒さがきびしく、雪がふる期間も長くなっています。

(3)家の中の熱をにがさないくふうや、雪から家を守るくふうがされています。

2 (1)①「旭川冬まつり」などの雪や寒さを生かしたイベントには、国内外から多くの観光客がおとずれます。②北海道が約25000ha、山形県が約5000haです。

(2)「きらら397」や「ゆめぴりか」などの品種が生み出されました。

25ページ まとめのテスト

1 (1)①㋐、㋒　②㋒、㋓
③㋐、㋑
(2)①㋐
②〈例〉人口の多い地域へほかの産地の出荷量が少ない夏に多く出荷している。

2 (1)㋒
(2)①噴火　②住民

てびき **1** (2)嬬恋村では、夏のすずしい気候を利用してキャベツを出荷しています。

2 (2)ジオパークは、「大地の公園」という意味です。

なぞり道場　何回も書いてかくにんしよう！

じょ	せつ		ひん	しゅ	かい	りょう	
除	雪		品	種	改	良	

2　わたしたちの食生活を支える食料生産

26ページ 基本のワーク

❶ ①農作物　②水産物　③肉

❷ ④産地　⑤りんご　⑥乳牛
⑦もも　⑧肉牛　⑨みかん
⑩ぶた　⑪なす　⑫茶
⑬さとうきび　⑭米　⑮北海道

❸ ⑯食料自給率

27ページ 練習のワーク

❶ 農作物㋑、㋓　水産物㋐、㋔
畜産物㋒、㋕

❷ (1)①畑　②田　③果樹園
(2)①みかん　②肉牛
③りんご　④なす

❸ (1)①㋑　②㋒　③㋐
(2)Ⓐ魚かい類　Ⓑ約半分

てびき ❷ (1)①北海道では、広い土地を利用した野菜や小麦などのさいばいがさかんです。②海ぞいの平野を中心に全国に広がっていることがわかります。③果樹園は、ほかに青森県や和歌山県にも多く見られます。

❸ (1)①米の生産額は、減ってきています。

(2)日本の食料自給率は1960年には約80%でしたが、2019年には約40%になっています。

28ページ 基本のワーク

❶ ①米　②保存　③加工
④きりたんぽ　⑤水　⑥中国

❷ ⑦東北　⑧秋田県　⑨寒い
⑩新潟県　⑪庄内

29ページ 練習のワーク

❶ (1)①主食　②米粉
(2)㋐、㋒　(3)㋑、㋓、㋔
(4)料理酒、みりん、米酢

❷ (1)新潟県、北海道、秋田県
(2)東北地方
(3)㋐、㋓

てびき ❶ (2)㋑ほとんどを国内で生産しています。㋓もとは赤道を中心とした地域でよく育つ植物です。㋔中国やインド、インドネシアなど広い地域で作られています。

(3)㋐は小麦、㋒はそばからつくられます。

❷ (1)(2)米は、**北海道**、**東北地方**と、**新潟県**で特に多く作られています。

(3)㋑日本の西側、南側の地域でも米は生産されていますが、作付面積が５万ｈａ未満の府県しかありません。㋒新潟県と富山県が入っています。

30ページ 基本のワーク

❶ ①庄内平野　②最上川
③水　④季節風　⑤南東
⑥日照時間　⑦冬　⑧気温

❷ ⑨田おこし　⑩田植え　⑪水
⑫中ぼし　⑬いねかり

31ページ 練習のワーク

❶ (1)㋒、㋓
(2)①あ
②Ⓐ夏　Ⓑかわいた　Ⓒ長い
Ⓓ大きい

❷ (1)①㋒　②㋑　③㋐　④㋓
(2)①Ⓓ　②Ⓑ　③Ⓒ　④Ⓐ

てびき ❶ (1)㋐庄内平野は、山形県の北西部にあって、日本海に面しています。㋑耕地面積の約90％が田です。

(2)山形県鶴岡市は庄内平野の一部にあたります。

❷ (2)Ⓐ中ぼしのときにみぞをほることで、いねの根がはり、水の管理もしやすくなります。Ⓑ田に植える前に、別のところで苗を育てることが多いです。

32ページ 基本のワーク

❶ ①時間　②燃料　③共同
④ほ場整備　⑤機械　⑥用水路

❷ ⑦冷害　⑧品種　⑨農薬
⑩たい肥　⑪有機
⑫カントリーエレベーター
⑬ＪＡ　⑭インターネット

33ページ 練習のワーク

❶ (1)㋐、㋒
(2)①用水路　②はい水路
(3)ほ場整備　(4)㋒、㋓

❷ (1)①気温　②冷害
(2)㋑　(3)品種改良
(4)㋒
(5)あ㋓　い㋑

てびき ❶ (4)㋐㋑**ほ場整備**で大型の機械が使いやすくなると、少ない人手ですみます。また、はい水路もととのえられ、水はけがよくなります。

❷ (4)最近は、自然への悪いえいきょうが少ないたい肥などを使う農家が増えています。

34・35ページ まとめのテスト

1 (1)①農作物　②畜産物
③水産物
(2)㋐、㋑
(3)㋐、㋓

2 (1)最上川
(2)㋑
(3)あ
(4)南東
(5)〈例〉川が多く流れているため、水が豊富で、夏の日照時間も長いから。

3 (1)①Ⓓ　②Ⓐ　③Ⓒ　④Ⓑ
(2)①Ⓐ　②Ⓑ　③Ⓓ　④Ⓒ

4 (1)①Ⓑ　②Ⓒ
(2)㋑
(3)①㋑　②㋐　③㋒

てびき **1** (2)㋒肉牛は、北海道や宮崎県、鹿児島県など土地が広い地域で飼育されています。

(3)北海道地方や東北地方の平野でさかんです。

2 (4)夏には南東の季節風が、太平洋から山地をこえ、あたたかいかわいた風となって庄内平野にふきます。

3 (1)③Ⓒはカントリーエレベーターという建物で、収穫した米を、味が落ちないようにかんそうさせ、温度を保ちながら保管します。

4 (1)①耕作時間とは農作業をおこなった時間です。②関東地方や近畿地方を中心に日本各地に出荷されています。

(2)ⒶとⒷの**資料**から、同じ面積でとれる米の量が少し増え、作業の時間は減っていることがわかります。機械の利用などで、むだな時間を減らして米を作れるようになっていることがわかります。㋐、㋒も米作りのくふうですが、**資料**からはわかりません。

なぞり道場　何回も書いてかくにんしよう！

ちく	さん	ぶつ		しょう	ない	へい	や
畜	産	物		庄	内	平	野
れい	がい		ひん	しゅ	かい	りょう	
冷	害		品	種	改	良	

36ページ 基本のワーク

1 ①種類　②水あげ
③日本　④寒流
⑤潮目　⑥暖流
⑦大陸だな　⑧プランクトン

2 ⑨銚子　⑩遠洋漁業
⑪沖合漁業　⑫沿岸漁業
⑬まきあみ漁　⑭魚群探知機

37ページ 練習のワーク

1 (1)①対馬海流、黒潮〔日本海流〕
②リマン海流、親潮〔千島海流〕
(2)銚子(漁港)、釧路(漁港)
(3)①プランクトン　②魚
(4)①大陸だな　②200

2 (1)まきあみ漁
(2)㋑
(3)①㋐　②㋒　③㋑　④㋓

てびき **1** (2)銚子漁港は千葉県、釧路漁港は北海道にあります。

2 (2)魚群探知機という機械です。

38ページ 基本のワーク

1 ①銚子　②卸売市場　③種類
④計量　⑤ねだん　⑥冷とう
⑦新鮮　⑧氷　⑨給油タンク

2 ⑩水あげ　⑪入札
⑫水産加工　⑬温度　⑭資源管理

39ページ 練習のワーク

1 (1)マイワシ、サバ　(2)㋓
(3)Ⓐ種類　Ⓑ高い
(4)①㋒　②㋐　③㋑

2 (1)①㋒　②㋐　③㋓　④㋑
(2)①冷とう　②輸出
(3)㋐

てびき **1** (2)銚子漁港に水あげされる魚のほとんどは、沖合漁業でとれたサバやイワシです。

2 (2)冷とうした魚は、船で外国に輸出されることもあります。

40ページ 基本のワーク

1 ①有明海　②干潟　③栄養
④光　⑤養しょく　⑥かり取り
⑦漁業協同組合　⑧水温

2 ⑨養しょく　⑩収入
⑪赤潮　⑫輸入

41ページ 練習のワーク

1 (1)有明海　(2)干ちょう
(3)㋑、㋒
(4)①㋑　②㋒　③㋓　④㋐

2 (1)のり㋐　カキ㋒
(2)①㋒　②㋐

てびき **1** (1)(3)佐賀県をはじめとする、有明海に面する地域ではのりの生産がさかんです。

2 (2)養しょく業はほかのとる漁業に比べると安定して生産ができますが、赤潮などのえいきょうを受けたり、えさなどの費用がかかるなど、たいへんなこともあります。㋑計画的に生産はできますが、環境のえいきょうを受けることがあります。㋓魚などのえさはその多くを輸入にたよっています。

42・43ページ まとめのテスト

1 (1)次の図

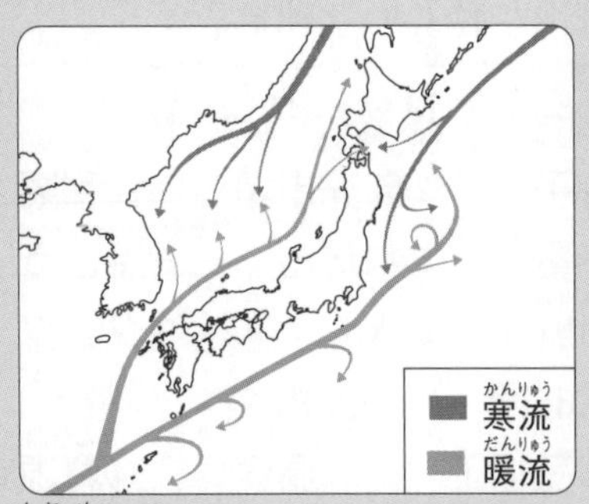

(2)潮目　(3)㋑

(4)〈例〉プランクトンが多い、浅くゆるやかなけいしゃの海底が広がっているから。

2 (1)①Ⓐ　②Ⓑ

(2)①遠洋漁業　②沿岸漁業

③沖合漁業

3 (1)㋐

(2)㋐㋓　㋑㋑　㋒㋐　㋓㋒

(3)㋓(→)㋑(→)㋐(→)㋒

(→わたしたちのもとへ)

4 (1)のり

(2)㋐

(3)赤潮

(4)〈例〉えさの原料を輸入にたよっており、えさの費用が負担になっている。

てびき **1** (1)日本の周辺を北から南へ流れる海流が寒流、南から北へ流れる海流が暖流です。

(3)㋐水あげ量が最も多い銚子漁港は、千葉県にあります。㋒境漁港が5万t以上です。㋓枕崎漁港が5万t以上です。

2 (1)Ⓐからは、同じサバやマイワシでも、時期によって漁場がちがうこと、Ⓑからは、まきあみ漁では3種類の船が協力して漁をしていることがわかります。

3 (1)㋐㋒複数の卸売市場があって、サバやイワシのほかにもいろいろな魚が水あげされています。㋑水あげした漁船が、給油してまた漁に出られるように、漁港の近くに給油タンクがあります。

4 (2)有明海は干満の差が大きいため、のりが太陽の光と海水の栄養のどちらも取りこむことができます。

(3)海中の酸素が減って、魚が大量に死んでしまうことがあります。

(4)えさの原料は、輸入されている魚粉です。そのねだんが高くなってきているため、養しょく業者の負担になっています。

なぞり道場 何回も書いてかくにんしよう！

だん	りゅう		かん	りゅう			
暖	流		寒	流			
おき	あい	ぎょ	ぎょう		あか	しお	
沖	合	漁	業		赤	潮	

44ページ 基本のワーク

1 ①畜産　②台風

③はんしょく農家　④肥育農家

⑤えさ　⑥温度センサー

2 ⑦伝染病　⑧高齢化

⑨食肉処理　⑩解体　⑪温度

3 ⑫口蹄疫　⑬輸出

45ページ 練習のワーク

1 (1)Ⓑ

(2)㋒、㋓

2 (1)①㋒、㋓　②㋐、㋑

(2)①生産者　②衛生

③じゅう医師　④品質

3 (1)㋒、㋓

(2)Ⓐ700　Ⓑ増え続けて

てびき **1** (1)グラフのⒶは鹿児島県、Ⓒは熊本県です。

2 (1)①のはんしょく農家は、子牛を生産し、せりに出荷する農家、②の肥育農家は、子牛を育てて肉牛として出荷する農家です。

3 (1)㋐は子牛を生産するための取り組み、㋑は畜産物を輸出することなどにつながります。

46ページ 基本のワーク

1 ①あたたかい　②しゃ面　③海

④実　⑤加工品

2 ⑥季節風　⑦日本海流〔黒潮〕

⑧あたたか　⑨日照時間

⑩ビニールハウス　⑪農薬

⑫二酸化炭素　⑬シート

⑭温度管理

47ページ 練習のワーク

❶ (1)長野県、青森県、和歌山県
(2)㋒
(3)①㋑　②㋒

❷ (1)㋑　(2)日本海流〔黒潮〕
(3)(あ)　(4)①日光　②南北
(5)㋐

てびき ❶ (1)長野県はりんごやぶどう、青森県はりんご、和歌山県はみかんの生産がさかんです。

(2)㋐はレタスやキャベツなどの高原野菜、㋑は米の生産がさかんな地域の気候や土地の特ちょうです。

❷ (5)高知県は、ほかの地域に比べて冬もあたたかく日照時間が長いので、ビニールハウスを利用して、なすやピーマンなどの夏野菜を冬のあいだも作ることができます。

48ページ 基本のワーク

❶ ①大豆　②小麦　③中国
④ブラジル　⑤ねだん
⑥食生活　⑦食料自給率
⑧魚かい類　⑨輸入

❷ ⑩いそやけ　⑪高齢化
⑫耕作　⑬低い

49ページ 練習のワーク

❶ (1)㋑　(2)外国産
(3)①米、魚かい類
②肉類、牛乳・乳製品
(4)①米　②低く

❷ (1)㋐
(2)耕作放き地
(3)㋐、㋓

てびき ❶ (1)㋐小麦の輸入のわりあいは、約85%です。㋒グラフの中で最も国内生産のわりあいが高いのは魚かい類です。㋓最も輸入のわりあいが高いのは大豆です。

(3)昔の日本の食事は、米を中心にした和食でした。最近は、食生活が変わり、パンや肉、乳製品をたくさん食べるようになっています。

❷ (2)耕作放き地は、この40年ほどで3倍近くに増えています。

50ページ 基本のワーク

❶ ①資源管理　②漁獲量
③プランクトン　④たまご
⑤さいばい　⑥放流
⑦海のエコラベル

❷ ⑧ブランド　⑨インターネット
⑩６次産業　⑪販売
⑫加工　⑬次世代

51ページ 練習のワーク

❶ (1)さいばい漁業
(2)①たまご　②プランクトン
③稚魚　④放流
(3)(あ)水産資源　(い)とり
(4)㋑

❷ (1)水　(2)㋐
(3)①生産　②加工　③販売
(4)①温度　②情報

てびき ❶ (1)育てた魚を海に放流しているので、さいばい漁業とわかります。

(4)㋑小さい魚をもどしています。

❷ (1)(2)(あ)パソコンを使って農業用水を管理しているようすです。このしくみによって、水の管理にかかる時間を大きく節約できます。

(3)農業や漁業を１次産業、製造を２次産業、販売などを３次産業とよびます。１次産業、２次産業、３次産業を１つにまとめておこなうので、数字をかけあわせて６次産業といいます。

52ページ 基本のワーク

❶ ①消費者　②地産地消　③安い
④トレーサビリティ　⑤経路
⑥和食　⑦輸出

❷ ⑧省力　⑨スマート農業
⑩増える　⑪人数
⑫予測　⑬補助金

53ページ 練習のワーク

❶ (1)地産地消　(2)産地直売所
(3)㋑、㋒　(4)㋐、㋒
(5)㋑　(6)㋐、㋓

❷ (1)スマート農業
(2)㋐、㋒
(3)ICT

てびき ❶ (1)(2)産地直売所は、地産地消の取り組みの１つです。

(4)(5)**トレーサビリティ**は、生産者や産地、どのように運ばれてきたかを消費者が直接確かめることができるしくみです。

(6)㋑多くの日本の農産物は、外国産に比べて、ねだんが高いです。㋒国産の農産物だけでは足りないので、たくさん輸入しています。

❷ (1)**スマート農業**とは、ロボット技術や情報通信技術(ICT)を活用した農業です。国は、スマート農業を広めるために、研究会を開いたり補助金を出したりしています。

54・55ページ まとめのテスト

1 (1)①アメリカ(合衆国)
②中国
(2)Ⓐ㋑　Ⓑ㋒
(3)米
(4)食生活

2 (1)〈例〉働く人が減って、高齢化が進んでいる。
(2)㋑

3 (1)①トレーサビリティ　②地産地消
(2)㋐、㋒
(3)①高品質　②増えて　③6600

4 (1)①スマート農業
②さいばい漁業
③６次産業化
(2)①㋒　②㋐　③㋑
(3)①　(4)㋐

てびき **1** (2)Ⓐオーストラリアやアメリカから牛肉を多く輸入しています。Ⓑくだものは国内でも多く生産されていますが、フィリピンのバナナなど輸入が多いものが少なくありません。

2 (1)2019年には、約50年前と比べて、農業で働く人は５分の１以下に減っており、働く人の３分の２以上が60才以上です。

(2)農業で働く人が減り、高齢化が進んだえいきょうで、耕作放き地が増えています。耕作放き地では、土地があれて、農作物が作れなくなってしまいます。

3 (1)①消費者が安心して食料品を買うためのしくみです。②地産地消は、地域で生産したものを地域で消費することです。その地域の食料生産をさかんにするだけでなく、遠くまで輸送しなくてよいので、環境にもやさしい取り組みとして注目されています。

4 (3)**グラフ**は、ロボット技術や情報通信技術(ICT)を使うスマート農業により、農業の作業時間が減ったことを示しています。

(4)農業の作業時間や負担を減らすことで、農業を仕事とする人が増えることが期待されます。

なぞり道場　何回も書いてかくにんしよう！

しょく	りょう	じ	きゅう	りつ			
食	料	自	給	率			

3　工業生産とわたしたちのくらし

56ページ 基本のワーク

❶ ①工業　②軽　③重化学
④せんい　⑤金属　⑥化学

❷ ⑦阪神　⑧関東内陸　⑨京浜
⑩中京　⑪瀬戸内
⑫太平洋ベルト　⑬高速道路

❸ ⑭大工場　⑮中小工場
⑯生産額

57ページ 練習のワーク

❶ (1)①㋒　②㋐　③㋑
(2)①㋐、㋑　②㋒、㋓、㋔

❷ (1)①工業地帯　②工業地域
(2)Ⓐ機械　Ⓑ化学
(3)太平洋ベルト
(4)㋑、㋒

❸ (1)①中小工場　②中小工場
③大工場
(2)㋐

てびき ❶ (2)②一般に、重量の大きい製品を生産する機械工業や金属工業を重工業といい、化学工業と合わせて重化学工業とよびます。

❷ (2)ほとんどの工業地帯・工業地域で、**機械工業**のわりあいが最も高いです。

(4)工業は、人が多く住んでいるところ、そして輸送に便利なところでさかんになります。最近では、トラックを使った輸送に便利な**高速道路**の近くに工業地域ができています。

❸ (2)中小工場のほうが全体の従業者数は多く、生産額は少ないので、従業者１人あたりの生産額は少なくなります。

58・59ページ まとめのテスト

1 (1)あせんい　い金属
う機械　え化学
(2)①軽　②重化学

2 (1)あ北九州　い瀬戸内　う阪神
え中京　お東海　か京浜
(2)①機械、Ⓑ　②○、Ⓐ
③多い、Ⓑ

3 (1)①太平洋ベルト　②イ、ウ
(2)関東内陸工業地域
(3)〈例〉トラックで原料や製品を運ぶのに便利な高速道路の近くに集まっている。

4 (1)300　(2)大工場　(3)イ、エ

てびき **1** (2)②重化学工業の工業生産額は、工業全体の約70%をしめます。

2 (2)①Ⓑから、機械工業の生産額が最も多いことがわかります。②Ⓐから、工業地帯・工業地域は海ぞいの平野に多いことがわかります。③Ⓑから、えの中京工業地帯は最も生産額が多いことがわかります。

3 (1)①═══で示された太平洋ベルトには、日本のおもな工業地帯・地域の大部分がふくまれています。

(3)高速道路の整備が進んだことにより、海からはなれた地域にも工場が進出しました。

4 (3)ア工場数は、中小工場が全体の99%をしめています。イ「働く人の数」は「従業者数」です。中小工場が60%以上をしめています。ウ2019年の大工場の従業者１人あたりの生産額は、約6500万円なので、7000万円より少ないです。エ2019年の中小工場の１人あたりの生産額は、1970年よりも増えています。

なぞり道場　何回も書いてかくにんしよう！

瀬戸内工業地域（せとうちこうぎょうちいき）
関東内陸工業地域（かんとうないりくこうぎょうちいき）

60ページ 基本のワーク

❶ ①機械　②自動車　③部品
④製鉄所　⑤電子部品

❷ ⑥2000　⑦鉄板　⑧プレス
⑨ようせつ　⑩とそう
⑪組み立て　⑫出荷

61ページ 練習のワーク

❶ (1)愛知県、三重県
(2)輸送(用機械)
(3)豊田市
(4)製鉄所　(5)イ

❷ (1)①ウ　②エ　③ア　④イ
(2)流れ作業
(3)ベルトコンベヤー
(4)ウ、エ

てびき ❶ (2)輸送用機械は、自動車や船、飛行機などですが、中京工業地帯では自動車の生産がさかんです。

❷ (2)むだなく作業を進めるくふうです。

(3)ベルトコンベヤーで運ばれてくる車体に、流れ作業でシートやドアなどを取りつけます。

(4)ア約２万個です。イ危険な作業や重い部品を取りつける作業はロボット、複雑な作業は人間がおこないます。

62ページ 基本のワーク

❶ ①むだ　②くふう　③２交替制
④１　⑤話し合い

❷ ⑥関連工場　⑦周辺〔近く〕
⑧ジャスト・イン・タイム　⑨部品
⑩組み立て　⑪生産計画
⑫自動車部品

63ページ 練習のワーク

❶ (1)(約) 8 (時間)
(2)①ウ　②ア　③イ

❷ (1)関連工場
(2)①イ　②エ　③ウ　④ア
(3)①とき　②量〔数〕
(4)ウ
(5)Ⓐイ　Ⓑア

てびき ❷ (1)関連工場は、部品の輸送にかかる時間や費用を減らすために、自動車工場の近くに多くつくられています。

(3)ジャスト・イン・タイムの考え方では、自動車工場は部品を保管する場所をもたなくてもよくなります。一方で、関連工場から部品の出荷がとまると、自動車工場の組み立てラインがとまってしまうこともあります。

(4)㋒自動車工場から関連工場へ生産計画が送られ、それにしたがって、関連工場は生産計画を立てます。

64ページ 基本のワーク

❶ ①キャリアカー　②船
③現地生産
④輸出　⑤外国　⑥費用

❷ ⑦エアバッグ　⑧実験　⑨手

❸ ⑩二酸化炭素　⑪電気
⑫電池自動車　⑬リサイクル

65ページ 練習のワーク

❶ (1)5
(2)①品質がよい
②輸出
③その国
④現地生産

❷ ①㋑　②㋓　③㋒　④㋐

❸ (1)①㋒　②㋑　③㋐　④㋓
(2)リサイクル〔再利用〕

てびき ❶ (2)②輸出相手国の自動車の売れゆきが悪くなったことから、日本は、輸出する自動車の台数を減らすように求められました。③④現地の人をやとうことで、その国の多くの人が仕事につけるようになります。また、現地で部品をつくることで、その国の工業がさかんになります。

❷ ①エアバッグという装置です。自動車がしょうとつしたときに、いっしゅんでふくらんで、乗っている人へのしょうげきをやわらげます。④人や自動車にぶつかる前にとまることのできる技術です。

❸ (1)①～④の自動車はどれも、はい出する二酸化炭素の量を減らすか、ゼロにするしくみになっています。

66・67ページ まとめのテスト

1 (1)Ⓐ㋒　Ⓑ㋐　Ⓒ㋑　Ⓓ㋓
(2)Ⓐ組み立て工場　Ⓑプレス工場
Ⓒとそう工場　Ⓓようせつ工場
(3)㋓
(4)①㋑　②㋐　③㋒

2 (1)ジャスト・イン・タイム
(2)①㋒　②㋑　③㋐

3 (1)㋐アメリカ(合衆国)　㋑インドネシア
(2)①Ⓐ　②Ⓑ
(3)〈例〉日本から輸出するよりも、つくる費用を安くおさえることができるから。

4 (1)㋑　(2)㋑、㋓
(3)①㋑　②㋒　③㋐

てびき **1** (1)㋐鉄板を曲げたり打ちぬいたりすることを、プレスといいます。㋓部品の一部を高温でとかしてつなぎ合わせることを、ようせつといいます。

2 (2)①ジャスト・イン・タイムの考え方のもとでは、自動車工場が部品を保管する必要がないので、その分の土地や費用を活用できます。②むだなく生産するくふうです。③関連工場は、指定された時間に注文された量の部品を自動車工場におさめなければならないので、できるだけ自動車工場の近くにあったほうが便利です。

3 (2)①Ⓐからは、アメリカやアジアに日本の海外工場が多いことがわかります。

4 (1)ぶつかる前に車が自動でとまれば、事故がおきるのを防ぐことができます。

なぞり道場　何回も書いてかくにんしよう！

かん	れん	こう	じょう				
関	連	工	場				

68ページ 基本のワーク

❶ ①和食　②大豆　③なっとうきん
④発こう　⑤温度

❷ ⑥鉄　⑦鉄鉱石　⑧海ぞい
⑨リサイクル〔再生〕　⑩エネルギー

❸ ⑪石油製品　⑫パイプライン
⑬コンビナート　⑭タンカー
⑮消防隊　⑯温室効果ガス

69ページ　練習のワーク

❶ (1)㋓
(2)㋐、㋒
❷ (1)㋐、㋑、㋔
(2)㋐、㋒
(3)①むだ　②少な
❸ (1)製油所
(2)㋐
(3)(ふっとうする)温度
(4)①点検　②訓練

てびき ❶ (2)㋑取り決めを結んだ国内外の農場で育てた大豆を使っています。㋓地域の好みにあわせた製品をつくっています。

❷ (2)㋑鉄の原料である鉄鉱石や石炭は、外国から船で運ばれてきます。

(3)水の再利用や、鉄をつくるときに出た熱やガスを使った発電などがおこなわれています。

❸ (3)じょうりゅうとうに入った原油は、ふっとうする温度のちがいによって、成分が分かれ、ＬＰガスやガソリンなどの石油製品になります。

70ページ　基本のワーク

❶ ①運輸　②飛行機
③船　④高速道路
❷ ⑤貿易　⑥中国
❸ ⑦エネルギー　⑧タンカー
⑨天然ガス　⑩木材
⑪サウジアラビア　⑫機械類
⑬工場

71ページ　練習のワーク

❶ (1)船、飛行機
(2)トラック
❷ (1)中国、アメリカ
(2)㋑
❸ ①石油　②オーストラリア
③マレーシア　④ブラジル
⑤ロシア　⑥綿花

てびき ❶ (1)(2)海に囲まれた日本では、国外の輸送にはほとんどの場合、一度に大量に運べる船が使われています。一方、国内は高速道路を利用したトラックなどでの輸送が中心になっています。

❷ (1)中国は30兆円、アメリカは20兆円をこえていて、ほかの国々よりも目立って貿易額が大きいことがわかります。

(2)外国とのものの運輸では、ほとんど船が使われます。重量が軽いわりに、ねだんの高い工業製品などは、飛行機で運ばれることが多いです。そのため、重量のわりあいよりも金額のわりあいが高い㋑が飛行機です。

❸ ①石油は、西アジアとよばれる地域から多く輸入しています。⑤木材は、森林資源が豊かなロシアやカナダからの輸入が多くなっています。

72ページ　基本のワーク

❶ ①中国　②自動車
③原料　④加工貿易
⑤せんい
❷ ⑥増えて　⑦貿易まさつ
⑧上回った　⑨工場
⑩自由化　⑪安く
⑫フェアトレード

73ページ　練習のワーク

❶ ①中国　②自動車
③鉄鋼　④自動車部品
⑤オーストラリア
❷ (1)①１位　機械類　２位　鉄鋼
②１位　機械類　２位　自動車
(2)①原料　②工業製品
❸ ①輸出　②輸入
③貿易まさつ

てびき ❶ 日本は、機械類や自動車などを多く輸出しています。アメリカや中国への輸出が多く、アメリカへの自動車の輸出は、１兆円以上となっています。

❷ (1)鉄鋼の輸出のわりあいは、1990年ごろから減ってきました。

(2)日本は、石油や鉄鉱石などの資源の多くを輸入にたよっていますが、高い技術力があるので、加工貿易を発展させてきました。

❸ 1980年代には、日本の自動車がたくさんアメリカに輸出されてよく売れたので、アメリカの自動車メーカーの生産が減り、多くの人が仕事を失うなどの問題がおこりました。

74ページ 基本のワーク

❶ ①減って　②減って

❷ ③中小工場　④技術
⑤ネットワーク　⑥分担
⑦外国人

❸ ⑧環境　⑨高齢化　⑩くり返し
⑪Society5.0　⑫人工知能

75ページ 練習のワーク

❶ (1)①30　②4
③増え　④減り
(2)㋑

❷ (1)Ⓑ、Ⓒ、Ⓓ、Ⓔ
(2)①中小工場　②短い
(3)㋑、㋒

❸ (1)①㋑　②㋒　(2)情報

てびき ❶ (1)工場の数はぼうグラフで左側のめもり、生産額は折れ線グラフで右側のめもりの数値を見ます。

(2)わりあいが少ない方が女性です。

❷ (1)中小工場どうしでそれぞれの工程を分担していることがわかります。

(3)環境をよくすることで、働く人が働きやすくなり、会社や経済の成長につながります。

❸ (2)これからの産業は、情報との関わりがますます重要になると考えられています。

76・77ページ まとめのテスト

1 (1)①石油㋐　鉄鉱石㋓
②鉄鉱石、綿花
(2)①Ⓘ
②〈例〉原油など燃料のわりあいが高いから。
③(原油など)燃料、原料品
④㋑

2 (1)①2015年　②○　③増え
(2)上回った
(3)〈例〉外国に工場を移し、現地に住む人をやとって生産するようになった。

3 (1)㋒
(2)①㋒　②㋑
(3)①人工知能
②経済発展

てびき **1** (1)①石油は、サウジアラビアやアラブ首長国連邦などから、鉄鉱石は、オーストラリア、ブラジルなどから多く輸入されています。

(2)④㋒アジアの国々から機械類や衣料などを多く輸入するようになりました。

2 (1)②1980年の輸出額は約30兆円、2020年の輸出額は約70兆円です。

(2)貿易まさつは、特に、1980年代にアメリカとのあいだで問題になりました。

(3)輸出相手国から、日本の工業製品の輸出を減らすように求められたため、現地で生産するようになりました。その方が費用が安いこともあり、現地生産は増えました。

3 (1)Ⓐから工業で働く人が減っていること、Ⓑから工場数が減っていること、Ⓒから女性のわりあいが少ないことがわかります。働く人や働く場所が減ると、産業はおとろえてしまうおそれがあります。

(2)働きやすい職場をつくったり、社会問題を解決したりする取り組みがおこなわれています。

なぞり道場 何回も書いてかくにんしよう！

うん	ゆ		か	こう	ぼう	えき	
運	輸		加	工	貿	易	

4　情報社会に生きるわたしたち

78ページ 基本のワーク

❶ ①情報　②インターネット
③スマートフォン
④メディア　⑤テレビ
⑥マスメディア　⑦ラジオ
⑧インターネット　⑨文字
⑩映像　⑪発信　⑫新聞

❷ ⑬分類　⑭1面

79ページ 練習のワーク

❶ (1)①㋓　②㋑　③㋒　④㋐
(2)①情報通信機器　②ネットワーク

❷ (1)マスメディア
(2)①ラジオ　②新聞　③テレビ
(3)①新聞　②ざっし

❸ ①新聞社　②いちばん

てびき ❶ (1)㋐はテレビ、㋑は本や新聞、㋒は新聞、㋓はちらしで情報を手に入れています。

❷ (1)(2)マスメディアには、新聞やテレビのほか、ラジオ、ざっしなどがあります。

❸ 新聞の１面には、新聞社がその日にいちばん伝えたい情報がのっています。

80ページ 基本のワーク

❶ ①取材記者　②支局　③編集局
④責任者　⑤事実　⑥デスク
⑦編成センター　⑧校閲
⑨トラック

❷ ⑩ちがい　⑪報道
⑫きまり〔ルール〕

81ページ 練習のワーク

❶ (1)取材記者
(2)①公平　②あやまり
③写真　④理由
(3)あデスク　い編成センター
う校閲
(4)Ⓐ④　Ⓑ⑦　Ⓒ①

❷ (1)①Ⓑ　②Ⓐ　(2)㋒

てびき ❶ (1)現場に行き、人に話を聞いて記事を書きます。

(3)あデスクは各部の責任者です。い見出しや写真の配置などを考えて、読者にわかりやすい紙面をつくります。う記事の内容や文字・図などにまちがいがないかを最終的にチェックします。

❷ (2)㋐マスメディアの情報が正しいかどうか、複数のメディアを比べるなど、自分で直接、確認して判断することがたいせつです。㋑㋒新聞社やテレビ局などでは、取材や情報発信のときに守るきまりを独自につくり、報道被害が出ないようにしています。

82ページ 基本のワーク

❶ ①個人　②メール　③SNS
④人工知能　⑤犯罪

❷ ⑥うわさ　⑦個人情報
⑧正確　⑨勝手　⑩受け取らない
⑪相談　⑫ルール〔きまり〕

83ページ 練習のワーク

❶ (1)①２　②2000年から2005年
(2)①㋒　②㋐
(3)Ⓐスマートフォン　Ⓑタブレット
(4)①情報　②インターネット

❷ (1)㋑、㋒
(2)①㋑　②㋐　③㋐　④㋑

てびき ❶ (1)①2000年は40%より少し少ないので、２倍以上です。②インターネットを利用している人のわりあいは、2000年から2005年にかけて、30%以上増えました。

(2)㋑はマスメディアの説明です。

❷ (1)㋓インターネットはパソコンやスマートフォンなどを使うので、紙の使用量とは関わりがありません。

84・85ページ まとめのテスト

1 (1)あインターネット　い新聞
うテレビ　えラジオ
(2)①え　②う　③あ　④い
(3)㋑

2 (1)Ⓐ校閲担当者　Ⓒ取材記者
Ⓓデスク
(2)Ⓔ→Ⓒ→Ⓓ→Ⓑ→Ⓕ→Ⓐ

3 (1)〈例〉いちばん伝えたい情報がちがう。
(2)あ
(3)㋒
(4)報道被害

4 (1)㋐、㋒
(2)〈例〉Ⓐ　個人情報を流さない。
〈例〉Ⓑ　他人がつくったものを勝手に使わない。
(3)㋑、㋓

てびき **1** (3)㋐最近は、テレビよりも、パソコンやスマートフォンなどで情報を得ることが増えています。㋒インターネット以外にも、新聞、テレビ・ラジオ、本・ざっしなど、情報を手に入れる手段にはさまざまなものがあります。

2 (2)取材記者による取材→取材記者による記事の作成→デスクによるチェック→デスクによる編集会議→編成センターでの紙面づくり→校閲担当者による最終チェック、という順番です。

3 (2)㋐は阪神・淡路大震災を、㋑は全国的な最新の津波の情報を1面に大きくのせています。

(3)㋐、㋑とも津波と阪神・淡路大震災をあつかっていますが、記事の大きさや内容がちがいます。マスメディアの情報を、どのように比べて判断するかがたいせつです。

4 (1)㋑どのたんまつを使ったものかはわかりません。㋓インターネットの犯罪に関する相談ではさぎなどのものが多いですが、グラフからは読み取れません。

なぞり道場　何回も書いてかくにんしよう！

しゅ	ざい		ほう	どう	ひ	がい	
取	材		報	道	被	害	

86ページ 基本のワーク

1 ①アナウンサー
②フロアディレクター　③時間

2 ④正確　⑤情報　⑥記者
⑦編集会議　⑧編集
⑨デスク　⑩編集責任者　⑪方針
⑫早く　⑬きん急放送

87ページ 練習のワーク

1 (1)報道　(2)副調整室
(3)㋐、㋓

2 (1)①㋓　②㋐　③㋒　④㋑
(2)㋒→㋑→㋐→㋓(→本番)
(3)①カメラマン　②スケジュール
(4)㋑、㋒

てびき **1** (1)社会でおこるさまざまなできごと、ニュース、事件・事故などを取材して、人々に広く知らせることを報道といいます。

(2)急なニュースが入ってきたときは、副調整室で、何をけずってあらたなニュースを入れるかを判断します。

(3)アナウンサーは、原こうの内容を自分で調べて理解し、わかりやすく伝えるようくふうしています。

2 (1)㋑デスクが集まって放送する情報を選ぶ編集会議のようすです。㋒取材をしたあとは、記者が原こうにまとめます。

(2)取材→編集会議→原こう作成→編集→本番、という順番になります。

(4)災害がおきたときには、人々の命を守るために、1秒でも早く情報を伝えること、わかりやすい画面にすることなどが重要です。アナウンサーは、きん急放送に備えて、常に訓練をしています。

88ページ 基本のワーク

1 ①情報　②効率　③気象情報

2 ④指数　⑤生産
⑥SNS　⑦売り上げ
⑧予測情報

3 ⑨売れゆき　⑩変化
⑪かん

89ページ 練習のワーク

1 情報

2 (1)①㋒　②㋐
(2)㋑、㋓
(3)①気象　②分せき

3 (1)㋑、㋓
(2)①つくりおき　②生産量

てびき **2** (2)㋐㋒気象情報を提供する会社は、位置情報のわかるSNSの短文投こうサイトに投こうされたつぶやきのうち、気象に関するものを収集し、利用しています。ただし、これらのつぶやきは、住所や氏名などの個人情報がわからないように処理して、提供されています。

3 (1)アイスクリームは暑くなるとよく売れるようになりますが、急に多くつくったり暑い地域に送ったりすることがむずかしいです。そのため、気温の予想や売り上げの予測から、いつどこにどれくらいのアイスクリームをとどけるか決めています。㋐㋒は気象に関係なく決めていることです。

90ページ 基本のワーク

1 ①売上予測　②正確
③食品ロス　④ちがう
⑤CM　⑥天気〔天候〕
⑦決定

2 ⑧放送局　⑨安全
⑩環境　⑪賞味期限
⑫エネルギー　⑬目的

91ページ 練習のワーク

❶ (1)会議
(2)㋑
(3)①㋐　②㋑　③㋑　④㋐
(4)①テレビCM
②アイスクリームをつくる会社

❷ (1)①使用　②環境
(2)①正確　②判断

てびき ❶ (1)気象情報を提供する会社は、より正確な情報を提供するために努力しています。
(2)ちょうどよい生産量にすることで、売れ残りが減ります。

❷ (1)②気象情報などをもとに輸送ルートを計画することで、船を動かすのに必要なエネルギーを減らすことができ、環境を守ることにつながります。

92・93ページ まとめのテスト

1 (1)㋐、㋒
(2)①売り上げ　②アドバイス

2 (1)あ㋑　い㋒
(2)Ⓐ減る　Ⓑ減らす

3 (1)㋑、㋓
(2)〈例〉売上予測情報をより正確にするため。
(3)㋐、㋓
(4)食品ロス

4 (1)①㋒　②㋐　③㋑
(2)〈例〉船を動かすのに必要なエネルギーを減らすことができるから。
(3)①㋑　②㋐

てびき 1 (2)気象情報を利用した予測情報を提供するサービスによって、気象が産業におよぼす悪いえいきょうを減らせると考えられます。

2 (2)Ⓐ青の折れ線グラフが予想気温、黄色のぼうグラフが週間の売上予測数です。アイスクリームは気温が高いほうが売れます。Ⓑ売上予測数が減っているので、生産量を減らすとよいと考えられます。

3 (2)気象情報を提供する会社は、より正確な情報を提供するための努力をしています。
(4)まだ食べられるのに賞味期限切れなどですてられてしまう食料品を、食品ロスといいます。

4 (1)気象情報を活用することで、むだのない産業活動ができるようになります。
(2)効率のよい輸送をおこなうことは、環境を守ることにつながります。

なぞり道場　何回も書いてかくにんしよう！

き	しょう	じょう	ほう		よ	そく	
気	象	情	報		予	測	

94ページ 基本のワーク

❶ ①外国人　②SNS
③Wi-Fi　④位置情報
⑤観光協会　⑥集中

❷ ⑦医療情報　⑧同意
⑨負担　⑩ネットワーク
⑪高齢者　⑫介護

95ページ 練習のワーク

❶ (1)①1000　②増えている
(2)㋐、㋓
(3)①混雑〔混み〕　②分散

❷ (1)Ⓐ診療所　Ⓑリハビリ
(2)①検査　②薬
(3)㋑、㋓

てびき ❶ (1)②日本人観光客数が減っているため、全体の観光客数は減っていますが、外国人観光客は増えています。
(2)㋑11月の観光客数は、2001年には一年のうちで最も多く、600万人以上でした。2019年には、500万人以下になっています。㋒2019年には、500万人をこえる月はありません。
(3)京都市は世界有数の観光地であり、多くの人がおとずれるため、混雑を防ぐことが課題でした。混雑する時間などの情報を提供することで、観光客はその時間をさけて観光地をおとずれることができます。

❷ (2)かん者の病名や検査結果など、医療に関係する情報を、まとめて医療情報といいます。ほとんどが個人情報なので、しんちょうなあつかいが必要です。
(3)㋐医療しせつが医療情報ネットワークを利用するには、かん者の同意が必要となります。㋒地域をこえてつながったほうが便利なので、地域をこえた連携は広まっています。

5 国土の環境を守る

96ページ 基本のワーク

❶ ①自然災害　②津波　③気候
④地震　⑤海底　⑥降水
⑦台風　⑧高潮

❷ ⑨東日本大震災　⑩養しょく
⑪品不足　⑫放射性物質

97ページ 練習のワーク

❶ (1)あイ　いウ
(2)い
(3)①多い　②増えて
(4)イ、エ

❷ (1)イ
(2)部品
(3)①原子力　②風評被害　③出荷

てびき ❶ (1)あ火山が噴火すると、岩や小石、はいや有毒なガスがふき出して、農作物などに被害が出ることがあります。いつゆや台風により大雨がふると、洪水や土砂くずれをひきおこすことがあります。

❷ (1)イ津波によって漁船や漁港などが大きな被害を受け、水産業にえいきょうが出ました。

(3)人体に多く取りこまれると悪いえいきょうをあたえることがある放射性物質が放出されたことで、ふくまれる放射性物質の検査結果が基準値を下回っても農水産物が売れませんでした。

98ページ 基本のワーク

❶ ①減災　②堤防　③かさ上げ
④耐震　⑤砂防ダム

❷ ⑥地震速報　⑦ハザードマップ
⑧ひなん

❸ ⑨自助　⑩公助
⑪自分　⑫ひなん訓練

99ページ 練習のワーク

❶ (1)①砂防ダム　②津波ひなんタワー
③かさ上げ工事
(2)①イ　②ア　③ア

❷ (1)ハザードマップ
(2)ア、イ

❸ ①ウ　②イ　③ア

てびき ❶ (1)(2)①山の中の川などにつくられており、大雨などのときに土砂が流れ出ることを防ぎます。②津波が来たときに高いところへひなんするためのしせつです。③土地を高くして、津波がとどかないようにします。

❷ (2)ウハザードマップで示された以上の災害がおこることもあるので、防災の意識を高くもっておく必要があります。エハザードマップには、ひなん場所やひなん経路も示されています。

100・101ページ まとめのテスト

1 (1)Aウ　Bイ　Cア
(2)A、C

2 (1)①×、う　②×、い
③○、あ
(2)イ、エ

3 (1)イ、エ
(2)東日本大震災
(3)〈例〉自動車の部品工場が被害を受けて部品を生産できなくなったから。

4 (1)あイ　いア
(2)イ
(3)①ウ　②イ　③ア

てびき 2 (2)イいから、日本周辺や、南アメリカ大陸の西側などで地震が多いことがわかります。エあといから、日本では地震が多く、大きな地震の約18%が日本でおきていることがわかります。アウ資料からはわかりません。

3 (1)ア約２分の１に減りました。ウ2010年の７月と10月は、４万ｔをこえています。

(3)自動車工場に部品がとどかなくなり、一時的に自動車の生産がストップしました。

4 (3)自然災害に備えた、国や都道府県、市(区)町村などの取り組みが公助です。地域の人たちで助け合うことが共助、自分の命は自分で守ることが自助です。

なぞり道場 何回も書いてかくにんしよう！

ひがし	に	ほん	だい	しん	さい		
東	日	本	大	震	災		
こう	じょ		じ	じょ		きょう	じょ
公	助		自	助		共	助

102ページ　基本のワーク

❶ ①森林　②天然林　③木材
④人工林　⑤住宅　⑥杉
❷ ⑦苗木　⑧間ばつ　⑨枝打ち
⑩輸入　⑪安く　⑫林業

103ページ　練習のワーク

❶ (1)㋒　(2)①人工林　②天然林
(3)Ⓐ天然林　Ⓑ人工林　(4)㋓
❷ (1)①㋒　②㋐　③㋓　④㋑
(2)①安く　②少なく　③高齢者

てびき ❶ (1)日本は山地が多く、国土の面積の約３分の２が森林です。

(3)日本では戦争後の1950年代以降、木材をつくるために木が植えられ、人工林のわりあいが増えました。

(4)㋐地球温暖化を防ぐために木を植えたわけではありません。㋑林業で働く人は、1950年代から減っています。㋒花粉が増えたのは、人工林として杉やひのきが植えられたえいきょうです。

❷ (2)木材にかわる材料が増えたことや、燃料として使われなくなったため、木材の消費量が減ってきています。これも、林業で働く人が減っている原因です。

104ページ　基本のワーク

❶ ①日光　②下草　③山くずれ
④住みか　⑤洪水
❷ ⑥地球温暖化　⑦水
⑧木材　⑨自然災害
⑩漁業〔水産業〕
❸ ⑪国産　⑫間ばつ
⑬利用〔使用〕

105ページ　練習のワーク

❶ (1)Ⓑ　(2)㋐、㋓　(3)Ⓑ
(4)①木材　②林業
(5)㋐、㋓
❷ (1)①土　②酸素
③生き物〔動物、植物〕
(2)(あ)②　(い)①
❸ (1)㋒、㋓
(2)減り〔減少し〕

てびき ❶ (1)〜(4)Ⓑの人工林は、間ばつをしていないため、暗く、下草も生えていません。人手不足などのえいきょうで、このような人工林が増えています。

(5)㋐手入れされていない人工林は、水をたくわえるはたらきが弱まってしまいます。㋓住みかや食料が減ったことで、野生動物が農作物を食いあらす被害も出ています。

❷ (2)(あ)森林は、地球温暖化の原因となる二酸化炭素を吸収します。

❸ (1)国産木材や間ばつした木材を使うことにより、林業で働く人が増えて、人工林の手入れがゆきとどくようになると考えられます。

(2)特に、赤道付近に広がる熱帯雨林で大きく減っています。

106ページ　基本のワーク

❶ ①公害　②生命〔命〕
③石油化学　④悪しゅう
⑤ぜんそく　⑥いおう酸化物
⑦大気おせん
❷ ⑧健康　⑨四大公害
⑩イタイイタイ病　⑪カドミウム
⑫水俣病　⑬骨

107ページ　練習のワーク

❶ (1)㋐、㋓
(2)㋓
(3)①けむり　②公害
❷ (1)(あ)新潟水俣病　(い)イタイイタイ病
(う)四日市ぜんそく　(え)水俣病
(2)(あ)㋒　(い)㋐　(う)㋑　(え)㋒
(3)㋑、㋓

てびき ❶ (1)㋑せんい工場はありますが、コンビナートの外にあります。㋒第３コンビナートには化学工場しかありません。

(2)㋓ぜんそくは、せきや息苦しさなどがおこる病気で、けむりや自動車のはい気ガスなどの大気のよごれでおこりやすくなります。

❷ (1)(2)(あ)は新潟県の阿賀野川下流域、(い)は富山県の神通川下流域、(う)は三重県四日市市、(え)は熊本県・鹿児島県の八代海沿岸域を示しています。(あ)〜(え)で発生した公害病は、**四大公害病**とよばれます。

108ページ 基本のワーク

❶ ①会社　②裁判
③健康　④法律
⑤けむり　⑥えんとつ
⑦差別

❷ ⑧環境　⑨地球温暖化
⑩技術

❸ ⑪はい水　⑫下水道
⑬水質改善

109ページ 練習のワーク

❶ (1)1975(年)
(2)①減って
②2004
(3)①㋐、㋒
②㋑、㋓

❷ (1)㋑、㋓
(2)二酸化炭素〔CO_2〕

❸ (1)よくなっている
(2)①はい水　②下水道

てびき ❶ (1)(2)かん者の数は、1965年から1975年にかけて増えましたが、裁判でかん者のうったえがみとめられたことや、公害を防ぐ対策が進んだことなどから、1975年以降は減ってきています。

(3)国や県、市は、空気のよごれや健康被害を調べて、公害を防止するきまりをつくりました。また、公害病に苦しむ人の支援をおこないました。工場は、四日市ぜんそくの原因となったいおう酸化物を減らすために、けむりをきれいにする装置を開発し実用化しました。

❷ (1)㋐地球温暖化を防ぐ取り組みも進めています。㋒石油化学コンビナートは、大気をよごさないくふうをしながら今も生産を続けています。

❸ (1)BODは、数値が高いほど水質が悪いことを示します。

(2)①大和川の流域では、1965年ごろから住宅地の開発が進み、人口が増えたため、生活はい水が大量に川に流れこむようになりました。②下水道やじょう化そうをつくると、よごれた水がそのまま川に流れることを減らすことができます。

110・111ページ まとめのテスト

1 (1)㋓→㋐→㋑→㋒　(2)㋑、㋓
(3)〈例〉外国との競争などで、木材のねだんが安くなりすぎた

2 (1)間ばつ　(2)Ⓑ
(3)㋐、㋒
(4)〈例〉国産の木材を使う。

3 (1)①㋒　②㋓
(2)イタイイタイ病
(3)Ⓐ㋑　Ⓑ㋒　Ⓒ㋐　Ⓓ㋒

4 (1)Ⓐ㋒　Ⓑ㋑　Ⓒ㋐　Ⓓ㋓
(2)5(年)
(3)①㋒　②㋐　③㋑

てびき **1** (2)㋐1960年から2000年まで、木材の輸入量は増え続けています。㋒1960年は、輸入量よりも国内生産量のほうが多くなっています。また、1970年と2020年の国内生産量は、輸入量の半分よりも多くなっています。

2 (2)手入れがされていない人工林は、Ⓑのように暗くなっています。間ばつなどの手入れがされている人工林は、Ⓐのように地面まで日光がとどき、下草が生えています。

(4)国産の木材を使うことで、林業で働く人が増え、人工林の手入れがゆきとどくと考えられます。

3 (1)四日市ぜんそくは三重県、水俣病は熊本県・鹿児島県の八代海沿岸域で発生しました。

(2)四大公害病は、いずれも、裁判でかん者のうったえがみとめられました。

4 (2)公害裁判がはじまったのは1967年、うったえがみとめられたのは1972年です。

(3)①四日市市では、四日市ぜんそくを経験した人が公害をわすれないように語り部として活動しています。③一人一人に行動してもらうために市が学校や会社での学習を支援しています。

なぞり道場　何回も書いてかくにんしよう！

ち	きゅう	おん	だん	か			
地	球	温	暖	化			
こう	がい	さい	ばん				
公	害	裁	判				

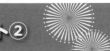

夏休みのテスト①

世界から見た日本

1 次の地図を見て、問いに答えましょう。 1つ4点〔36点〕

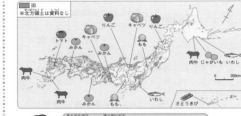

(1) 地図の①～⑥にあてはまる大陸と大洋を、[ ]から選びましょう。

①(オーストラリア大陸) ②(アフリカ 大陸) ③(南アメリカ大陸) ④(南極 大陸) ⑤(大西洋) ⑥(インド洋)

アフリカ　オーストラリア　南アメリカ　南極
インド洋　大西洋　北アメリカ　太平洋

(2) 次の( )にあてはまる言葉を書き、それがわかるところをあ～うから選びましょう。

赤道は0度の(緯線)です。 あ

(3) 日本の位置について、ユーラシア大陸という言葉と方位を使って、かんたんに書きましょう。

(日本は、〈例〉ユーラシア大陸の東側にある。)

2 次の資料を見て、問いに答えましょう。 1つ4点〔20点〕

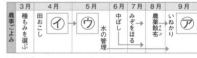

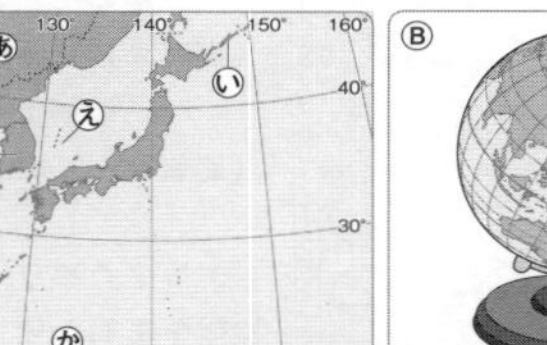

(1) 日本から見た、ほかの国とのきょりや方位を一度に調べたいとき、Ⓐ・Ⓑのどちらを使いますか。 (Ⓑ)

(2) 次の島や国の位置を、Ⓐからそれぞれ選びましょう。

① 沖ノ鳥島 (か) ② 択捉島 (い)
③ 中華人民共和国 (あ) ④ 大韓民国 (う)

日本の地形や気候

3 次の資料を見て、問いに答えましょう。 1つ4点〔20点〕

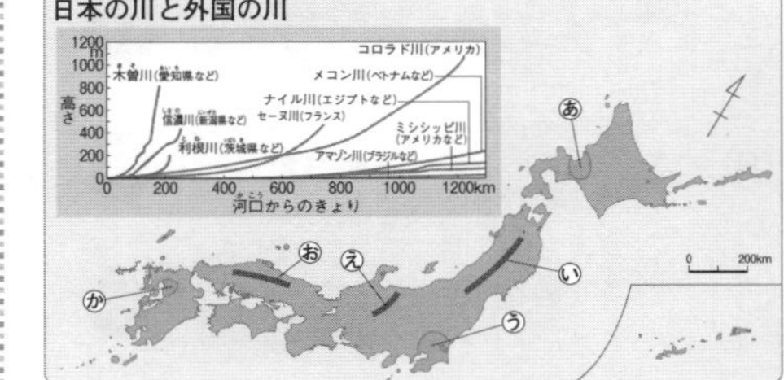

(1) { }にあてはまる言葉に○を書きましょう。

▶日本の国土の約4分の3は{ 山地(○) 平地 }である。
▶日本の川は、外国の川に比べて、{ 長 短(○) }く、流れが{ 急(○) ゆるやか }である。

(2) 次の平野や山地の位置を、地図から選びましょう。

① 石狩平野(あ) ② 中国山地(お)

4 次の地図を見て、問いに答えましょう。 1つ4点〔24点〕

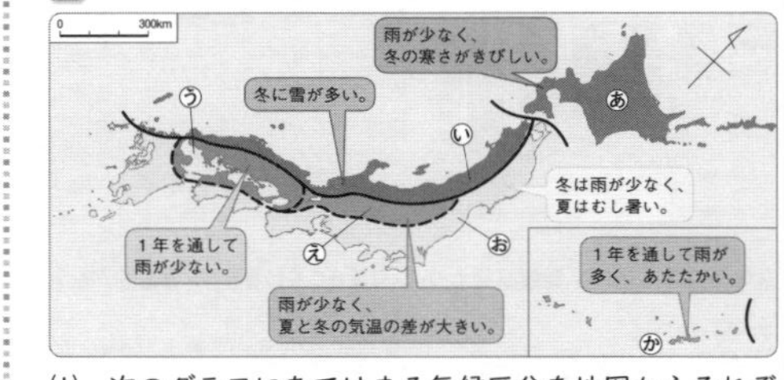

(1) 次のグラフにあてはまる気候区分を地図からそれぞれ選びましょう。 ①(か) ②(い) ③(あ)

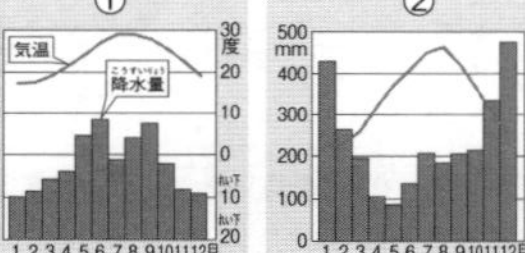

(2) 次の( )にあてはまる言葉を書きましょう。

① 5月から7月に雨が多い(つゆ)がある。
② 夏から(秋)にかけて台風が多い。
③ 季節でふく方向が変わる風を(季節風)といい、冬の日本海からの風は雪を多くもたらす。

実力判定テスト　夏休みのテスト②

さまざまな土地のくらし

1 次の地域のようすにあう文を、あとからそれぞれ選びましょう。 1つ5点〔20点〕

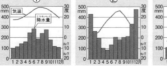

㋐ 山のふもとで夏がすずしく、野菜の生産がさかん。
㋑ 高い気温でよく育つ、さとうきびの生産がさかん。
㋒ 冬の寒さを観光に生かしている。
㋓ 川に囲まれた低い土地で米が生産されている。

2 次の資料を見て、問いに答えましょう。 1つ6点〔30点〕

Ⓐ沖縄県のおもな農作物の作付面積 (2019年)(作物統計ほか)
Ⓑ東京都の市場でのキャベツの月別取りあつかい量 (2021年 東京都中央卸売市場資料)

(1) 次の文が正しければ○を、あやまっていれば×を書きましょう。また、それがわかる資料を選びましょう。

沖縄県のさとうきびの作付面積は、野菜の5倍以上だね。 (○) Ⓐ
群馬県産のキャベツの取りあつかい量は、冬に多いよ。 (×) Ⓑ

(2) 次の説明を読んで、右の建物があたたかい地域と寒い地域のどちらの伝統的な建物か書きましょう。

戸口を広くして風通しをよくし、屋根のかわらが台風で飛ばないようにしている。

伝統的なつくりの家

(あたたかい地域)

食生活を支える食料の産地／米作りのさかんな地域

3 次の資料を見て、あとの文が正しければ○を、あやまっていれば×を書きましょう。 1つ5点〔15点〕

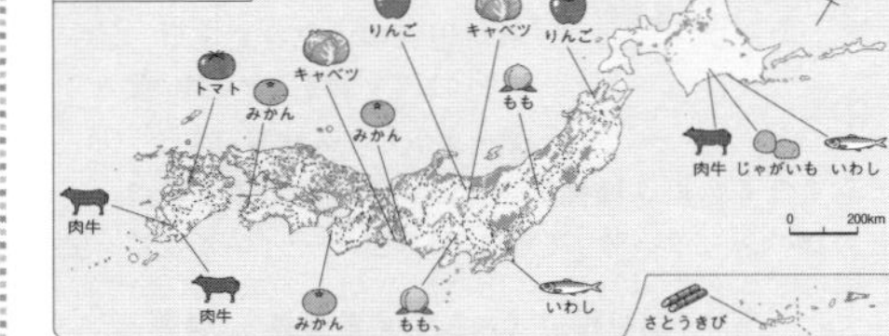

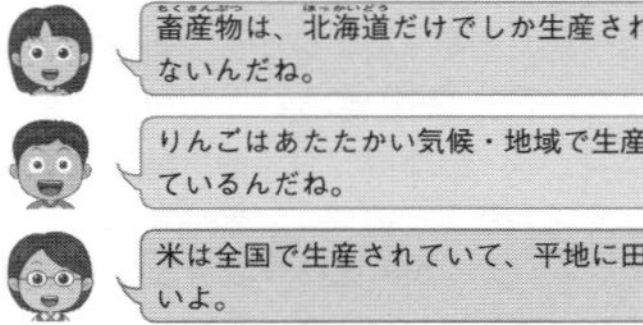

畜産物は、北海道だけでしか生産されていないんだね。 (×)
りんごはあたたかい気候・地域で生産されているんだね。 (×)
米は全国で生産されていて、平地に田が多いよ。 (○)

4 次の資料を見て、問いに答えましょう。 1つ5点〔35点〕

米の生産量20万t以上の道県 (2020年)(作物統計ほか)
新潟県、北海道、秋田県、山形県、宮城県、福島県、茨城県、栃木県、千葉県、青森県、岩手県、富山県

山形県の10aあたりの年間耕作時間のうつり変わり (東北農林水産統計年報ほか)

	3月	4月		5月		6月	7月	8月	9月		10月
農事ごよみ	種もみを選ぶ	田おこし	イ	ウ	水の管理	中ぼし	みぞをほる	農薬散布	いねかり	ア	出荷　たい肥をまく

(1) [ ]にあてはまる農作業を、次から選びましょう。

㋐ だっこく　㋑ しろかき　㋒ 田植え

(2) ( )にあてはまる言葉を、[ ]から選びましょう。

▶米は北海道や(東北)地方で生産がさかん。
▶(ほ場整備)が進み、大型の農業機械が使いやすくなり、農作業にかかる時間が減った。
▶農業試験場では(品種改良)の研究をしている。
▶米は(カントリー)エレベーターで保管される。

東北　近畿　品種改良　ほ場整備　カントリー

実力判定テスト 冬休みのテスト①

水産業のさかんな地域

1 右の地図を見て、問いに答えましょう。 1つ4点〔20点〕

(1) □にあてはまる海流を次から選びましょう。

㋐ 親潮（千島海流）
㋑ 対馬海流
㋒ 黒潮（日本海流）
㋓ リマン海流

(2) 次の{ }にあてはまる言葉に○を書きましょう。

▶日本近海は{(暖流) 季節風}と寒流がぶつかる潮目があり、また、{(大陸だな) 排他的経済水域}が広がっているため、{(プランクトン) 肥料}が豊富なよい漁場である。

2 次の資料を見て、問いに答えましょう。 1つ5点〔30点〕

Ⓐ銚子漁港の水あげ量の内わけ　Ⓑのりの収穫量の内わけ

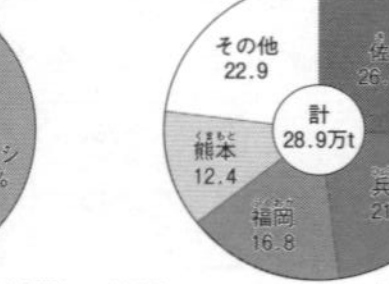

(1) 次の( )にあてはまる言葉を、□から選びましょう。また、関連する資料を選びましょう。

銚子市では（沖合漁業）がさかんで、まきあみ漁でサバやイワシをとっています。　Ⓐ

有明海に面している佐賀県は、のりの（養しょく業）がさかんです。　Ⓑ

遠洋漁業　沖合漁業　沿岸漁業　養しょく業

(2) 次のうち、正しいもの2つに○を書きましょう。

- 養しょく業は環境を生かしておこなわれる。（○）
- 水あげされた魚は、すべてそのまま出荷する。（ ）
- 漁港のそばには、水産加工しせつが多い。（○）
- 赤潮が発生すると魚がよく育つ。（ ）

これからの食料生産

3 次の資料を見て、問いに答えましょう。 1つ5点〔50点〕

Ⓐ日本のおもな□のうつり変わり　Ⓑおもな食料の消費量の変化

Ⓒ米の消費量と生産量のうつり変わり　Ⓓ年齢別農業人口のうつり変わり

(1) □にあてはまる、国内で消費した食料のうち、国内で生産された食料のわりあいを何といいますか。（食料自給率）

(2) 次の話が正しければ○を、あやまっていれば×を書きましょう。また、それがわかる資料を選びましょう。

- 農業で働く人が減ってきているね。特にわかい人のわりあいが低くなっているよ。（○）Ⓓ
- 米の消費量は減っているけれど、生産量はだんだん増えてきているんだね。（×）Ⓒ
- 肉類や牛乳・乳製品の消費量が増えているね。食生活が変わってきたからかな。（○）Ⓑ
- 国内で食べられる食料のほとんどは、国内で生産されているんだね。（×）Ⓐ

(3) 農家による次のような取り組みの目的を、収入という言葉を使って書きましょう。

米のブランド化を進める。　加工食品を生産する。　農業の6次産業化を進める。

（〈例〉農家の収入を増やすため。）

実力判定テスト 冬休みのテスト②

くらしや産業を支える工業生産／自動車工業のさかんな地域

1 次の工業製品をつくる工業の種類を、あとの□から選びましょう。 1つ4点〔12点〕

①（機械 工業）②（化学 工業）③（せんい 工業）

金属　機械　化学　せんい　食料品

2 次の資料を見て、問いに答えましょう。 1つ4点〔32点〕

Ⓐ工業のさかんなところと工業生産額

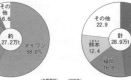

Ⓑ再利用できる自動車の部品の一部　Ⓒ日本の自動車会社の自動車の生産台数

(1) 次の話が正しければ○を、あやまっていれば×を書きましょう。また、それがわかる資料を選びましょう。

- 自動車の部品は、資源を守るために多くが再利用されるよ。（○）Ⓑ
- 日本の自動車会社の海外での生産は1985年～2015年まで減り続けているよ。（×）Ⓒ
- 工業生産額が最も多いのは阪神工業地帯で、機械工業がさかんだね。（×）Ⓐ

(2) 工業がさかんな地域が海ぞいに多い理由を、船、原料、製品の言葉を使って、かんたんに書きましょう。

（〈例〉原料や製品を船で運ぶのに便利だから。）

(3) 自動車の部品をつくって自動車工場へおさめる工場を何といいますか。（関連工場）

運輸と日本の貿易／これからの工業生産

3 次の資料を見て、問いに答えましょう。 1つ4点〔56点〕

Ⓐ国外のものの輸送の内わけ　Ⓑ原料・エネルギー資源の輸入量と国内生産量のわりあい

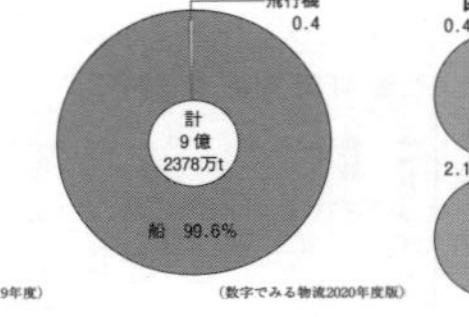

Ⓒ日本の輸出品の内わけとうつり変わり　Ⓓ工業で働く人のうつり変わり

(1) 次の( )にあてはまる言葉を□から選びましょう。

▶人やものを運ぶことを（運輸）といい、国と国との品物の売り買いを貿易という。

▶小さくてねだんの高いコンピューター部品などは、（飛行機）を使って運ばれる。

▶日本の輸出額が輸入額を（上）回り、相手国との間で（貿易まさつ）がおきたため、日本の会社は、多くの工場を外国に移した。

運輸　貿易まさつ　船　飛行機　上　下

(2) 次の文の——が正しければ○、あやまっていれば正しい言葉を書き、それがわかる資料を選びましょう。

① 日本は原料やエネルギー資源のほとんどを輸入している。（○）Ⓑ
② 日本はせんいの輸出のわりあいが2020年は最も高い。（機械類）Ⓒ
③ 工業で働く人の数は約50年前と比べて増えている。（減って）Ⓓ
④ 国外の輸送では、船が多く使われている。（○）Ⓐ

(3) 次のうち、正しいもの2つに○を書きましょう。

- 働く人が快適に働ける環境づくりが進んでいる。（○）
- 工業製品と情報通信技術に関わりはない。（ ）
- 日本の工業は加工貿易によって発展してきた。（○）

実力判定テスト 学年末のテスト①

情報をつくり、伝える

1 次の資料を見て、問いに答えましょう。 1つ5点〔35点〕

テレビ ㋒	ラジオ ㋑
新聞 ㋐	インターネット ㋓

(1) 資料のような情報を伝える方法を、何といいますか。
（ メディア ）

(2) 資料にあてはまる特ちょうを次から選びましょう。
㋐ 持ち運んだり、切りぬいたりできる。文字が中心。
㋑ 音声だけで伝える。災害時にも情報収集できる。
㋒ 映像・音声・文字で情報を伝えるのでわかりやすい。
㋓ 世界中の情報をいつでも見られる。発信もできる。

(3) 次のうち、正しいもの2つに○を書きましょう。
- 伝えたい情報がちがうので、新聞ごとに紙面も変わる。（○）
- マスメディアの情報にはあやまりがないので安心である。（　）
- SNSは便利なので、どのような情報でも発信するとよい。（　）
- インターネットを使った犯罪にまきこまれることもある。（○）

情報を生かして発展する産業

2 次の資料を見て、問いに答えましょう。 1つ5点〔15点〕

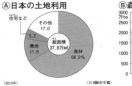

気象情報などを提供するしくみ

収集する情報	→ 気象情報を提供する会社	→ アイスクリームをつくる会社
・気象情報 ・SNSの短文投こうサイトに投こうされた気象に関するつぶやき ・商品の売り上げなどに関する情報	収集した情報を分せきして、商品の生産量や出荷量の予測情報を提供する	㋐

(1) ㋐に入る文を完成させましょう。
▶気象情報を提供する会社から、細かい気象情報や売れゆきの（ 予測情報 ）を購入して、ちょうどよい生産量を決めることに役立てている。

(2) 資料のようなしくみによって、どのようなよいことがありますか。次から2つ選びましょう。
（㋐）（㋑）
㋐ 食品ロスが減る。
㋑ 売れ残りが減り、利益を出すことができる。
㋒ 今までの経験が必要なくなる。

自然災害から人々を守る

3 次の資料を見て、問いに答えましょう。 1つ5点〔50点〕

日本の自然災害

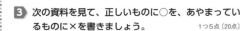

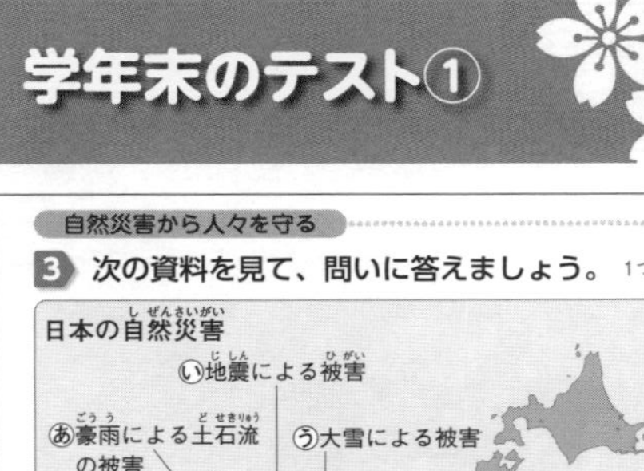
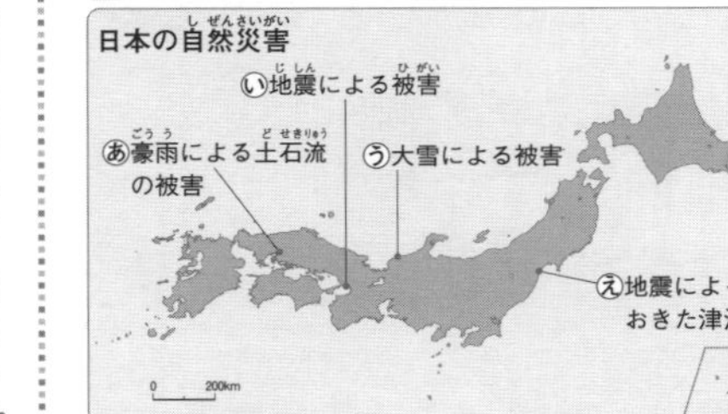

(1) 東日本大震災のときにおきた被害を示しているものを地図中の㋐～㋓から選びましょう。（㋓）

(2) 次の写真はどのような自然災害の被害を防ぐしせつですか。地図中の㋐～㋓から選びましょう。

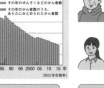

(3) 津波はどのようにして発生しますか。地震、海面の言葉を使って書きましょう。
（〈例〉海底で地震がおこり、海面が上昇する。）

(4) 自然災害への備えについて、次の（　）にあてはまる言葉を□から選びましょう。
▶国は、大きな地震が発生したとき、強いゆれが予想されることを知らせる（緊急地震速報）を出す。
▶市（区）町村が出す（ハザードマップ）を見ると、災害の被害が予想されるはんいやひなん場所がわかる。
▶ひなん訓練に参加するなど、自分の命を自分で守る（ 自助 ）の取り組みが大切である。

ハザードマップ　緊急地震速報　ひなん指示
自助　共助　公助　減災

(5) 日本の自然災害について、次の文が正しければ○を、あやまっていれば×を書きましょう。
①（×）日本にある火山が噴火することはない。
②（○）台風のときには高潮が発生することがある。
③（○）自然災害は産業にえいきょうをあたえる。

実力判定テスト 学年末のテスト②

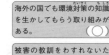

森林とわたしたちのくらし

1 次の資料を見て、問いに答えましょう。 1つ5点〔50点〕

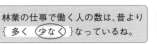

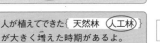

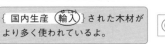

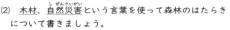

(1) 次の話の｛　｝にあてはまる言葉に○を書き、何の資料について話しているか選びましょう。
- 国土の約｛(3分の2)　2分の1｝は、森林がしめるんだね。（Ⓐ）
- 林業の仕事で働く人の数は、昔より｛多く　(少なく)｝なっているね。（Ⓓ）
- 人が植えてできた｛天然林　(人工林)｝が大きく増えた時期があるよ。（Ⓑ）
- ｛国内生産　(輸入)｝された木材がより多く使われているよ。（Ⓒ）

(2) 木材、自然災害という言葉を使って森林のはたらきについて書きましょう。
（〈例〉木材をつくり出し、自然災害を防ぐ。）

(3) 次の（　）にあてはまる言葉を書きましょう。
▶弱った木などを切りたおす（ 間ばつ ）をおこなうことで、地面まで日光が当たり、木が健康に育つ。

環境とわたしたちのくらし

2 次の年表を見て、問いに答えましょう。 1つ5点〔30点〕

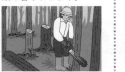

年	四日市市の□に関わる年表
1960	くさいにおいの苦情が出る
1963	□反対運動がおこる
1965	市が□かん者の医療費無料化
1967	□裁判開始
1976	空気のよごれの基準を下回るようになる

(1) □に共通する空気や水のよごれなどが原因でおこる被害を何といいますか。（ 公害 ）

(2) □による、各地でおきた被害について、次の問いに答えましょう。
① 次の表の（　）にあてはまる病気の名前を書きましょう。同じ言葉を書いてもかまいません。

病名	内容	都道府県
（ 水俣病 ）	工場から出たメチル水銀が原因。手足がしびれる。	熊本県・鹿児島県
新潟（ 水俣病 ）	化学工場から出たメチル水銀が原因。手足がしびれる。	新潟県
（イタイイタイ病）	鉱山のカドミウムが原因。骨が折れやすくなり、苦しむ。	富山県
（四日市ぜんそく）	石油化学コンビナートのいおう酸化物が原因。	三重県

② ①の病気をまとめて何といいますか。
（ 四大公害病 ）

3 次の資料を見て、正しいものに○を、あやまっているものに×を書きましょう。 1つ5点〔20点〕

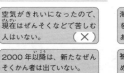

- 空気がきれいになったので、現在はぜんそくなどで苦しむ人はいない。（×）
- 海外の国でも環境対策の知識を生かしてもらう取り組みがある。（○）
- 2000年以降は、新たなぜんそくかん者は出ていない。（×）
- 被害の教訓をわすれないための取り組みが進められている。（○）

実力判定テスト かくにん! 世界地図と主な国

□にあてはまる大陸や大洋の名前を書きましょう。また①～⑯にあてはまる国の名前を□から選びましょう。

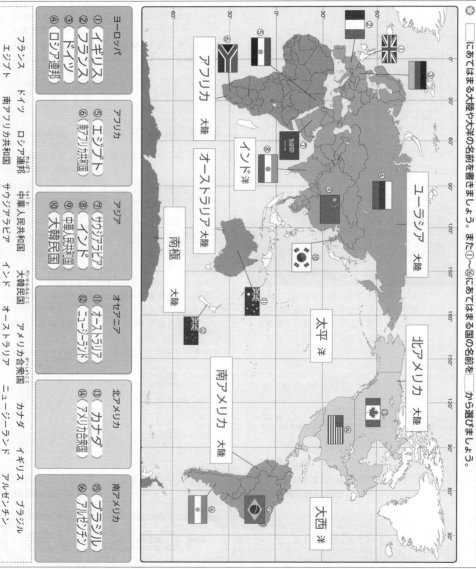

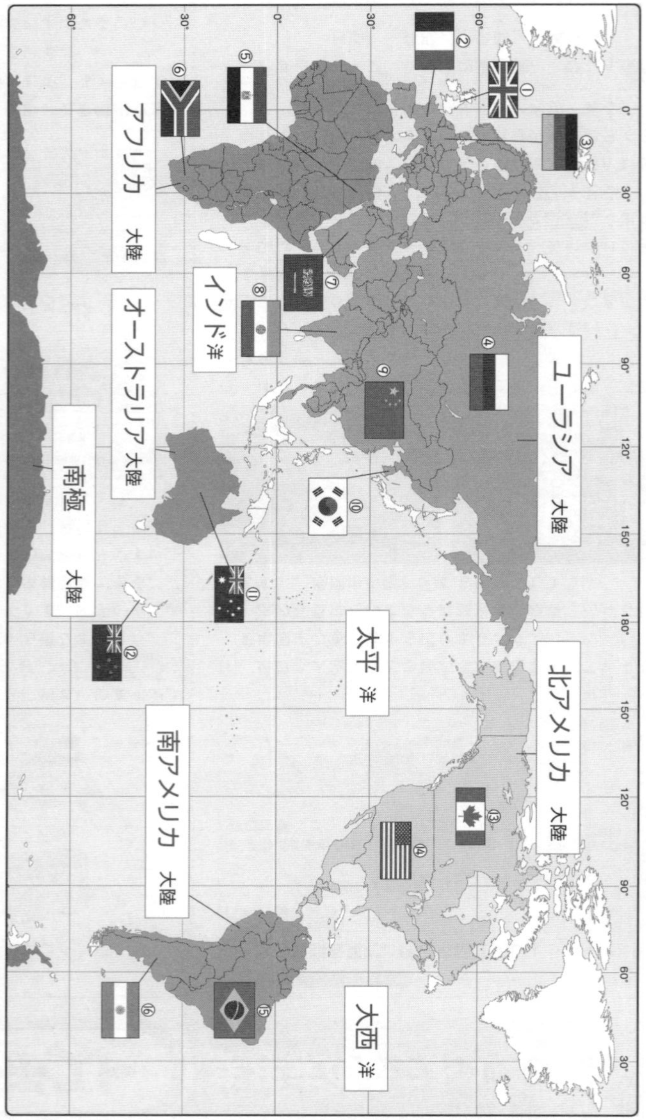

ユーラシア 大陸
北アメリカ 大陸
アフリカ 大陸
オーストラリア 大陸
南アメリカ 大陸
南極 大陸
インド洋
太平洋
大西洋

ヨーロッパ	アフリカ	アジア	オセアニア	北アメリカ	南アメリカ
①（イギリス）	⑤（エジプト）	⑦（サウジアラビア）	⑪（オーストラリア）	⑬（カナダ）	⑮（ブラジル）
②（フランス）	⑥（南アフリカ共和国）	⑧（インド）	⑫（ニュージーランド）	⑭（アメリカ合衆国）	⑯（アルゼンチン）
③（ドイツ）		⑨（中華人民共和国）			
④（ロシア連邦）		⑩（大韓民国）			

フランス　ドイツ　ロシア連邦　中華人民共和国　大韓民国　アメリカ合衆国　カナダ　イギリス　ブラジル
エジプト　南アフリカ共和国　サウジアラビア　インド　オーストラリア　ニュージーランド　アルゼンチン

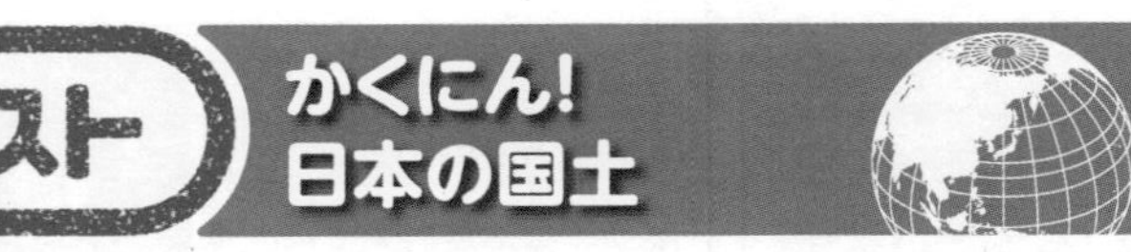

実力判定テスト かくにん! 日本の国土

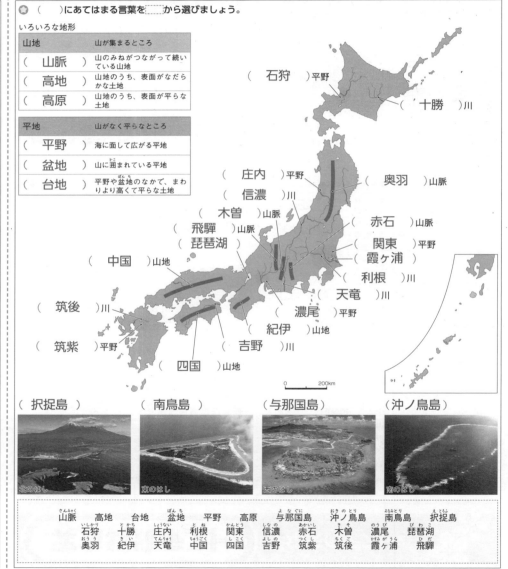

（　）にあてはまる言葉を□から選びましょう。

いろいろな地形

山地	山が集まるところ
（山脈）	山のみねがつながって続いている山地
（高地）	山地のうち、表面がなだらかな土地
（高原）	山地のうち、表面が平らな土地

平地	山がなく平らなところ
（平野）	海に面して広がる平地
（盆地）	山に囲まれている平地
（台地）	平野や盆地のなかで、まわりより高くて平らな土地

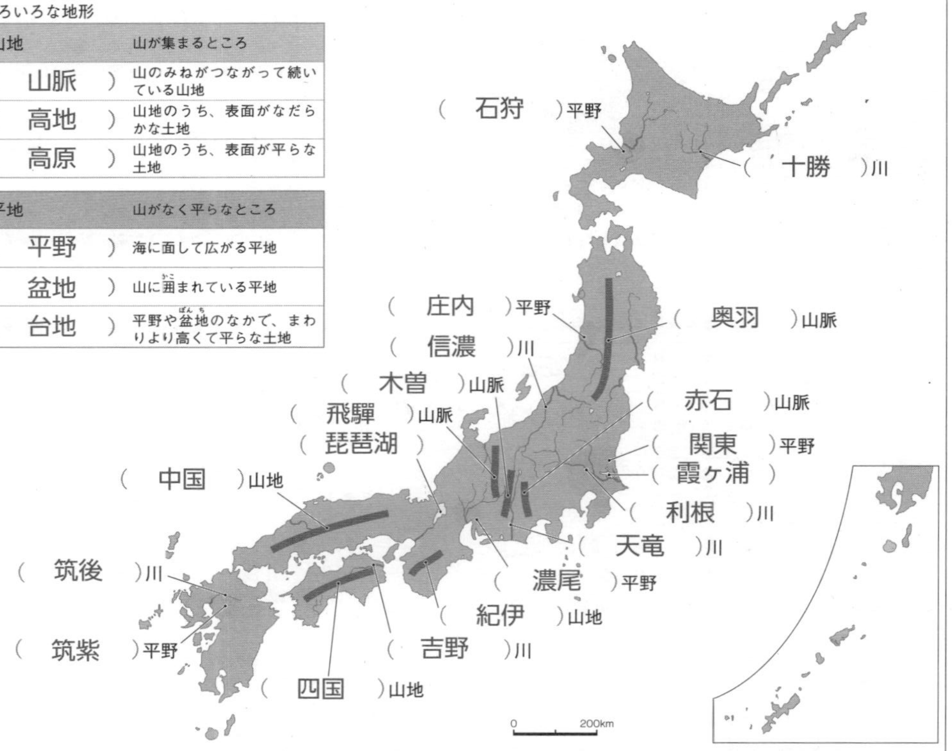

（石狩）平野
（十勝）川
（庄内）平野
（奥羽）山脈
（信濃）川
（木曽）山脈
（赤石）山脈
（飛驒）山脈
（関東）平野
（琵琶湖）
（霞ケ浦）
（中国）山地
（利根）川
（天竜）川
（筑後）川
（濃尾）平野
（紀伊）山地
（筑紫）平野
（吉野）川
（四国）山地

0　200km

（択捉島）
北のはし

（南鳥島）
東のはし

（与那国島）
西のはし

（沖ノ鳥島）
南のはし 

山脈　高地　台地　盆地　平野　高原　与那国島　沖ノ鳥島　南鳥島　択捉島
石狩　十勝　庄内　利根　関東　信濃　赤石　木曽　濃尾　琵琶湖
奥羽　紀伊　天竜　中国　四国　吉野　筑紫　筑後　霞ケ浦　飛驒

3 2 1 0 9 8 7 6 5 4
＊ ＊ D C B A